互联网视域下高职院校后勤管理模式研究

谢董汉　著

中国纺织出版社有限公司

图书在版编目（CIP）数据

互联网视域下高职院校后勤管理模式研究 / 谢董汉著 . -- 北京 : 中国纺织出版社有限公司 , 2021.12
ISBN 978-7-5180-9228-4

Ⅰ . ①互…　Ⅱ . ①谢…　Ⅲ . ①高等学校 – 后勤管理 – 研究 – 中国　Ⅳ . ① G647.4

中国版本图书馆 CIP 数据核字 (2021) 第 264950 号

责任编辑：刘桐妍　　责任校对：高　涵　　责任印制：储志伟

中国纺织出版社有限公司出版发行
地址：北京市朝阳区百子湾东里 A407 号楼　邮政编码：100124
销售电话：010—67004422　传真：010—87155801
http://www.c-textilep.com
中国纺织出版社天猫旗舰店
官方微博 http://weibo.com/2119887771
三河市宏盛印务有限公司印刷　各地新华书店经销
2021 年 12 月第 1 版第 1 次印刷
开本：710 × 1000　1/16　印张：13.5
字数：219 千字　定价：88.00 元

凡购本书，如有缺页、倒页、脱页，由本社图书营销中心调换

前言

近年来，我国综合国力的提高和经济的迅猛发展，在很大程度上带动了我国教育与管理事业的发展。对于高职院校来说，后勤管理工作作为高职院校管理工作中重要的一个环节，在如今互联网技术日益发达的背景下，必须进一步加强管理，提高其管理的社会化、专业化和信息化，才能满足高职院校发展的需求，使高职院校的发展跟上社会发展的步伐。

如今是移动互联网时代，高职院校的后勤管理模式面临着重要的转型与升级，对此，高职院校后勤管理部门与团队应当摒弃传统的管理方式，在管理与服务等多个环节中，充分利用现代信息技术手段，提高后勤管理的水平与效率。但是就现阶段来看，由于后勤管理工作本身就是一个庞大而复杂的系统工程，加之很多高职院校的管理人员对现代信息技术的了解与使用不够全面，导致了后勤管理工作脱离现代化、信息化的局面。

本书属于高职院校管理方面的著作。全书由互联网时代、高职院校后勤管理概述、互联网视域下的高职院校后勤管理、互联网视域下高职院校后勤管理机制与保障体系的构建、高职院校后勤队伍建设与工作发展研究五部分组成。全书以高职院校后勤管理工作为核心，从互联网时代背景出发，详细介绍了高职院校后勤管理的基本模式与理论，对互联网视域下高职院校后勤管理工作的具体实施策略做了论述，给出了关于高职院校后勤管理服务体制、监督体系以及绩效评价指标体系构建的具体策略，最后围绕高职院校后勤管理工作的创新发展做了介绍。本书对高职院校后勤管理相关方面的研究者与从业人员具有一定的参考价值。

谢董汉

2021 年 11 月

目录

第一章

互联网时代

第一节　互联网时代的内涵

一、互联网时代的技术背景

普适计算之父马克·韦泽说：最高深的技术是那些令人无法察觉的技术，这些技术不停地把它们自己编织进日常生活，直到你无从发现为止。而互联网正是这样的技术，它正潜移默化地渗透到我们的生活中。所谓“互联网+”，是指以互联网为主的一整套信息技术（包括移动互联网、云计算、大数据、物联网等配套技术）在经济、社会生活各部门的扩散、应用，并不断释放出数据流动性的过程。“互联网+”，对应的英文为“internet plus”，即不是加法（加号），而是“化”（plus）。“互联网+各个产业部门”，不是简单的连接，而是通过连接，产生反馈、互动，最终出现大量化学反应式的创新和融合。互联网作为一种通用目的技术（general purpose technology），和100年前的电力技术、200年前的蒸汽机技术一样，将对人类经济社会产生巨大、深远而广泛的影响。

“互联网+”的前提和基础是互联网作为一种基础设施的广泛安装。英国演化经济学家卡萝塔·佩蕾丝认为，在过去的200年间一共发生过五次技术革命，每一次技术革命都形成了与其相适应的技术—经济范式。一个技术—经济范式包括一套通用的技术和组织原则，是一种最优的惯行模式。佩蕾丝在《技术革命与金融资本》中提出，每一次的技术革命都有两段不同的时期：导入期和展开期。而每一个时期又会经历两个不同的阶段：导入期的爆发阶段和狂热阶段，展开期的协同阶段和成熟阶段。两个时期中间会有狂热泡沫之后的调整期。在导入期，技术创新中的大量关键产业和基础设施在金融资本的推动下得以形成，但同时也会遇到来自旧范式的抵抗并产生各种矛盾，各种制度变革的呼声日益高涨。在展开期，技术革命的变革潜力扩散到整个经济中，为整个经济发展带来的助益达到了极致。

二、互联网时代的内涵

（一）“互联网+”的含义

“互联网+”在2015年的两会政府工作报告中提及之后便迅速走红，成为大众熟知的热词。按照网上流行的说法，“互联网+”是互联网在现阶段发展的新形态、新业态，是知识社会创新2.0推动下的互联网演进，以及其催生的经济社会发展新形态[1]。按照这种说法，“互联网+”只是一种新经济形态。而实际上，互联网已经对社会各个领域、各个行业、我们的生活习惯和思维模式产生了越来越巨大且深远的影响。李碧武认为“‘互联网+’是遵循互联网思维，将互联网与传统行业相结合，从底层重构或改造这些传统行业，从而促进行业高效率高质量发展的行为模式或运动过程。”王竹立等提出“‘互联网+’不是一个简单的相加，加完之后一切都会发生改变。它是刀、是斧、是锯，将原来的一切都分解成碎片，然后，再以互联网为中心重新组建起来，成为新的体系、新的结构。所以，‘互联网+’的本质就是碎片与重构。”吴是瑜等认为“‘互联网+’直译成中文应当是‘互联网化’，它强调行为的数据化，数据的联接化、共享化、要素化，联接的广泛化。也就是说，‘互联网+各类传统产业’并不是将互联网简单地接入各产业及组织内部，而是通过联接，产生反馈、互动，最终出现大量‘化学反应式’的创新和融合”。

从以上三位学者提出的观点，可以看出他们对“互联网+”视为一种对传统行业重构和深度融合的行为模式或运动过程。

（二）“互联网+”的内涵

1.“互联网+”首先是互联网的全方位应用

互联网归根到底是一种工具，就像前几次技术革命中的蒸汽机、电力一样，从被发明后就得到各行各业的广泛应用。从这个意义上来看，“互联网+”是以互联网为主的一整套信息技术（包括移动互联网、云计算、大数据技术等）在经济、社会生活各部门的扩散应用过程。单纯从互联网的应用角度来理解“互联网+”，人们可能会产生疑问：既然“互联网+”是国民经济各行业和全社会对互联网的应用，市场经济体制下，因竞争压力而借助互联网进行成本缩减必然成为市场主体的理性选择，那么，互联网的应用不是水到渠成的事情吗？为什么各国家都以不同的形式将类似于“互联网+”的内容（如美国的工业互联网）列为国家级战略布局？秘密在于互联网与哪些产业“相加”。

[1] 李熙：《互联网+时代转变及创新》，长春：东北师范大学出版社，2017年，第2页。

2.“互联网 +”是产业应用，更是产业重塑

从中国近 20 年来互联网的短暂发展史来看，中国当前正经历着互联网商业向互联网工业过渡时期。互联网与商业的结合，极大地改变了我们的日常生活方式，中国电子商务的快速发展印证了这一点。互联网对商业的改写，毫无疑问降低了市场的运行成本，弥补了中国非统一市场的缺陷。但本质上并未改变其商业属性，解决的仍是生产与消费的低成本匹配问题；基于互联网的零售新业态，从本质上只是缩短了零售环节，节省了交易成本。经济史研究表明，商业经济时期，社会的创新能力并没有显著提升，其互通有无的本质注定不会产生“生产什么以及如何生产”这样的经济知识。因此，基于商业贸易的互联网应用，虽然可以改变产业形态，但理论上来说并不会大规模产生新的经济知识以及技术创新。但互联网与工业的结合，却在改写工业生产方式、经济知识供给方式及技术创新的模式。美国的互联网发展及其战略规划恰恰是这个判断的一个注脚：美国互联网产业发展较早、市场规模也较大，但因为其线下商业体系发达，因此互联网商业发展并没有中国式的爆发增长态势。这从侧面证明互联网商业在本质上仍是传统商业的有益补充；但工业互联网发展却成为美国的国家战略，原因就是在工业领域，互联网并不仅仅是一种工具。基于互联网的工业并不是传统工业的补充，而是对传统工业的升级或替代。发达国家虽然服务业占比超过工业占比，但发达国家均具有对工业技术的核心掌控能力，制造业发展对于国家创新体系仍起到非常重要的作用。

3.“互联网 +”的本质是传统产业的在线化

“互联网 +”的本质是传统产业对互联网的深层次、全方位应用，以及互联网对传统产业的改造和重塑，而非简单的在线化和数据化传统产业。互联网的应用可以解决现有市场机制下许多解决不了的问题，如缓解信息不对称、降低交易成本；也可以通过改变生产流程，促进竞争力的提高。我国互联网在商业领域的应用已经处于世界领先水平，而互联网在工业领域的应用却大大滞后。从互联网商业到互联网工业，是从互联网应用到“互联网 +”的最好诠释。互联网及信息化正在带来新一轮科技革命。我国当前处在抓住和引领产业革命前沿的最佳机遇期，抓住这次机遇，对于我国经济的长远发展和创新体制建设，具有深远的意义。

三、“互联网 +”的基础设施：云 + 网 + 端

“互联网 +”的蓬勃发展有赖于基础设施的支持，大力提升基础设施水平，“互联网 +”的快速推进才能获得不竭动力。“互联网 +”的新基础设施可以概括为云、网、端三个层次（如图 1-1 所示）。

“云”是由大数据和云计算构成的基础资源。大数据和云计算是信息和网络社会特有的技术、方法和工具，通过对海量数据的分析、挖掘和应用，获得对于内在规律和未来趋势的认识和洞见。

“网”是指互联网、移动互联网、物联网等多重网络技术的融合。

“端”则是用户直接使用的个人计算机、移动设备、可穿戴设备、传感器，以及基于移动终端的各种应用软件。

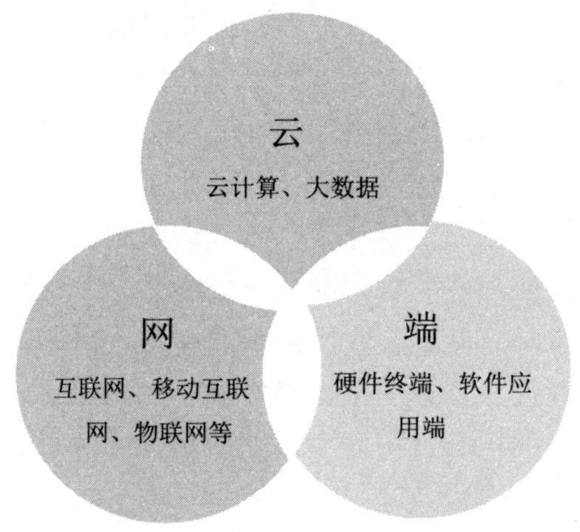

图 1-1　“互联网 +”的基础设施

四、“互联网 +”的应用

“互联网 +”的应用广泛体现在与传统行业的结合上：

（1）互联网 + 金融。在线理财、在线支付、网络贷、P2P、众筹等为代表的互联网金融产品已悄然遍布于大众视野中，互联网金融俨然成为一个新兴金融行业。2014 年，互联网银行的落地，标志着“互联网 + 金融”进入从线上向线下发展的新阶段。深圳前海微众银行、蚂蚁金服、京东金融等互联网金融实体的出现，表现出互联网企业对金融行业的渗透。“互联网 + 金融”的发展还体现在传统银行向互联网进发上。

（2）互联网 + 工业。现代的互联网包含九大互联网思维：用户思维、平台思维、跨界思维、简约思维、极致思维、迭代思维、流量思维、社会化思维、大数据思维。“互联网 + 工业”就是传统制造业企业通过利用互联网、云计算、大数据、物联网等信息通信技术手段和互联网思想，优化研发与设计、生产与制造、营销与服务各个环节，同时根据互联网思维从观念、商业模式、生产流程、组织机构等方面进行彻底再造。从生产上讲，“物联网 + 工业”可以缩短生产周期，减少原材料用量和环境负荷，降低工厂成本，提高生产效率。从研发销售上讲，“移动互联网 + 工业”可以对市场需求迅速反应，深度发掘细分需求。而“大数据 + 工业”“云计算 + 工业”则是为以上两者服务的中枢系统。

（3）互联网 + 教育。信息化技术已经渗透到社会的各个方面。教育领域中，一场信息化的颠覆性变革正悄悄地发生着。在现代信息社会，互联网具有高效、快捷、方便传播的特点，它正在不断地改变我们的教育方法和教育模式，教学 App，互联网课堂，互联网实时教学平台等各类互联网教育平台开始不断地在互联网上涌现。互联网用户终端移动化已经是发展的必然了，互联网教育的移动化也是必然，碎片化学习，口袋英语等已在网络上悄然兴起。互联网的特性注定是教育展现出更多的资源共享和跨越时空的教学现实。

五、“互联网 +”的发展趋势

新一代信息技术发展推动了知识社会以人为本、用户参与的下一代创新（创新 2.0）演进。创新 2.0 以用户创新、开放创新、大众创新、协同创新为特征。随着新一代信息技术和创新 2.0 的交互与发展，人们生活方式、工作方式、组织方式、社会形态正在发生深刻变革，产业、政府、社会、民主治理、城市等领域的建设应该把握这种趋势，推动企业 2.0、政府 2.0、社会 2.0、合作民主、智慧城市等新形态的演进和发展。“互联网 +”是创新 2.0 下的互联网与传统行业融合发展的新形态、新业态，是知识社会创新 2.0 推动下的互联网形态演进，以及其催生的经济社会发展新常态。它代表一种新的经济增长形态，即充分发挥互联网在生产要素配置中的优化和集成作用，将互联网的创新成果深度融合于经济社会各领域之中，提升实体经济的创新力和生产力，形成更广泛的以互联网为基础设施和实现工具的经济发展模式。

目前“互联网 +”已经改造及影响了多个行业，当前大众耳熟能详的电子商务、互联网金融、在线旅游、在线影视、在线房产等行业都是“互联

网 +”的杰作。伴随着消费行为碎片化、移动化、体验化，“互联网 +”对传统行业的变革也不只是从内到外智能化的升级改造，而是个性化、智慧化甚至定制化的线上线下融合大生产。“互联网 +”时代，线上的机会在线下，线下的希望在线上，互联网与实体经济只有互相配合、互相融合，才有机会打造出具有持续竞争力的新商业生态。未来，“互联网 +”将重点促进以云计算、物联网、大数据为代表的新一代信息技术与现代制造业、生产性服务业等的融合创新，发展壮大新兴业态，打造新的产业增长点，为大众创业、万众创新提供环境，为产业智能化提供支撑，增强新的经济发展动力，促进国民经济提质、增效、升级。

第二节　互联网时代的基本特征

全面透彻地理解“互联网 +”的精髓，还有必要站在时代的角度去考察和分析，关注“互联网 +”的核心特质。

一、跨界融合

说到“互联网 +”的特质，如果用最简单的一句话来表述的话，就是：跨界融合，连接一切。“+”本身就是一种跨界，就是变革，就是开放，是一种融合。敢于跨界了，创新的基础才会更坚实；融合协同了，群体智能才会实现，从研发到产业化的路径才会更垂直。融合本身也指代身份的融合，客户消费转化为投资，伙伴参与创新等。“互联网 +”时代对传统的产业和传统的思维都是一种挑战，这种挑战就好比第一次工业革命的蒸汽机和第二次工业革命的电力一样，它们的功效是服务于产业，而不是替代和摧毁产业，因此，“互联网 +”的跨界思维与产业的融合会带来无限的发展空间，成为新业态产生的“普适智慧”。这种跨界思维，不仅局限于业界的融合和跨越，更多的还表现在行为方式上的跨越，所以“互联网 +”为我们带来的不仅是新业态的产生，更多的是在思维方式上的改变，这种改变足以产生新时代所必需的开放的生态环境。

（一）开放生态是“互联网 +”时代的核心特征

“互联网 +”时代是一个没有边界的世界，所有原本封闭的系统都将被打开，人们以开放的态度去思考和设计新的行为模式。所以，“互联网 +”

行动计划的核心是生态计划，重塑生态是改革不断深化的重要保障。在这个开放的生态中，社会生活的形式在变，人们生活的方式在变，社会组织的习惯也在变，所以，所有组织、机构、个体思考方式的改变势在必行。“互联网 +”行动计划的一个重要任务就是要把制约和限制创新的环节优化掉，开放的生态环境将市场的法则直接融入创新的过程中，清除阻碍创新的各种因素，使创新从一开始就沿着正确的、有价值的方向前进。

（二）跨界思维成为创新驱动的重要因素

“互联网 +”时代个体面临的环境发生了很大的变化，新业态的形成与跨界的思维有极高的相关度，可以说没有任何个体甚至是组织能够固守在自己的领域。跨界不是目的，而是增加活力和再生能力的必然选择。跨界思维已经成为“互联网 +”时代流行甚至是固定的行为方式，这种整合协同、提高效能、互融互通的思维方式成为激发社会能动性和创造性的重要驱动因素之一。这种跨界融合已经以一种势不可挡的浪潮席卷了所有的传统产业，各行各业都不得不审慎思考、积极谋划如何打破传统的壁垒，用跨界思维驱动创新，造就充满活力的新业态。

二、重塑结构

重塑结构从互联网时代就已经开始了。信息革命、全球化、互联网业已打破原有的社会结构、经济结构、关系结构、地缘结构和文化结构。结构被重塑的同时带来很多要素，如权利、关系、连接、规则和对话方式的转变❶。“互联网 +”时代不仅带来了开放的生态环境，重塑结构也给社会带来了深远的影响，颠覆了原有的社会关系和游戏规则。“互联网 +”最终描述的还是一个智能社会，大家更加高效、节能、舒适地在这个社会里生存，“互联网 +”给人类社会提供了一个非常大的福利。

互联网打破了固有的边界，减弱了信息不对称性。信息的民主化、参与的民主化、创造的民主化盛行，个性化思维越来越流行。互联网让社会结构随时面对不确定性，社群、分享大行其道。接触点设计、卷进方式设计成为企业管理者的必修课，而注意力、引爆点则成为商业运营和品牌传播中重点关注的要素。

❶ 马化腾等：《互联网 +：国家战略行动路线图》，北京：中信出版社，2015 年，第 50 页。

互联网让组织、雇用、合作都被重新定义，互联网 ID（身份标识号码）成为个体争相追逐的目标。现实世界与虚拟世界有时候变得分裂又无缝融合，自我雇用、动态自组织、自媒体大行其道，连接的协议有时候完全由个人定义。

互联网降低了整个社会的交易成本，提升了全社会的运营效率。例如，购票这种原来要跑到售票点才能解决的问题，现在不到一分钟就随时随地在移动端上完成。移动互联网催生了持续在线，移动终端成为人的智能器官，随时被连接。用户的需求越来越多地发生在移动互联网上，如通信的需求、信息的需求、传播的需求、娱乐的需求、购物的需求等。

互联网可以把选择权交给用户。原来用户面对的是一个黑箱，信息完全不对称。现在，信息足够丰富，把主动性还给了用户，让他们获得完全不一样的体验。个性化定制借助互联网大大流行，如海尔建立的互联工厂，就可以按照客户的个性化需求定制空调。互联网还集成了大众智慧，用户可以参与设计、参与创新、参与传播、参与内容创造，用户对于物流、菜品的评价实际上是在参与管理。互联网基于个体发端了“众”经济，众包、众筹、众创、众挖，既是社会的新结构、商业的新格局，又是生活的新方式、经济的新范式。WIKI（一种超文本系统）、开源，这些没有互联网是几乎不可能发生的事。众，既是大众，又是小众、个体；既是自己、伙伴，又是外部世界；既是标准，又是个性；既是集中，又是民主。

三、尊重人性

人性的光辉是推动科技进步、经济增长、社会进步、文化繁荣的最根本的力量，互联网的力量之强大最根本地也来源于对人性的最大限度的尊重、对人的体验的敬畏、对人的创造性发挥的重视。

人性，即人类天然具备的基本精神属性。人性是连接的最小单元、最佳协议、最后逻辑；人性化是连接的归宿，是融合的起点，是存在的理由。小到一次互动，大到一个平台，都要基于人性思考、开发、设计、运营、创新和改进。

人性是检验的标尺，人性是关系的核心。重视人性、尊崇人性的机构，可以为服务增值。例如，海底捞、外婆家为什么每天都有那么多人排队，等一个小时也无悔？传统的行业、过去的服务谈转型、讲升级，最根本的出发点是不要忘记初心——基于人性！

四、创新驱动

我们所处的时代，有人称为信息经济、数据经济，甚至有人说创客经济、连接经济来了。这一方面说明时代处于动态变化中，另一方面说明这些因素在这个特定阶段越发表现出其重要性和主导性。

中国粗放的资源驱动型经济增长方式早就难以为继，必须转变到创新驱动发展这条正确的道路上来。同时，要敢于打破垄断格局与条框自我设限，破除束缚生产力发展的因素，建立可跨界、可协作、可融合的环境与条件。这正是互联网的特质，用所谓的互联网思维来求变、自我革命，也更能发挥创新的力量。

科技创新在国家发展全局中居于什么位置？ 2015 年 3 月 13 日国务院颁布的《关于深化体制机制改革加快实施创新驱动发展战略的若干意见》旗帜鲜明地做出了回答：把科技创新摆在国家发展全局的核心位置，统筹科技体制改革和经济社会领域改革，统筹推进科技、管理、品牌、组织、商业模式创新，统筹推进军民融合创新，统筹推进引进来与走出去合作创新，实现科技创新、制度创新、开放创新的有机统一和协同发展。

政府的一些信号已经足够明确，国家现在处于向创新驱动发展转型的关键时期。中国未来是创意、创新、创业、创造驱动型发展，发展是靠打破机制的藩篱，是靠更多的个人发挥创造精神，是靠协同创新、跨界创新、融合创新，这就是最不应被忽视的“新常态”！

把增长动力真正从要素驱动转换为创新驱动，才不会在过分依赖投入、规模扩张的老路上原地踏步。充分激发各类主体参与创新活动的积极性，建立以企业为主体、产学研用协同创新机制，让科技创新在市场的沃土中不断结出累累硕果，中国经济发展才能更有动力，行稳致远。

经济发展方式转型的风险已经部分有所释放，如出口不振、个别行业凋敝、经济增速下行等。要耐得住寂寞，容忍得了诟病，挺得过煎熬，不是一件容易的事情。会有各种力量试图拉回到过去的资源驱动型模式，会面对许许多多短期利益、政绩工程的纠结，会经受各种权贵利益集团的暗中抵制与削弱。

不仅如此，更具挑战性的在于，驱动要素本身的动能如何发现、激发、激活、放大甚至产生聚变？其能动性与创造性之间有怎样的关联？如何评估创意、创新本身的价值？怎样压缩从研发到产品化、产业化的过程，而且做出一些更生态化的安排？因此，“互联网 +”被选中绝非偶然。

五、开放生态

依靠创新、创意、创新驱动，同时要跨界融合，就一定要优化生态。对企业、行业应优化内部生态，并和外部生态做好对接。更重要的是我们创新的生态，如技术和金融结合的生态，产业和研发进行连接的生态等。

好的生态激活创造性，放大创造力，孕育创意，促进转化，带来社会价值创新；坏的环境、阻碍的规制、欠缺的生态则会将创新扼杀于襁褓中。

（一）“开放度”决定行业、企业命运

未来的商业是无边界的世界。在这个重要前提下，衡量企业跨界能力的一个关键因素，就是开放性、生态性够不够。假如颠覆性创新在一个自我封闭的系统里进行，那么创新则很难实现。不能以开放的心态去对自己所做的跨界战略进行深刻的洞察，自然无法思考和设计新的商业模式。

只有开放才能融合，实际上这也是跨界思维的核心之一。因为在一个开放的生态系统里，跨界才能找到一些和外界其他要素之间的共通点。当然在这个基础上，还可以去寻找跨界合作的规则。未来的跨界，一定要把企业的内部生态圈延伸出去，和外部的生态系统进行协同、交互、融合，跨界的力量才能有效地推动创新。

（二）创意、创新、创业，生态为上

当创意、创新被条件所困、被环境制约，创新的努力只会变成一个个悲伤的故事。创意、创新是生态的一个要素，生态既要有种子，还需要土壤、空气、水分。国家积极鼓励大众创业、万众创新的目的就是孵化培育一大批创新型小微企业，并从中成长出能够引领未来经济发展的骨干企业，形成新的产业业态和经济增长点。而达到目的的最重要条件就是创意、创新、创业的生态。构建生态既需要精心设计，又需要发挥要素的连接性和能动性；生态内外必须形成有机信息交换，而不是自我封闭的构筑；要素间交互、分享、融合、协作随时自由发生，同时还要保持独立、个性与尊重。

关于“互联网 +”，生态是非常重要的特征，而生态本身就是开放的。我们推进“互联网 +”，其中一个重要的方向就是要把过去制约创新的环节化解掉，把孤岛式创新连接起来，让研发由人性决定的市场来驱动，让创业并努力者有机会实现价值。

清除阻碍创新的因素是一个方面，另一个重要的方面就是以人为本、

以市场为基础，让创新与产业化、技术与资本化、知识产权与价值化等方面符合创中华人民共和国的要求，符合发展的要求，符合社会价值创新的要求。

“互联网 +”行动计划的核心是生态计划，要重塑教育生态、创新生态、协作生态、创业生态、虚拟空间生态、资源配置和价值实现机制、价值分配规则。最亟待关注的生态包括但不限于：内在创造性激发导向的教育生态，专业教育与职业教育并重，消弭高中前与大学教育、大学教育与应用教育的鸿沟；社会价值创新导向的创意、创新生态，搭建创意、创新与价值创造之间的桥梁；协同创新、融合创新、价值网络再造的生态，让知识产权、人力资本和努力与可预期结果匹配。这的确将引发一场越来越深入的改革。

六、连接一切

理解“互联网 +”，一定要把握它和“连接”之间的关系。跨界需要连接，融合需要连接，创新需要连接。连接是一种对话方式、一种存在形态，没有连接就没有“互联网 +”；连接的方式、效果、质量、机制决定了连接的广度、深度与持续性。

连接是有层次的，可连接性是有差异的，连接的价值是相差很大的，但是连接一切是“互联网 +”的目标。从连接的层次看，可以概括为三个“tion”：Connection（连接），Interaction（交互）和 Relationship（关系）。三个层次的连接方式、连接内容与连接质量都不相同。第一层“连接”很多机构和服务都可以做到，如 App 超市、某一个游戏、某一档节目等，短时期可以聚来很大的流量。第二层“交互”很关键，它承上启下，没有交互，就很难分流、导流，建立信任和依赖。研究者汪小帆认为，如果用一个词来概括社会物理学，那就是“交互”。第三层“关系”，是连接的目的、创新的驱动、商业的核心，沉淀下信任性关系是连接的归宿，是商业的阶段性目标，是社会价值创新的基础。

连接一切有一些基本要素，包括技术（如互联网技术，云计算、物联网、大数据技术等）、场景、参与者（人、物、机构、平台、行业、系统）、协议与交互、信任等。这里，信任作为一个要素很多人未必理解或认同，但它的确是最重要的因素之一。因为互联网让信息不对称降低，连接节点的可替代性提高，只有信任是选择节点或连接器的最好判别因素，信任让“+”成立，让连接的其他要素与信息不会阻塞、迟滞，让某些节点不会被屏蔽。

欲在“互联网+”中如鱼得水，积淀信任性关系变得非常重要。那些忘记责任、生态、开放和分享的人、机构、平台，必然难塑信任。有信任，别人才愿意通过你来进行连接，或者愿意连接你，所以，失去信任几乎就相当于“失连”，未来企业的生死、成长快与慢、发展是否持续，很大程度上取决于“信任”的含金量。人也是情同此理。因此，“互联网+”会形成一种倒逼，让诚信、信任重建，这是人性推动社会进步的最好证据。

在“互联网+”背景下，过去谈的人口、门户就是指的节点，所谓船票就是指的连接器。单一的入口即便流量惊人，如果不能变成存量，不能进行导流、分流，个性化匹配，其本身价值也有限并难以持久。腾讯提出微信要做互联网的连接器。其真正的野心其实是——微信是人、物、机构在“互联网+”社会中的唯一 ID。而他们野心最大的支撑就来自经年积淀的信任性关系。

第三节　互联网时代的中国意义

一、中国经济转型，进入新常态

要实现中国经济增长从速到质的转变，需了解中国经济增长的动力因素。

动力一：需求因素（包括出口、投资和消费）；

动力二：要素投入因素（劳动力、资本和资源）；

动力三：影响全要素生产率的因素（新技术革命、制度变革带来的要素升级和结构优化）；

动力四：中国特色因素（扭曲生产要素价格、增加建设支出、刺激政策、政府企业化和压低福利保障支出）。

中国通过改革红利，在全球化进程中低成本利用原有资源禀赋，释放出巨大的经济能量。但随着全球经济格局的剧烈震荡，上述一、二、四类动力因素遇到困难，中国经济旧增长方式的非稳定性和非可持续性开始显现。

世界各国经济发展的历史表明：在不同增长阶段上，经济依赖的主要动力有所不同，相应的发展方式也要进行调整。当一种动力从作用显著到式微时，为了开发新动力，发展方式转变才具有紧迫性。我国的经济已进入仅依靠“直接推动需求扩大”“加大原有要素投入”和“政府过多介入经济”（动

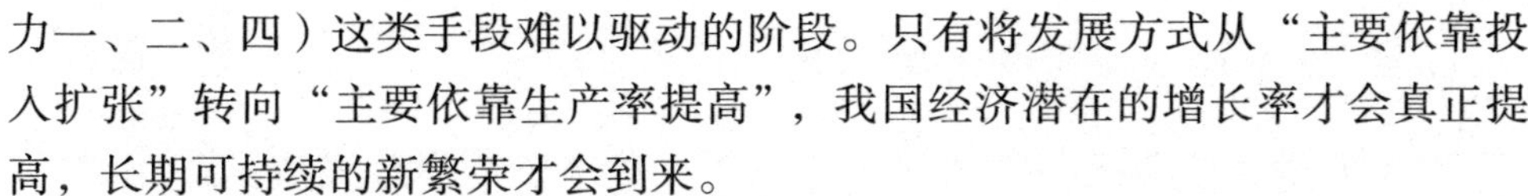

力一、二、四）这类手段难以驱动的阶段。只有将发展方式从“主要依靠投入扩张”转向“主要依靠生产率提高”，我国经济潜在的增长率才会真正提高，长期可持续的新繁荣才会到来。

在人口红利消失后，同所有发达国家一样，驱动经济增长的最有效动力，正是依靠新技术革命和制度创新，切实提高全要素生产率（动力三）。

二、新常态需要新动力

（一）经济的长周期即技术进步周期

回顾世界经济发展史和产业革命变迁史，经济周期或经济波动与新兴技术两者间的路径关系被清晰验证。每一次技术革命都带来新兴产业的出现，并主导完成对传统产业的更新改造、生产率的全面提高，进而启动下一轮经济扩张。

（二）新常态的新动力：“互联网+”

互联网通过给计算机添加通信功能而改变了世界，是自工业革命以来影响最为深远的技术革命。互联网催生了新技术、新产品和新业务，进而催生了新经济增长。

工具和渠道是人们对互联网最初的认知和应用，随着互联网本身的发展及其对经济社会的影响、改造和变革，互联网作为基础设施的作用和地位凸显。这正是“互联网+”能够作为新动力支撑“新常态”的原因。

近年来，作为新时代的通用技术，面向互联网的信息技术已引发新一轮技术进步，通过信息经济的形态，在全世界范围内爆发出强大的经济能量，其对经济增长的贡献将超过以往的技术变革，并且对经济增长的影响将越来越显著。若将C2C类电子商务包含在内（其他发达国家此类电子商务规模较小），我国的互联网经济将占到GDP的7.0%，远超七国集团（G7）的水平。

互联网经济仿佛一块新大陆，正吸纳和改造着旧大陆的种种要素，塑造出日新月异的经济版图和商业生态。

互联网经济以技术为边界，将资源、要素、市场与技术整合，俨然一个巨型经济体。与主要依靠不断追加要素投入而实现增长不同，互联网经济体拥有巨大的网络效应和协同效应，能在相当一段时间内避免传统经济增长模式固有的边际报酬递减的困境。

（三）"互联网+"促进新成就

"互联网+"为新常态注入了新动力，成为驱动经济发展的新引擎[1]。2016年12月份，社会消费品零售总额31 757亿元，同比名义增长10.9%（扣除价格因素实际增长9.2%，以下除特殊说明外均为名义增长）。其中，限额以上单位消费品零售额16 945亿元，增长9.8%。2016年全年，社会消费品零售总额332 316亿元，比上年增长10.4%。其中，限额以上单位消费品零售额154 286亿元，增长8.1%。互联网促进了流通，扩大了消费，带动就业增长，提升就业质量，促进新型城镇化形成，加速和优化升级传统产业，对经济增长的支撑作用日益增强。

"互联网+"带动了就业增长。在我国经济增速放缓的情况下，就业却不减反增，2016年全年，我国城镇新增就业1 314万人，超额完成新增就业1 000万人以上的目标任务；四季度末全国城镇登记失业率为4.02%，低于4.5%的年度调控目标，劳动生产率继续稳步提高。就业不减反增，与国家简政放权政策的实施息息相关，更离不开服务业的蓬勃发展，尤其是和互联网、电子商务有关的新兴服务业的快速发展，起到了重要的支撑作用。

"互联网+"还驱动了传统产业的优化升级。世界范围内，工业化的发展已经进入新阶段，不论是"第三次工业革命""工业互联网"还是"工业4.0"的观念与实践，均离不开对互联网的重视和对新一代信息技术的依赖。通过互联网形成的C2B模式，为中国工业企业指明了定制化、柔性化、智能化的新发展方向。例如，尚品宅配通过互联网将"房型库"与"产品库"匹配，从消费者咨询和在线搜索数据中调整、开发产品。在生产环节，CNC与CAD无缝衔接，信息化改造电子开料锯，应用条码标签，无须技术人员手动调整，实现家具在产品规格之内无极定制，企业经营业绩大幅提高。尽管这些新产业、新业态、新产品、新模式的规模和数量还不够大，但代表着新兴的增长动力，是我国经济未来的希望。

---

[1] 赵振宽，邹昭晞：《新常态下企业创新型人力资本投资研究》，《湖北社会科学》，2016年第5期，第8页。

第二章

高职院校后勤管理概述

第一节　高职院校后勤管理的内涵与构成要素

一、高职院校后勤的内涵

（一）高职院校后勤

“后勤”原是个军事名词，是指军队为保障部队各项任务完成提供物资、技术、运输、生活等方面的条件。高职院校为了保证教学、科研等工作的正常运作，也必须为师生员工的工作、学习与生活提供各类物质条件，这一工作过去一般被称为总务工作。高职院校后勤是为高职院校的教学、科研服务的。高职院校的后勤包括总务、财务、基本建设、物资设备、劳动服务等部门。

（二）高职院校后勤的基本属性

1. 经济属性

经济属性是高职院校后勤所具有的重要属性，是指高职院校后勤要遵循经济规律，依照市场经济的基本原则进行经营、管理和服务。高职院校后勤的经济属性是由高职院校后勤的服务内容所决定的。因为高职院校后勤是社会第三产业的组成部分，其服务的内容包括学生餐饮、校园物业、水电供应、公寓管理等，除饮食等少量项目属于生产经营性项目外，其他大部分是服务或管理。服务也是商品，服务具有一定的使用价值，所以以服务为主要内容的高职院校后勤就必然具有经济属性。

后勤社会化改革之前，我国高职院校的后勤服务模式大多是“福利型”，后勤的运行和发展依赖国家的财政拨款，纳入学校的财务预算，广大师生享受着免费服务，后勤部门及后勤工作人员外无竞争压力、内无发展动力。这种模式实际上否定了高职院校后勤所具有的经济属性。伴随着社会主义市场经济体制的建立，人们开始运用市场经济的规律来研究和解决高职院校后勤在运行中出现的各种问题和困难。于是，高职院校在政府的主导下开始了后勤社会化改革，将原有后勤服务经营人员、相应资源及操作运行从学校行政系统中剥离，组建自主经营、独立核算、自负盈亏的后勤实体，以企业化、市场化、专业化的形式，承担高职院校的后勤服务和后勤保障任务；同时让社会上的资金、技术、人才也走进学校，竞争市场。可以说，高职院校的后勤社会化改革取得了重大的阶段性成果，不仅有力地解决了高等教育在快速发展中的“后勤瓶颈”问题，而且成功地找到了高职院校后勤发展的动力问题。这正是人们正确认识并利用高职院校后勤的经济属性而得到的结果。

高职院校后勤在后勤社会化改革的新形势下，其经济属性具有十分丰富的内容和表现形式。①后勤组织形式的企业化，后勤社会化改革打破了原来唯一的后勤“官方”机构，许多高职院校建立了甲方、乙方的组织模式，组建了自主经营、独立核算、自负盈亏的后勤实体；②后勤的经营机制实现了市场化，后勤遵循市场经济的基本规律，配置后勤资源，调整分配办法，改革用人机制，建立了有效激励、平等竞争的市场机制。同时后勤服务的内容也逐步实现了商品化。

2. 教育属性

教育属性是高职院校后勤的本质属性，是指高职院校后勤要遵循教育规律，坚持服务育人、管理育人的宗旨，为教学、科研和师生服务。高职院校后勤的教育属性主要是由高职院校后勤的服务对象和服务性质决定的。高职院校后勤是高职院校工作不可或缺的组成部分，其服务对象是社会中的特殊群体，其服务的目的除了满足师生的生活、学习等需要外，还承担着服务育人、管理育人的任务。因此，高职院校后勤的属性离不开教育的属性。

在把握高职院校后勤教育属性之前，我们有必须加深对教育属性的认识。我们知道，教育属性的核心是公共性，即教育具有既使整个社会受益、又使社会生活中的每一个人受益的功效和职能，而公共性的本质体现为公益性。因此，我们可以认为，高职院校后勤教育属性的根本是遵循公益性原则，以师生为本，以服务教学和服务科研为目的。

高职院校后勤的教育属性在后勤社会化改革之前一直发挥着主导作用，后勤社会化改革后，往往容易被弱化或忽略，因为人们在运用经济属性思考问题、解决问题的时候，常常难以处理好二者的关系。特别是后勤服务实体，当出现经济效益和社会效益，师生利益和实体利益，眼前利益和长远利益发生矛盾时，容易顾此失彼，难以兼顾二者的平衡与和谐。

3. 教育属性和经济属性的关系

教育属性和经济属性之间存在着辩证统一的关系。经济属性决定后勤要注重经济效益，追求经济效益的最大化；教育属性要求后勤要注重社会效益，以服务为目的，以学校和师生利益为根本，这两种不同的属性在高职院校后勤服务中形成了矛盾。只有搞好后勤经营，经济效益提高了，后勤部门的经济实力增强了，后勤才具有发展的潜力和服务的实力，才能为学校提供更多、更好的服务，提高社会效益，真正实现后勤服务育人的宗旨；否则为师生服务只能成为一种空话。同理，后勤注重社会效益，赢得师生员工的信赖和支持，又会巩固后勤占领校内市场，吸引更多的消费者，促进后勤部门经济效益的增长。因此可以说，经济属性和教育属性是相互统一、相互促进、互为发展的。

在处理教育属性和经济属性的关系时，要力戒两种片面的倾向和做法。其一是重视经济属性，弱化教育属性。在日常的工作或后勤改革过程中，因为后勤实体从学校的行政系统剥离后，后勤的经费由原来的拨款机制转变为通过服务收费的“拨改收”机制，后勤经费的“铁饭碗”被打破，危机意识和经营风险陡然而生。因此，可能会出现片面追求经济效益，置师生利益于不顾的现象。长此下去，必然造成与服务对象之间的对立，影响学校的稳定与发展，背离高职院校后勤改革的方向和宗旨。其二是强调教育属性，忽略经济属性。在旧的体制下，学校对后勤“大包大揽”，后勤不讲成本，没有效益，使得后勤服务成本与日俱增，服务质量每况愈下，服务态度受到指责，使后勤成为制约学校进一步发展的“瓶颈”。造成这一问题的根本原因是忽视了后勤的经济属性。我们在讲教育属性的时候，切不可忽略经济属性，一定要正确认识后勤的经济属性对后勤长远发展的作用；否则，将有可能再次走向计划经济体制下后勤管理“小而全”的纯福利状态。

（三）高职院校后勤的作用

高职院校后勤管理工作是教学科研和学生管理工作重要的服务保障体系。后勤管理与服务质量的优劣直接影响着学校的发展和建设，也直接影响着学生的精神面貌和职业素养。笔者以为，高职院校后勤管理的保障作用主要体现在以下四方面。

1.管理育人、服务育人的作用

高职院校后勤的管理和服务过程，既是实现学校教育目标的过程，又是发挥育人作用的过程。在管理和服务过程中，始终将服务师生作为工作的出发点，一切服务从师生的需求出发，通过优质服务和规范管理，努力营造育人氛围，寓育人于具体服务工作之中，为师生提供优质、满意的服务。

2. 职业影响和正向感化的作用

从师生的衣食住行到校园的安全稳定，从学校的教学科研到管理服务，后勤工作渗透在方方面面，关系到广大师生的切身利益。建设和锤炼一支人心齐、愿奉献、肯吃苦、能战斗、更具市场竞争力的后勤干部和职工队伍，是高职院校提高办学质量与效益的客观要求。并通过他们日常服务中体现出的主动超前的服务意识、精湛优异的专业技能，通过激励尊重、说服教育、感情投入，关心体贴、形象影响、心理沟通等方法，为大学生职业素养和职业精神的养成和提升，形成正确的社会主义核心价值观起到职业影响和感化作用。

3. 塑造个性、陶冶情操的作用

后勤管理学校食堂、房屋及其后勤设施项目，负责校园的绿化、美化和净化工作，必须重视发挥学生社团的作用，通过学生各类社团组织和劳动技能课，鼓励学生参与校园保洁、监督检查食堂食品卫生、饭菜价格、饭菜质量、就餐秩序等活动，进一步强化学生自我服务、自我管理和自我教育的意识，积极营造和谐洁净的校园生活学习环境，为大学生进一步改善知识结构开发潜能培养个性、陶冶情操发挥积极作用。

4. 大学生思想政治工作的重要补充方式和载体

高职院校后勤普遍存在着人员结构不合理，管理、技术人员少，专业化程度低，普通员工多，综合素质水平不高等问题。因此，高职院校要在注重引进和加强高职院校后勤专业人员的力度，加强后勤人员的专业培训和综合素质考核评价等方面工作，通过在职工中倡导爱岗敬业、无私奉献、勤俭节约、节能增效的作风，积极影响和带动大学生，发挥好作为大学生思想政治工作的重要补充方式和载体。

二、高职院校后勤管理的内涵

（一）高职院校后勤管理学的定义分析

高职院校后勤管理学的研究对象是高职院校后勤这一特定领域，而高职院校后勤具有自己的内在规定性和运行规律。经济学、管理学、工程学和教育学等基础学科虽可以指导高职院校后勤这一特定领域的实践，但这种指导仅具有间接意义，因此有必要以高职院校后勤自身的实践为依据而形成一门高职院校后勤管理学，直接指导该领域的工作。“高职院校后勤”并不是一个过渡性的概念，虽然我们正在大力推进高职院校后勤社会化改革，高职院校后勤可能最终不会有某一个特定的实体与之对应，但只要有高职院校存在，就必然有高职院校后勤管理。对于完全社会化、企业化的高职院校后勤服务实体，虽然在形式上它们和一般的企业没有区别，但是由于它们所服务的市场和顾客的特殊性，它们在管理上呈现出自身的特色，高职院校后勤管理学仍有必要[1]。

高职院校后勤管理学是在现代经济学、管理学、工程学、教育学等基础学科上建立起来的一门综合性学科，这些基础学科都有庞大的理论体系，可以在思想、方法、知识等方面给高职院校后勤学提供依据、指导、借鉴和支撑。中外高职院校后勤管理丰富的实践经验，特别是21世纪以来后勤社会化的历程，为我们提供了充分的研究素材，可以供我们总结、归纳、提炼，形成成熟、完善、不断发展的理论体系；同时，实践还作为客观公正的“法官”，对我们研究成果的真伪进行检验、评判，使这门学科的真理性得到保证[2]。一门学科的建立，总是以基础理论的突破开始，就像没有牛顿力学三大规律就没有牛顿力学，没有质能方程就没有相对论一样。我们认为，高职院校后勤管理学得以建立的最大理论突破是社会主义市场经济理论，它使我们得以充分地认识到高职院校后勤的经济属性和教育属性，为高职院校后勤的社会化改革提供了理论依据，也为我们建立高职院校后勤管理学扫清了理论上的障碍，使我们可以不必为姓“社”还是姓“资”而争论不休，更使我们可以大胆地运用社会主义市场经济的理论，来指导高职院校后勤社会化改革，以及开展对高职院校后勤管理学的研究。

当前学术研究和学科建设的一个大趋势是学科划分的日益细化和各学科之间的交叉融合，这一趋势反映了人类对于自然界和人类社会认识的日益深化。大的学科由于分、子学科的增加而形成庞大的体系，譬如大树，一级学科好比主干，主要反映对该领域研究对象共性的认识，是对该学科一般规律的总结；下面的二级、三级学科则好比枝叶，越细分越偏向于反映对研究对象个性的认识，分别从不同的部分、不同的方面揭示研究对象运行的特殊

---

[1] 沈晓春:《冯艳飞高校后勤管理学》，武汉：湖北人民出版社，2005年，第32页。

[2] 杨炜苗:《高校后勤管理学导论》，保定：河北大学出版社，2014年，第31页。

规律。

“大树”越往“主干”上走，就越抽象和一般，直接的应用价值就越差，而“枝叶”则很好地弥补了这一点。高职院校后勤管理学作为管理学的分支学科，揭示了高职院校后勤这一特殊领域的管理规律，丰富了管理学的学科大厦，提高了管理学解释世界的能力和对于人类活动的指导意义。目前的高职院校后勤社会化改革，重点和难点集中于两个方面：一是比较宏观的高职院校后勤体制的构建；二是比较微观的后勤服务实体的内部管理。在这两个方面，高职院校后勤管理学都有很强的应用价值。

（二）高职院校后勤管理学的学科分析

高职院校后勤管理学是一门交叉学科和综合学科，高职院校后勤管理学是经济学、管理学、工程学、教育学等学科交叉融合而形成的。

从学科属性来看，高职院校后勤管理学只能是一门管理学而不能是其他的学科，否则必然是“文不对题”。从知识体系构成来看，管理学的知识是高职院校后勤管理学的主体，高职院校后勤管理学主要是管理学在高职院校后勤领域内的应用和延伸。就学科发展的一般规律而言，综合性学科和交叉性学科一般都是以一门学科为主体搭建起一个理论框架，然后用这个理论框架去整合其他学科的知识，从而形成一个合理的、严密的知识体系。高职院校后勤管理学以管理学的理论为框架，在分析高职院校后勤特点与规律的基础上，可以很方便地把现有的高职院校后勤管理理论和实践经验纳入进来，同时现代管理学的不断发展和广泛应用，可以为高职院校后勤管理学的发展提供源源不断的支持。

（三）高职院校后勤管理的对象

1. 后勤资源

后勤资源主要包括后勤人力资源、金融资源、物质资源、信息资源和后勤的关系资源等。

后勤的人力资源管理。是指在学校的后勤组织中拥有的后勤职工的技术、能力、知识以及他们的潜力和协作力。后勤人力资源的管理实际上就是“管人”。后勤职工是后勤资源中最重要的资源，对后勤职工的管理是保证后勤工作顺利进行的基础条件，是实现后勤运行目标的前提。高职院校后勤的人力资源管理，主要是以人为本，运用现代化的管理手段，挖掘后勤人的智能潜力，提高后勤人的知识、业务、技能，重视对后勤人的引进、培养、开发和利用，建立有效的激励机制和科学的绩效考核评价体系，从而提高员工的凝聚力和协作力，调动一切积极因素，确保后勤工作的高效运转，实现后勤工作的目标。后勤社会化改革之前，后勤队伍的组成尽管复杂，但仍然相对单一；后勤社会化改革之后，后勤队伍的成员结构、年龄结构、知识结构等发生了较大的变化。后勤队伍由以原来的“正式工”即所谓的“老人”为主体正在逐步向以引进的社会“新人”为主体转变，由原来的年龄偏大、队伍老化日渐向年龄结构合理、充满活力和朝气转变，由原来的文化素质不高、技能水平不强正在向高学历、高素质转变。而且，随着近年来高等教育的快速发展，后勤队伍在不断地扩大。因此，后勤人力资源的管理在高职院校后勤管理中的地位、作用和意义日益凸现，而管理的好坏将直接影响着后勤的服务质量和服务水平。因此，无论是学校还是后勤管理部门、后勤服务实体，都应该重视和加强对后勤人力资源的管理。

后勤的金融资源管理。主要是指学校或后勤实体对其所拥有的货币资本和现金的管理。后勤金融资源管理通俗意义上是指“管财”。财力同人力和物力一样，是后勤管理的基本内容之一，它是后勤发展的重要资源。

（1）后勤的物质资源管理。主要包括对学校的地产、房产、教学仪器设备和设施等固定资产的管理，以及对学校的无形资产的管理。高职院校后勤物质资源管理是为了学校的教学、科研和其他各项工作提供物质保证，并同时实现资产的保值和增值。上述所列的资源范围是传统意义上大后勤的管理分类，由于各个学校的情况不同，特别是后勤社会化改革以后，各个学校在物质资源的管理模式上千差万别。例如，有的学校将房、地产和家具等设备设施交由后勤管理部门管理，有的学校成立设备管理处专门管理教学、科研仪器设备等，不尽相同。

（2）后勤的信息资源管理。信息是指通过文字、数据或信号等形式来表现的、可以传递和处理的对象。在高职院校后勤管理活动中，信息资源是一种十分重要的资源，它主要包括市场信息、政策信息、客户信息、同行信息、员工信息等。高职院校后勤信息资源的管理经历了从无到有，从被忽略到日渐重视的过程，特别是对高职院校后勤实体而言，信息资源的管理特别重要，它对后勤服务实体适应日益不确定的环境、提高应变能力和发展实力十分关键。

（3）后勤的关系资源管理。在管理学理论上，对关系资源的定义是：指组织与其他各方，如政府、银行、企业、团体、群众等方面的合作及亲善的

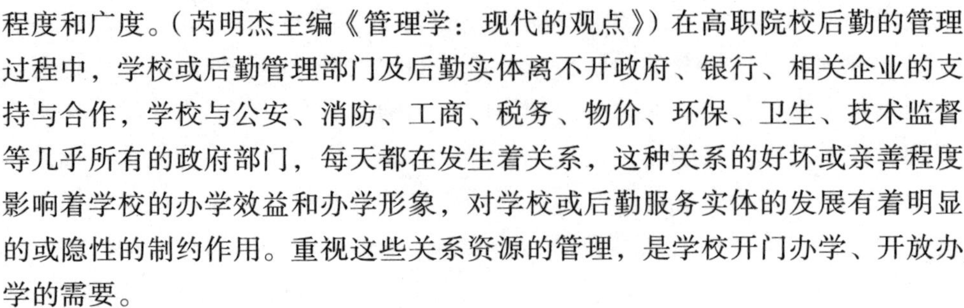
程度和广度。（芮明杰主编《管理学：现代的观点》）在高职院校后勤的管理过程中，学校或后勤管理部门及后勤实体离不开政府、银行、相关企业的支持与合作，学校与公安、消防、工商、税务、物价、环保、卫生、技术监督等几乎所有的政府部门，每天都在发生着关系，这种关系的好坏或亲善程度影响着学校的办学效益和办学形象，对学校或后勤服务实体的发展有着明显的或隐性的制约作用。重视这些关系资源的管理，是学校开门办学、开放办学的需要。

2. 后勤业务活动

后勤业务活动是高职院校后勤管理的重要内容，是高职院校后勤管理赖以存在和加强的根本条件，正是由于后勤一系列业务活动服务于学校的教学、科研和师生的生活，后勤管理才得到了学校的重视，所以后勤的业务活动是后勤管理的主要对象。

后勤业务活动内容点多、面广、线长，复杂多样，分类方法也不同。一种分类是根据习惯性的分法，即根据服务的作用将后勤业务分为生活服务和专业服务两大类；另一种分类是根据后勤服务的性质，将其分为服务型、经营服务型和经营型三大类。总之，分类的目的是便于科学管理，但在论及高职院校后勤管理的对象时，应以后勤服务对教学、科研和师生生活的作用大小来进行分类，即分为主要业务活动和附属业务活动。

主要业务活动主要包括饮食服务管理，水、电、热管理和校园管理等。

（1）饮食服务管理。高职院校的饮食服务管理是对学校的饮食生产、加工、采购、销售、卫生、安全以及经营管理活动各要素与各环节进行组织、指挥、协调和控制等一系列活动。“民以食为天”，饮食服务保障着广大学生的一日三餐，关乎广大学生的健康，影响着学校甚至社会的稳定。所以，饮食服务管理工作是高职院校后勤工作的重要组成部分，是高职院校后勤管理的重要对象。随着高职院校后勤社会化改革的不断深入，饮食服务管理的重要性日益显现，强化饮食管理，深化饮食改革，不断探索在新形势下饮食管理模式、服务理念、运行机制的变革，已成为高职院校后勤管理的重要内容和关注点。

（2）水、电、热管理。水、电、热的管理也是高职院校后勤管理的主要业务活动，它是指学校对教学、科研、办公和师生生活所需的水、电、热（生活用热源和取暖等）的供应、维修、节约及设施设备的规划、建设、维护、改造等内容的管理。高职院校水、电、热管理的重点是保障安全供应，管理的难点是节约能源。目前，许多高职院校仍然存在着用水、用电、用气无指标，无责任的“大锅饭”现象，水、电、热费用的支出年年大幅上升，浪费现象严重。如何从管理上科学有效地控制并解决这一问题，正是高职院校水、电、热管理需要探讨的重点。

（3）校园管理。在后勤管理的对象中，校园管理的内容因学校不同而异。但一般都把校园的办公楼、教学楼、科研楼、学生宿舍楼等楼宇的管理和校园的卫生保洁、垃圾清运、绿化养护、环境保护、道路维护、公共设施管理、校园经营秩序、校园日常治安等，作为校园管理的主要内容。这些多样具体的管理内容属于大后勤的范畴，不少学校又将其细化归类为不同的管理部门。例如，校园的治安管理属于保卫部门管理，环境保护、公共设施的管理属于后勤管理部门，而其中的服务内容则大部分属于后勤服务实体的管理。

附属业务活动是指除去饮食服务管理，学生宿舍管理，水、电、热管理和校园管理等与广大师生服务密切、不可缺少的活动外的附属和拓展的项目活动，如交通运输、商贸管理、印刷服务、幼教服务、宾馆酒店、修缮服务、教材供应等。这些附属的业务活动在后勤管理中不可忽视，它们从不同的方面丰富和完善着后勤服务的内容。特别是后勤社会化改革之后，后勤服务实体以学校和学生的需要为本，不断拓展了服务项目。这些拓展的项目通过后勤的经营和管理，发挥着壮大后勤服务实力、提高后勤保障能力的作用，更重要的是这些创新的服务内容更加方便了师生的生活。因此，我们在重视对后勤主要业务活动管理的同时，还要加强对附属业务活动的管理和探讨。

（四）高职院校后勤管理的特征

在分析和认识高职院校后勤管理的特征时，我们一定要把握其实质，既不要把高等教育管理的特点简单地等同于高职院校后勤管理的特点，同样也不可将高职院校后勤管理的特征等同于一般后勤管理特征。高等学校后勤管理是高等教育工作与管理工作在后勤领域的结合和运用，其管理的特征中既包含有高等教育管理的特性，又包含有后勤管理的特性，但又与二者有所不同。目前，理论界对高职院校后勤管理的特征描述多种多样，但构成且有别于其他管理活动特点的，高职院校后勤管理的特征主要有以下五个方面：教育性、社会性、服务性、周期性和复杂性。

1. 教育性

高职院校后勤管理的教育性是由高职院校后勤的教育属性决定的，教育属性是高职院校后勤的本质属性，其主要内涵是后勤要坚持服务育人、管理育人的宗旨。因此，高职院校后勤管理的根本目的是服务育人和管理育人，这正是高职院校后勤这一管理活动与其他管理活动的区别所在。高等学校是以培养人才为主要目标的，学校的教学活动、科研活动、行政管理等各种管理活动始终是服务和服从于这一目标的，离开了这一目标，所有活动将成为一种盲目的、无意义的活动。后勤管理活动是学校管理系统中的一项重要组成部分，它通过后勤组织和后勤人员的有效管理，为实现学校的育人目标发挥着支撑和保障作用，其管理的过程始终是围绕着服务育人、管理育人这一目的的。在高职院校后勤管理的过程中，我们不能忽视其教育性，这是高职院校后勤管理的一个重要特征。

2. 社会性

在高职院校后勤的社会性里，反映的是学校、学校后勤管理与社会的方方面面不可分割的关系的总和。①我们从高职院校后勤发展的历史可以看出，由于种种原因，高职院校的后勤一直在承担着社会责任，校园内的各项服务活动，从吃、喝、拉、撒、睡到生、老、病、死、退，应有尽有，实际上是社会的一个缩影，是社会的一个组成部分；②高职院校后勤属于社会大系统的一个子系统，它必然要与社会上各个方面发生着密切的联系，时时刻刻都与社会进行物质、能量和信息的交换，并与经济、政治、文化、科学技术等部门互相依存，相互促进。高职院校后勤离不开社会，社会才是高职院校后勤的总后勤。

正确认识高职院校后勤管理社会性的这一特点，有利于我们克服自我封闭的高职院校后勤观念（自我封闭是指把高职院校后勤视为校内的一个服务部门，缺少与社会的联系和合作），有利于我们科学地利用社会资源为高职院校后勤服务。特别是在后勤社会化的过程中，高职院校后勤实体作为改革过程中产生的新生事物，其生存、发展离不开社会方方面面的支持与合作，尤其需要审时度势，扩大与社会进行联系与合作的深度和广度。

3. 服务性

为学校的教学、科研和师生生活提供服务是高职院校后勤存在的基础，高职院校后勤离开了服务，就没有存在的可能；服务是高职院校后勤的全部意义所在。因此，高职院校后勤管理必须围绕着如何提高服务质量这一目标来进行。在管理过程中，管理是手段，服务是目的，管理是为了更好地为服务对象服务。正确认识高职院校后勤管理的这一特点，有助于我们处理好管理与服务的关系。在实际工作中，不少高职院校的后勤管理人员常常错位工作，俨然把自己当作一个管理者，不是以服务对象为本，而是以自己为本。工作上不是热情、周到、高效、优质，而是脸难看、话难听、事难办。长期以来，高职院校后勤（特别是后勤社会化改革之前）的服务质量、服务形象不佳，广大师生多有怨言，造成这种现象的一个重要原因，就是相关人员没有正确认识高职院校后勤的服务性。当然，我们在强调高职院校后勤服务性的时候，不能弱化管理，放弃管理。没有良好的管理，就没有优质的服务，要想提高服务质量，就必须强化管理。

4. 周期性

学校的管理过程相对于其他管理活动的过程来说，具有明显的周期性。高职院校依据国家的教育方针和培养目标，围绕学校的发展规划，以学期为运行单元，以学年为运行周期，并构成一个循环。如此往复，连续不断，有序前进，这就是学校管理的一般规律。作为高职院校内部管理系统的一个组成部分，后勤管理也必须以教育周期为主线，按照后勤先行的理念，有序分段推进。即在一个学期或一个学年初开始于目标、任务的提出，并于学期或学年末终结于这些任务的完成和目标的实现；然后，再对一个学期或学年的全部工作进行总结和评估，并在此基础上提出新的目标和任务，又以新的周期重新开始。高职院校后勤只有顺应了这一周期性的规律，管理才会卓有成效；反之，就会导致后勤管理的混乱，影响教育质量和办学效益。

5. 复杂性

高职院校后勤管理的复杂性是相对于其他管理活动而言的。其复杂性主要表现在管理内容的多样化和管理知识的多科性上[1]。

（1）在管理内容上，高职院校后勤管理的主要表现是多样化。①表现为任务多样繁重。例如，在后勤管理的过程中，特别是后勤实体的管理方面，涉及人事、财务、物资、设备、基建、房屋、伙食、交通、医疗、卫生、园

[1] 侯建设:《高校后勤精细化管理》，成都：西南交通大学出版社，2009 年。

林、环保、房屋租赁、洗浴、幼儿教育等，几乎无所不包，而且任务繁重，责任重大；②政策性强。后勤的管理虽然是以服务为主，表面看来似乎单一，但在管理的过程中离不开党和国家的有关方针、政策、法令、法规，离不开地方政府的支持；否则，后勤管理就失去了其原则基础。

（2）后勤管理知识的多科性也是后勤管理复杂性的一个重要表现。高职院校后勤管理涉及政治、经济、管理、系统工程、文化教育等多个领域，是一门具有综合性、边缘性和交叉性特点的科学。例如，高职院校后勤实体被推向市场、实施企业化或准企业化运作后，就必然要求尊重市场经济规律，即在企业层次上，要运用微观经济学的供求、价格分析等工具；在宏观层次上，要注意高职院校后勤作为一个产业的经济和社会效益目标。这些都离不开经济学的理论。再如，高职院校后勤管理也是一个系统工程，有关工程学的方法与工具对寻求系统最优的方案和综合效益也具有很强的应用价值。另外，在后勤实际岗位中，专业技术种类繁多，每个人都有一种或几种专业。这就要求后勤管理人员必须在具备广泛的知识和多种专业常识的基础上进行科学管理，使各项工作逐步实现标准化、规范化、制度化，用现代化的管理手段和方法不断提高后勤管理水平。

三、高职院校后勤管理模式的构成要素

高职院校后勤管理模式既然是一种理论模型和操作程序，它就必然具有若干要素。笔者认为，高职院校后勤管理模式的构成要素主要是后勤管理观念、后勤管理结构、后勤管理体制、后勤管理机制四个方面。

（一）高职院校后勤管理观念

高职院校后勤管理观念是人们在长期实践中形成的，对高职院校后勤管理的一系列的理性认识。在这些理性认识中，人们对“高职院校后勤管理是什么”的认识构成高职院校后勤管理的本质观；对高职院校后勤管理作用的认识就构成了高职院校后勤管理的价值观；对“高职院校后勤管理对象是谁”的认识就构成了高职院校后勤管理的对象观；对高职院校后勤管理作用结果的认识就构成了高职院校后勤管理的质量观。

（二）高职院校后勤管理结构

结构是指“事物的构成形式及各构成要素之间的比例关系”。高职院校后勤管理结构是指高职院校后勤管理系统的构成要素，以及彼此之间的联系

方式。正确设计高职院校后勤管理结构，是有效地进行高职院校后勤管理的重要保证。因为“有些事物，即使构成要素相同，但由于不同的排列次序、空间配置、聚集状态与联系方式而形成不同的结构”，最终导致事物行使不同的功能。一般来说，高职院校后勤管理结构包括直线制组织模式、职能制组织模式、直线职能制组织模式、矩阵结构组织模式、事业部制组织模式和独立经营组织模式[1]。直线制组织模式是指在后勤管理组织机构中，整个结构是自上而下的垂直领导，下面不设职能机构的一种组织形式；职能制组织模式是指在组织机构中设立各种职能机构，它们受该机构领导的委托，拥有与职能相应的指挥权的一种组织形式，即在后勤系统中不设处级机构，只根据管理职能的不同，设立若干科室；直线职能制组织模式是指在直线制基础上，增设没有指挥权的职能机构和职能管理人员而成的一种组织形式；矩阵结构组织模式是指在原有的直线指挥系统与职能部门组成的纵向垂直领导系统的基础上，再建立一种横向的领导系统，两者结合起来形成像数学中矩阵一样的形式；事业部制组织模式是指企业在集权的基础上，按照地区、产品或者市场分出一些相对独立的单位（分公司），称为事业部，分别实行相对独立的经营；独立经营组织模式是指后勤集团从高职院校中剥离出来，成为相对独立的经济实体，实现自主经营、自负盈亏，拥有相当大的自主权。

（三）高职院校后勤管理体制

高职院校后勤管理体制就是高职院校后勤管理机构与一定的管理规范的结合体或统一体。高职院校后勤管理机构包括高职院校后勤决策机构、执行机构、咨询机构、监督反馈机构。管理规范是指保证高职院校后勤管理机构正常运行的各种规章制度，具体包括总的章程、机构的规章制度、工作的规章制度和人员的规章制度等。总的章程主要说明单位的性质、地位、作用；机构的规章制度主要规定机构运作的规则、职责权限；工作的规章制度是机构的职责权限在工作上的具体化，各个部门负责什么样的工作；人员的规章制度是指对人的一些具体要求。其中，高职院校后勤管理中的决策机构与一定的管理规范相结合就形成了高职院校后勤领导体制；执行机构与一定的管理规范相结合就形成了高职院校后勤执行体制；咨询机构与一定的管理规范相结合就形成了高职院校后勤咨询体制；监督反馈机构与一定的管理规范相

[1] 薛沛建，王长春，苏光建等：《高等学校后勤管理》，上海：华东师范大学出版社，1988 年，第 37 ～ 45 页。

结合就形成了高职院校后勤监督反馈体制。四个体制共同构成了高职院校后勤管理体制，其中高职院校后勤领导体制居于高职院校后勤管理体制的核心地位，因为它规定了高职院校后勤管理中由谁决策、如何决策，从根本上决定了高职院校后勤部门的性质。

（四）高职院校后勤管理机制

“机制”原意是指机器的构成及运作方式，现泛指事物各构成要素之间的相互联系及互动方式。高职院校后勤管理机制是指协调高职院校后勤各个部分之间相互关系的一种运作方式。高职院校后勤管理机制只有体现高职院校后勤管理的规律，才能产生良好的效果。它是高职院校后勤管理规律的一种外在表现形式。“人类探讨事物的机制过程就是人类认识自然、社会和人自身的过程”，加强对高职院校后勤管理的研究，有助于我们全面认识高职院校后勤管理的规律。因此，我们也可以根据高职院校后勤管理的规律，并结合高职院校后勤管理的实际，来探讨高职院校后勤管理的机制，从而有效地发挥高职院校后勤管理的作用，提高高职院校后勤管理的质量。一般来说，高职院校后勤管理机制主要包括导向机制、激励机制和制约机制。导向机制就是根据高职院校后勤管理总目标，遵循高职院校后勤工作的规律，将高职院校后勤管理工作导向正轨的一种机制；激励机制是根据高职院校后勤管理的规律，调动高职院校后勤管理人员和组织积极性的一种机制；制约机制是根据高职院校后勤管理规律来保证高职院校后勤管理活动有序化、规范化的一种机制。

第二节　高职院校后勤管理的基本理论

一、高职院校后勤管理的原则

高职院校后勤保障与管理工作是高职院校常规管理工作的重要环节，关系到社会、高职院校和师生的稳定，关系到青少年的健康成长，关系到教育事业持续发展的大局。随着教育改革的不断深入和高职院校的布局调整，高职院校后勤工作的任务越来越重，责任越来越大。

一流的高职院校要有一流的后勤，而一流的后勤需要配备一流素质的人员。人的素质与高职院校后勤管理有何关系，如何处理好这种关系，使后勤工作更好地为教育教学服务，为师生工作、学习、生活服务。后勤管理工作是高职院校工作的重要组成部分，探明它内在的客观规律，明确其基本要素，就可以提高工作效能，使后勤工作更好地为开创高职院校工作新局面做贡献。

众所周知，高职院校后勤工作具有综合性、广泛性、从属性、服务性和琐碎性等特点，头绪繁杂，任务艰巨。高职院校后勤工作将会随着教育事业的发展而日趋繁重，教学手段现代化的发展会对后勤工作的业务知识要求标准越来越高，一位合格的后勤管理人员必须全面了解高职院校管理、教学、社会动态、商品价格、基建维修等情况。具体地讲，要搞好高职院校后勤管理应该注重以下原则。

（一）服务教学的原则

高职院校后勤工作必须为教学服务，为师生服务。教学工作是高职院校的重点工作，而服务师生工作又是重中之重。俗话说，“兵马未动，粮草先行。”高职院校后勤工作作为高职院校的后勤保障，它在提供教学设备、物资供应、改善教学条件等方面起着重要的作用。高职院校后勤工作的首要任务就是为教学服务，为师生服务。这就要求后勤工作人员必须树立为教学服务的思想，明确后勤工作的主要任务是为教学、为师生创造良好的工作环境和必要的物质条件，使后勤工作在期初、期中、期末各个阶段与教学工作和服务师生工作紧密配合，保证教学工作和服务工作的顺利进行。

（二）生活服务的原则

高职院校后勤工作必须为广大师生的生活服务。搞好全校师生的生活、福利是后勤工作者应尽的职责。后勤工作者应努力改善师生的生活和搞好集体福利，让全校师生有一个良好的工作和学习环境。解除教师的后顾之忧，保证师生的健康，使他们有足够的时间和充沛的精力投入教育教学工作中。

（三）经济效益的原则

高职院校后勤工作必须坚持经济性原则。自力更生，开源节流。工作中坚持勤工俭学、勤俭办学的原则。合理使用资金，事事精打细算，量入为出，保证重点，发扬自力更生、艰苦奋斗的精神。因陋就简、修旧利废，能自己干的自己干，能自己做的自己做。尽可能地节约开支，把有限的经费用到教育和教学急需上。

（四）整体规划的原则

高职院校后勤工作必须有整体规划。在当前教育经费不足的情况下，高职院校后勤工作中一定要作出常年规划，有计划、有目的地逐步把高职院校建设好，为师生创造一个整齐、清洁、舒适、优美的教学环境。

（五）教育性原则

高职院校后勤工作必须贯彻教育性原则。高职院校后勤工作是一种群众性工作，它与广大师生有广泛的接触。通过后勤工作对学生进行关心集体、爱护公物、勤俭节约、艰苦奋斗等思想品德教育，是它特有的教育任务。因此，高职院校后勤工作必须贯彻教育性原则。每做一件事情，都要考虑对学生是否产生积极影响，每个工作人员都要注意一言一行，成为学生的表率。还要通过贯彻有关后勤工作的各种规章制度，向学生进行思想品德教育。

二、高职院校后勤管理工作的理论基础

（一）高等教育的基本规律

规律是事物发展过程中的本质联系和必然趋势，规律是客观的，是事物本身所固有的，人们必须按规律办事才能起到事半功倍的效果，反之则事倍功半。高等教育规律是高等教育发展过程中本质的固有的联系，回答“高等教育是如何运行的”，它提示高等教育在运动和发展中所要遵循的必然逻辑轨道。

教育的本质是育人，其含义指的是教育者根据一定社会阶级的要求有目的、有计划、有组织地对受教育者的身心施加影响，把他们培养成一定的社会阶级所需要的人的活动。教育也可以泛指培养新生一代准备从事社会生活的整个过程。教育的本质是育人，这是教育最基本的规律，同时也是高等教育最基本的规律。高等教育作为教育的高级阶段，旨在培养和塑造大学生正确的世界观、人生观、价值观，提升其人文科学素质和道德水平，为中国特色社会主义事业输送人才，这是高等教育最基本的使命。高职院校在运行、发展过程中也始终要以此为出发点和落脚点，始终以“育人”为第一使命。高职院校后勤作为高等教育不可或缺的一部分，作为与师生休戚相关的一部分，同样要承担起“育人”的重要职责，表现在后勤管理上则更多地体现为“管理育人”。

教育作为上层建筑，必然也受制于经济发展水平，高等教育也不例外。

经济的发展为教育提供了最基本的物质基础和保障。“百年大计，教育为本”的理念更加深入人心，成为社会共识。但是，与发达国家相比，我们在教育上的投入还远远不够，最重要的原因还是我国经济基础薄弱，当前正处于社会主义初级阶段。因此，教育的发展必须与经济发展水平相适应，一步一个台阶。高职院校后勤的发展同样要与国家经济发展水平同步，要与高等教育的发展同步，要在现有经济水平允许的基础上寻求为师生提供更多、更好地后勤服务，这也是高职院校后勤推行社会化改革的初衷。

教育同时也受政治、文化、科技发展水平的制约和影响。教育具有鲜明的政治属性，教育过程其实也就是统治阶级对被教育者的身心施加影响的过程，高等教育也必然受政治因素的影响。我国高等教育是为培养社会主义事业接班人服务的，高等教育在教育方针、教育目标的制定、执行等方面与必须与国家的大政方针保持一致。教育与文化之间也有着密不可分的联系，社会文化的发展为教育营造了一个大环境、大背景，文化发展的倾向必然渗透到教育层次里面。高等教育作为教育的高级阶段，以大学生为培养对象，社会文化思潮对大学生的思想意识状况尤为明显和强烈，因此，高职院校必须深刻把握社会文化对大学师生所产生的影响，做好引导、把控工作。科技的发展对教育的影响也是非常明显的，随着科技日新月异的快速发展，其对教育的影响也越发深刻。近年来，网络科技的飞速发展对教育的影响可谓是革命性的，对高等教育的影响尤为强烈。网络多媒体使在校师生的生活方式和交往方式发生了根本性的变革，也使传统的教育、教学方式进行了重大转变。新时期，高等教育的发展必须深刻把握科技发展所带来的影响和冲击。高等教育一方面受经济、政治、文化、科技的影响和制约，另一方面又为经济、政治、文化、科技的发展服务的。高等教育的目标使命即由人才培养、科学研究、服务社会这三大块构成，为了更好地完成高等教育的目标，高职院校在自身发展的过程中必须始终紧随时代的步伐，把握经济、政治、文化、科技等反面的变化发展，趋利避害，推进自身不断发展。

当前，高等教育带有行政性色彩，在这一时代背景下，高职院校后勤要在政府的主导下积极寻求变革和发展，把握好社会发展对自身的影响，不断推进社会化改革进程[1]。

[1] 詹步强：《当前我国高校后勤管理体制主要模式评析》，《琼州学院学报》，2009年第2卷第1期，第70～71页。

（二）新公共管理理论

新公共管理理论是20世纪80年代以来兴盛于英、美等西方国家的一种新的公共行政理论和管理方式。它以现代经济学为自己的理论基础，主张在政府等公共部门广泛采用私营企业或部门成功的管理方法，引入竞争机制，重视公共服务的产出，倡导在人员录用、任期、工资及其他人事行政环节上实行更加灵活，富有成效的管理。新公共管理理论主张发挥市场机制在公共服务领域中的作用，积极借鉴私营企业管理的技术和方法，提升政府、事业单位的管理能力和公共服务能力。

新公共管理理论是以现代经济学为自己的理论依据和基础。经济学中的"理性人"理论认为人是理性的，都是为自己的利益，都希望以最小的付出获得最大的回报，这一假设引申到新公共管理理论中来就产生了绩效管理制度。从公共选择和交易成本理论中获得政府应以市场或顾客为导向，提高服务效率和服务质量的依据。

新公共管理理论从私营企业管理方法中汲取营养。新公共管理理论认为，私营部门许多管理方法和手段都可以为公共部门所借用。例如，私营部门许多组织形式能灵活地适应环境，而不是韦伯所说的科层制；对投入和产出的高度重视，而不是只管投入，不讲结果或产出；人事管理上实现灵活的合同聘用制和绩效工资制，而不是一经录入，永久续职等。

新公共管理理论所提倡的借用私营企业或部门成功的管理方法，如绩效管理、目标管理、组织发展、人力资源开发等，对我国当前的高职院校后勤管理改革具有重要的启示意义。我国高职院校后勤从计划经济体制发展而来，虽然经历了十几年的改革和发展，经受了市场经济的"洗礼"，但是从目前的情况来看，仍然带有浓厚的行政性色彩，尤其是在后勤管理上，存在一系列的遗留问题，如何更好地推进后勤企业化改革是摆在我们面前的一个难题❶。

（三）社会主义市场经济

社会主义市场经济是同社会主义基本制度结合在一起，市场在国家宏观调控下对资源配置起基础作用的经济体制。社会主义市场经济必须从社会主义基本制度和市场经济这两个方面来把握。

---

❶ 曾龙健:《高校后勤管理模式构成要素探析》,《现代商业》,2008年第23期，第85页。

市场经济就是指通过市场机制来调解资源配置的一种经济运行方式。在市场经济下，产品和服务的生产及销售完全由市场的自由价格机制所引导。那市场经济从何而来呢？市场经济是由商品经济发展而来，是商品经济的高级阶段，而商品经济又是相对于自然经济而言的，在自然经济条件下，各家各户，自产自销，自给自足，相互之间很少有交换的需要。随着工业化时代的到来，社会分工越来越细，人与人之间依赖与交往变得越来越密不可分。近现代以来，科学技术的突飞猛进，使人类社会的生产力水平得以狂飙式的飞速发展，人们的物质生产水平也有了前所未有的提高。另外，社会化大分工和专业化生产则在更大范围、更深程度实行起来，甚至达到国与国之间的分工合作，任何一个人都没法脱离市场而存在，任何一个国家也没法脱离市场而发展。在市场经济条件下，人与人之间的交换是自由平等的，市场有一套严格的价格导向机制在起作用。市场经济曾在一定时期促进了资本主义国家经济的飞速发展，但随着几次经济危机的爆发，市场经济本身所固有的致命缺陷也逐渐暴露出来。市场调节具有自发性、盲目性和滞后性。自发性是指市场会自动调节资源的生产与分配；盲目性是指市场参与者大多以价格的涨落来决定是否参与投入，绝大部分参与者没有足够的能力来把握足够的信息和市场的运作状态，也就没有办法从整体上进行宏观分析，导致在投入上具有盲目性；滞后性是指市场参与者盲目自发地投入生产，而生产是一个相对于价格变动来讲耗时较长的一个过程，往往是当商品价格在下降的时候，供应的商品数量却在上升，导致资源浪费，引发经济危机。

社会主义市场经济具有市场经济的一般特征，即市场主体的自主性、平等性、法制性、竞争性和开放性的特征。但社会主义市场经济具有社会主义制度本身的特征：在所有制上，以公有制为主体，多种所有制经济共同发展；在分配制度上，坚持按劳分配为主体，多种分配方式并存的制度，把按劳分配与按生产要素分配结合起来，坚持效率优先，兼顾公平的原则；在宏观调控上，能够把人民的当前利益与长远利益、局部利益与整体利益结合起来，把有形的手与无形的手结合起来，充分发挥市场和宏观调控的长处，促进经济健康稳定的发展❶。

伴随着我国社会主义市场经济的不断发展与完善，高职院校后勤也开启了社会化改革的进程，旨在削减学校负担，让高职院校更加专注于科研、教

❶　薛泳英，张建初：《高校校办产业所有制实现形式及其途径》，《事业财会》，1999年第1期，第13～14页。

学水平的提升，同时也是为了给师生提供更好的后勤服务[1]。高职院校后勤社会化改革在社会主义市场经济大环境下进行，必须遵循市场经济的发展规律，稳定有序地推进改革进程。

（四）利益相关者理论

“利益相关者”这一词最早被提出可以追溯到1929年，通用电气公司一位经理的就职演说。此后的数十年，对利益相关者的研究并没有一个明确的概念。学者们从不同的角度对利益相关者进行定义。其中，以弗里曼（1984）的观点最具代表性，他在《战略管理：一种利益相关者的方法》一书中提出：“利益相关者是能够影响一个组织目标的实现，或者受到一个组织实现其目标过程影响的所有个体和群体。”但是，弗里曼界定的是广义上的利益相关者，他笼统地将所有利益相关者放在同一层面进行整体研究，给后来的实证研究和实践操作带来了很大的局限性。而克拉克森认为：“利益相关者以及在企业中投入了一些实物资本、人力资本、财务资本或一些有价值的东西，并由此而承担了某些形式的风险；或者说，他们因企业活动而承受风险。”克拉克森的定义引入了专用性投资的概念，使利益相关者的定义更加具体。国内学者综合了上述的几种观点，认为“利益相关者是指那些在企业的生产活动中进行了一定的专用性投资，并承担了一定风险的个体和群体，其活动能够影响或者改变企业的目标，或者受到企业实现其目标过程的影响”。这一定义既强调了投资的专用性，又将企业与利益相关的相互影响包括进来，应该说是比较全面和具有代表性的。

利益相关者理论是20世纪60年代左右在西方国家逐步发展起来的公司治理理论，被认为是当前研究企业社会责任问题的“最为密切相关”的理论武器。利益相关者理论主张：所有受企业影响的利益相关者都有参加企业决策的权利；管理者负有服务于所有利益相关者利益的信托责任：企业的目标应该是促进所有利益相关者的利益而不仅仅是股东的利益。该理论认为，企业是各利益相关者缔结的“契约联合体”。企业的所有者不能仅仅局限于股东，所有利益相关者如企业的雇员、供应商和债权人等都是企业的所有人。企业的风险不是由股东全部承担，其他利益相关者也在承担着企业的风险。利益相关者之间的权利是独立的、平等的，他们共同拥有企业的所有权。

[1] 叶初标：《以人为本的高校后勤管理体系的构建》，《中国西部科技》，2009年第8卷第6期，第65～67页。

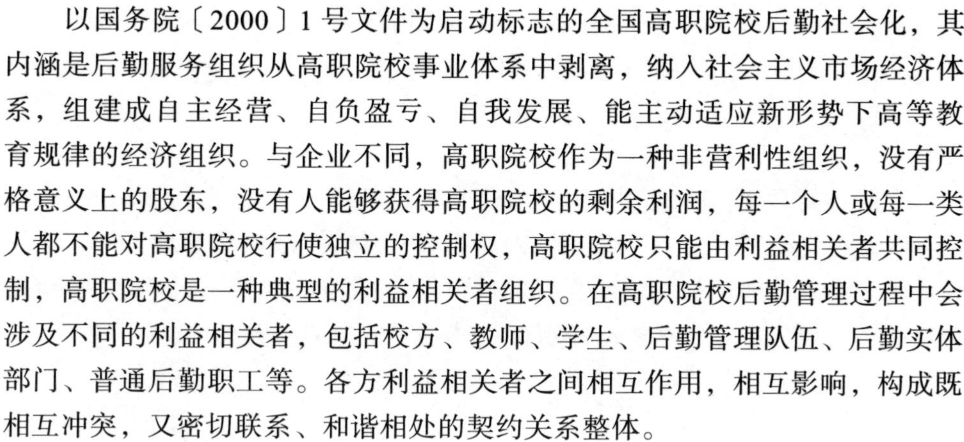

以国务院〔2000〕1号文件为启动标志的全国高职院校后勤社会化，其内涵是后勤服务组织从高职院校事业体系中剥离，纳入社会主义市场经济体系，组建成自主经营、自负盈亏、自我发展、能主动适应新形势下高等教育规律的经济组织。与企业不同，高职院校作为一种非营利性组织，没有严格意义上的股东，没有人能够获得高职院校的剩余利润，每一个人或每一类人都不能对高职院校行使独立的控制权，高职院校只能由利益相关者共同控制，高职院校是一种典型的利益相关者组织。在高职院校后勤管理过程中会涉及不同的利益相关者，包括校方、教师、学生、后勤管理队伍、后勤实体部门、普通后勤职工等。各方利益相关者之间相互作用，相互影响，构成既相互冲突，又密切联系、和谐相处的契约关系整体。

第三节　高职院校后勤系统管理模式

一、刚性管理模式

刚性管理是高职院校后勤管理的一种基本模式，它强调以工作为中心，通过制度约束奖优惩劣；它强调组织权威和专业分工，通常是多维度、多层次的。高职院校后勤的刚性管理就是要制订和完善各项规章制度，使之具有权威性和约束力，依靠各级管理人员照章办事，以强有力的执行力来贯彻落实规章制度，从而规范后勤秩序，为师生员工提供工作、学习、生活的条件保障。

（一）刚性管理的基本特点

1. 制度规范

在刚性管理中，管理者往往制订规范的管理制度和操作规程，实行科学化管理。组织成员必须严格遵守既定的规章制度，不得自行其是；必须遵守操作规程，不得随心所欲。管理者按照规章制度和操作规程对员工进行绩效评价，激励员工去完成组织的目标。

2. 组织严谨

在刚性管理中，自上而下形成了一个严密的明确的组织结构，从领导到员工，人人都有自己的工作职责，都有自己的岗位分工，从而各司其职，各尽其能，齐心协力，实现组织总目标。

3. 高度集权

在刚性管理中，一般实行纵向管理与集权管理。纵向管理把职务、职位按等级制度进行划分，每个级别的人员都要接受其上级的领导和指挥，这就形成了一个直线式的指挥链。直线的权力是高度集中的，决策权集中在较高的层次，管理权也集中在较高的层次，体现了权力的高度集中。

（二）刚性管理的主要作用

1. 基础和保障作用

在刚性管理中，制度是核心。在一个组织中，要使组织成员步调一致朝着组织目标奋进，需要有一套规范化的管理程序。后勤要完成各项任务，让师生满意，需要有一套规范的、行之有效的工作标准，以保证服务质量。后勤工作中也会有各种各样的冲突和矛盾，需要制度的刚性约束，否则，管理就达不到预期的效果。因此，刚性管理是组织生存和发展的基础保障。

2. 公正和公平作用

高职院校后勤通过各项规章制度、政策法令来体现刚性管理。对组织成员的评价也以规章制度为标准，制定统一的考核评价体系、统一的衡量尺度和科学的评分标准，从而消除人与人之间的感情因素，体现管理的公正性和公平性，调动组织成员的积极性。

3. 高速和高效作用

在刚性管理中，组织的指挥、协调等管理活动都是强制性的，都是以法规政策、规章制度、命令指示等方式实现的，因而具有高速和高效的作用。高职院校后勤社会化改革以来，各校根据市场经济规律，建立了一套既为校内师生服务，又为市场服务的发展方针和规章制度，有效地促进了高职院校后勤服务工作。

（三）高职院校后勤的刚性管理

高职院校后勤是保证高职院校正常运行的基石，是建设和谐校园的重要元素，高职院校后勤需要有序的刚性管理。

1. 发挥高职院校后勤刚性管理的基础和保障作用

高职院校和社会有着千丝万缕的联系，在人们的道德水平不高，依然需要外在约束的情况下，后勤管理的刚性管理要充分发挥它的基础性、保障性作用。运用刚性管理，可以把后勤的各项制度和工作规范落到实处，保障后勤正常的秩序，为全校师生提供有效的后勤保障。同时，后勤的刚性管理也给师生带来了安全感和依托感。这样，他们就可以安心地把重心放在学习和工作上。

2. 依靠刚性管理对高职院校后勤工作实施监督和控制

高职院校后勤工作面对高职院校的方方面面，面对各种利益冲突与矛盾，需要实行有效的监督和控制。通过刚性管理，做到在规章、制度、政策、法令面前人人平等，对待同样性质、同样情节的问题进行同样的处理，充分体现刚性管理的公正性和公平性。

3. 实施高职院校后勤的刚性管理延伸效率管理

高职院校后勤的刚性管理强调按一定的方式、规程和标准要求去做好后勤工作，强调整个后勤体系的科学架构和合理运作，从而达到高效的结果，为师生提供快捷、及时、优质的后勤服务。

二、柔性管理模式

柔性管理是高职院校后勤管理的另一种基本模式。它体现了“以人为本”的理念和“人性化管理”的要求，是根据人的心理和行为规律提出来的。它采用非强制性方式，通过管理把组织意志变为员工的自觉行动。

（一）柔性管理的基本特点

1. 驱动的自觉性

柔性管理是通过诱导和启发，使员工树立正确的价值观，形成一种自我教育、自我提高、自我约束、自我实现的管理机制，把管理者的意志和组织的目标转化为人们的自觉行动，不断激励和释放他们的积极性和创造力。因此，它对员工的驱动不是靠权力、靠制度，而是靠员工的自觉性。

2. 影响的持续性

柔性管理注重内在的影响，通过心理提升影响员工行为，从而能持续地生产激励作用。把柔性管理运用到后勤文化层面，就能形成一种整体的、持久的激励力量，让组织成员受到文化氛围的熏陶，让人们按照组织文化的要求行动。

3. 激励的有效性

在社会的物质生活不断丰富的今天，组织成员的综合素质大大提高，他们的工作不仅仅是为了生活，更是为了实现自我价值。员工的主体意识和心智、价值观和情感意志等柔性因素，逐步成为调动员工积极性的重要因素，柔性管理以“个性化”为标志，强调员工思维的跳跃性、反应的敏捷性、创造的多维性，从而实现激励的有效性。

（二）柔性管理的作用

1. 激发组织成员的自觉性

柔性管理的价值观、风格、规范、精神是全体组织成员一致认同，并共同遵循的一种内在心理，通过意识观念的渗透、同化，影响组织成员的行为方式，使组织有一种无形的吸引力，从而激发组织成员自觉遵守组织规范。

2. 激发组织成员的主动性

柔性管理以人为中心，进行人性化管理，使组织与组织成员建立一种良好的情感联系，形成休戚与共的集体意识，产生强大的凝聚力和向心力，因而能深层次地端正组织成员的工作动机，发挥组织成员的主观能动性。

3. 激发组织成员的创造性

组织成员的创造性由创造性意识、创造性思维过程和创造性活动组成，创造性思维是核心。创造性思维又包含发散思维，它与创造性思维关系最为密切，是创造性思维的核心。组织成员的发散性思维表现在行为上，即个人的创造性。

（三）高职院校后勤的柔性管理

在高职院校后勤实施柔性管理，对组织来讲，强调感情留人、事业留人、待遇留人；对组织成员来讲，强调以人为本，遵纪守法，服务育人；对师生来讲，强调诱导、启发，正面教育，激发广大师生遵守规章制度、提高自我管理的自觉性。三方面相辅相成，发挥校园文化在后勤管理中的激励和制约作用。

1. 规章制度要取得师生的理解和支持

制订高职院校后勤管理的规章制度，要充分听取师生员工的意见，使各项规章制度符合大多数教职员工的心理特征，符合高职院校及后勤的实际情况，从而得到他们的理解与支持，把管理者的意志和目标变为广大师生的自觉行动，使柔性管理的驱动力得到充分发挥。

2. 注重对师生的情感投入

后勤管理部门要经常倾听师生的心声，针对师生的合理要求，增强服务意识，提高服务质量，解决师生的困难和要求，让他们感受到亲人般的热情和家庭般的温暖，从而使他们产生强烈的归属感，树立主人翁意识。

3. 理解、尊重师生的基本需求

师生员工是高职院校的主体，为师生员工服务是高职院校后勤部门的基本职责。要理解、尊重和尽可能地满足师生员工的基本需求，使他们对管理目标享有“参与性”与“选择性”，从而在一定程度上增加自由度，拓展个性发展空间，在实现目标的过程中发展自我，展示自我，形成自我管理的有效机制。

4. 遵守服务承诺

高职院校后勤要通过柔性管理调动组织成员的积极性，全心全意为师生服务，实现服务承诺，为师生员工提供一个良好的学习、工作、生活环境。要积极拓展服务项目，提升服务水平，完善服务职能，多为师生办实事好事。如完善后勤服务监控体系，健全依托通信网络的快速咨询、投诉反映和处理机制，完善投诉处理及工作满意率调查统计台账；开展后勤服务标准化建设，启动 ISO 9001 质量管理体系的认证工作，建立并运行有效的质量管

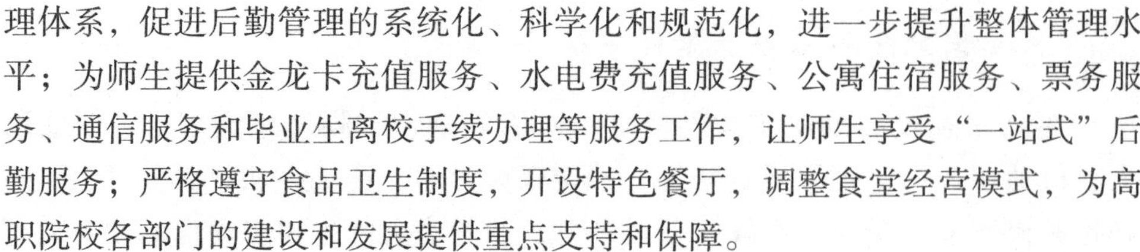
理体系，促进后勤管理的系统化、科学化和规范化，进一步提升整体管理水平；为师生提供金龙卡充值服务、水电费充值服务、公寓住宿服务、票务服务、通信服务和毕业生离校手续办理等服务工作，让师生享受“一站式”后勤服务；严格遵守食品卫生制度，开设特色餐厅，调整食堂经营模式，为高职院校各部门的建设和发展提供重点支持和保障。

三、融合管理模式

引进刚柔相济融合的后勤管理的新模式。刚柔相济是在管理中以刚性为基础，以柔性管理为补充，具有综合性、相容性和互补性的管理模式。高职院校后勤管理既要有规章制度的刚性制约，又要有以人为本的柔性管理，两者相辅相成，互为补充。

这种模式具有两大方面的特色：

（一）各取所长，互为补充

刚性管理和柔性管理都是高职院校后勤管理的基本模式，都是在长期的管理实践中总结提炼出来的，都有其各自的优点和特色。刚性管理通过制定和完善后勤管理的各项规章制度，依靠强有力的执行力来规范后勤秩序，对后勤工作具有基础和保障作用[❶]，并能有章可循，公平、公正地评价员工绩效，使后勤工作快速高效地为师生提供服务。但是，它也存在一些明显的缺陷。刚性管理把员工作为接受监督的对象，使员工处于消极的被管理状态，无法充分调动员工积极性和主观能动性；严格的规章制度也不利于灵活协调组织与外部环境的关系变化，使组织缺乏审时度势的应变能力；而且，制度和条款无法涵盖所有组织部门和职工的任务范围和职责权利，有些工作又是不能用制度来管理的，即使员工完全遵守规章制度和上级的安排，自身的潜能也得不到较好地发挥。柔性管理则是通过人性化管理，把组织的意识转变为员工的自觉行动，在调动员工的自觉性、主动性、创造性方面具有其独特的优势，弥补了刚性管理的不足。当然，柔性管理也是有弊端的，由于它不强调统一的制度管理，容易造成管理柔弱无力、效率低下；由于它强调个性化、差异性，容易对管理造成公平缺失；由于它表现为权利的模糊性、量的非线性，会带来权利影响的失效性和效果的滞后性。这些弊端与不足，恰恰又是刚性管理的优势所在。

❶ 杨炜苗：《高校后勤管理学导论》，保定：河北大学出版社，2014 年。

（二）刚柔相济，和谐统一

把高职院校后勤的刚性管理和柔性管理有机融合，就形成了刚柔相济的高职院校后勤管理的新模式。这是一个优势互补、和谐统一的新模式，它实现了高职院校后勤管理以法管理和以德管理的统一，组织管理和自我管理的统一，后勤管理和后勤服务的统一，制度管理和思想教育的统一。

1. 以法管理和以德管理的和谐统一

“以法管理”就是规章制度的管理，这是刚性的，强制性的。“以德管理”是道德规范的约束，是柔性的，非强制性的。规范校园公共生活秩序的手段多种多样，其中法律和道德是最基本的手段。师生社会公德的确立与遵守，需要法律和规章制度的制定和执行来保障；破坏公共秩序的行为，不仅需要道德谴责，更需要法律和校纪来制约。在校园公共生活中，道德可以用来调节、规范人们的行为，预防犯罪和不法行为的产生，是法律的最好补充，它能起到许多法律自身解决不了的问题。高职院校后勤管理要把法律制度建设和道德规范建设紧密结合起来，形成有机的整体，达到高度的和谐统一。

2. 组织管理和自我管理的和谐统一

组织管理即他律，包括法规、政策、制度、纪律等对行为主体的约束，自我管理则是自律，是行为主体对自我的约束。高职院校后勤管理既要有组织的约束力，做到有章可循，有法可依，坚持原则，敢抓敢管，也要有师生对后勤管理各种规章制度的自觉认知，通过自我认识、自我约束把制度要求内化成自身的基本素质，内化为师生的自觉行动，去实现组织目标。

3. 后勤管理和后勤服务的和谐统一

高职院校后勤具有管理和服务两种功能，既要通过严格管理，维护正常的秩序和良好的环境，又要以优质服务去满足教学、科研和师生生活的基本需要。管理涵盖着服务，服务是管理实施操作过程的具体化。服务与管理是后勤工作的手段和途径。要把服务与管理两者完美结合起来，全面提升管理服务的能力和水平，实现后勤管理和后勤服务的和谐统一。

4. 制度管理和思想教育的和谐统一

制度管理是用规章制度来规范组织成员的行为，强制性地进行约束和规范，使被管理者从不习惯到习惯，逐步养成自觉性；思想教育则启发自觉，注重疏导，重在提高觉悟。教育是管理的重要基础，管理又是教育的重要内容，两者相辅相成，营造和谐的学习工作环境，达到后勤管理的总体目标。

四、国外高职院校后勤管理模式与启示

（一）国外高职院校后勤管理模式

国外高职院校后勤管理模式发展较为成熟的国家主要有德、英、法、美、日五国，他们主要的管理模式分为三种，即专门机构管理型、高职院校自办后勤型和两种形式特点兼而有之的共同经营型。

专门机构管理型是一种社会化程度较高的后勤管理模式，也是目前国内高职院校后勤社会化改革探索中的目标和努力方向。采用此种管理，模式的典型国家主要有法国和德国。在这种管理模式下，高职院校一般不设后勤管理机构，后勤事务完全脱离学校，由专门机构负责。专门机构可直接经营，也可吸纳社会第三产业参与经营。

法国高职院校没有后勤设施和相关管理机构（包括 1998 年落成的巴黎第八大学）。除与教学有关的办公室、教室、实验室、图书馆等设施外，宿舍、食堂、运动场等后勤方面的设施与管理均由社会承办。法国学生后勤事务全部由专门提供学生服务的大学事务中心承担。大学事务中心是具有行政性质的国家公立机构，该机构分为中央和地方两级。全国有 28 个地区事务中心，具体负责向各高职院校提供所需的服务，以经营学生宿舍、食堂为主。在不以追求利润为主的前提下，自主经营，政府给予补贴。宿舍、食堂等服务设施均由政府投资建设，属国家所有。中心职员为国家公务员，工资按国家规定的统一标准发放，不与经济效益挂钩。经费主要来自高等教育部外交部和自身经营性收入。在法国，大学食堂分为两类，一类是地区大学事务中心直接管理的食堂；另一类是中心与社会企业签约的食堂。两类食堂提供相同的服务。政府对大学生的伙食给予补贴（约成本的 37%），全国实行统一的优惠价格，免交各种税，一般只提供午餐，且品质单一。但咖啡厅属于经营性，物价放开，早、中、晚全天营业，咖啡厅营业收入只交 13% 的增值税。而关于住宿，法国大学事务中心只负责 7.5% ～ 10% 大学生（困难生）

的住宿问题，大学城提供房租低廉的房屋，政府给予补贴，其余学生的住宿自行解决。

德国大学生服务中心多年来在后勤社会化方面的成功经验，已为世界各国教育界所公认。其高职院校后勤通常由大学生服务中心管理。大学生服务中心的负责人由州政府任命。大学生服务中心实行企业化管理，自主经营，不以追求利润为目的。全德国共有 62 个大学生服务中心，隶属于各州的教科部，分布在德国 180 个地区，每个中心单独运作，为若干大学服务。中心主要为学生提供餐饮住宿服务；为有孩子的学生提供幼儿园服务；管理政府资助费；为学生提供咨询服务；承担政府委托的专项调查等。

德国大学生服务中心的经费来源有两个方面：一是经营收入，占总收入的 80%；二是国家拨款，占总收入的 20%。其中，经营收入又包括三个方面，学生每学期上交的社会福利费，占 10%；承接联邦政府贷学金管理事务的劳务费，占 7%；经营管理学生公寓、食堂（包括咖啡店）的收入，占 63%，这是最主要的收入来源。为确保大学生的社会利益，承接国家委托任务并承担相应的社会责任，使经营活动符合公众利益，德国大学生服务中心是在合法基础上建立的、不以营利为目的的社会服务机构，所以其经营活动的收入主要用于其日常运行管理和后勤服务的支出，经营所获得的利润将直接用于社会公益活动，用于改善大学生学习和生活的外部社会条件。

英、美两国的高职院校主要采取的是高职院校自办后勤型高职院校后勤管理模式。在这种后勤管理模式中，高职院校设有专门后勤事务管理机构，校方直接参与后勤事务的运作，一般由 1 名或若干名副校长负责，并设有各种服务机构。例如，英国高职院校设教学、总务、财务、基建、人事和安全 6 个处。

在美国，除社区学院外，规模较大的正规大学都由一副校长为首的后勤系统负责后勤事务。一些著名大学，如宾夕法尼亚大学，除分管副校长外还设有专门负责后勤事务的副教务长主持后勤的日常工作。美国大部分学校建有学生宿舍，也有的大学提供宿舍少，有的不足 10% 学生住校，其余的人自行解决。在美国，一些办学历史长、规模大、有后勤管理经验的高职院校采取自办食堂、学生宿舍的模式，也有的学校以自办为主，吸纳社会第三产业为辅的，还有的通过竞标，以契约的形式引进社会服务业的。通过竞标签订契约的形式，来引进社会产业以满足学校的各种服务需要时，学校与被引进方签有严格的合同协议，不仅保证了学校的监督，还能保证双方因服务质量发生争议时，依据合同条款尽快得到解决。美国高职院校后勤人员一般由三部分组成：一是正式后勤工作人员，主要是管理人员、学校自办食堂、宿舍的服务人员；二是引进社会企业人员；三是勤工助学的学生。美国高职院校伙食比社会便宜 15% ～ 20%，主要原因是不需纳税。

共同经营型高职院校后勤管理模式日本较为突出。日本高职院校实行评议会领导下的校长负责制，学校后勤由事务局统一管理。以京都大学为例，事务局下设“三部一站”，即经理部、设施部、庶务部和医疗保健站。日本的一些群众组织，如“生协”及社会第三产业等，对高职院校后勤服务的参与程度很高。“生协”即“消费生活协同组合”，是根据日本政府颁布的《生协法》，由每个学校制定章程而产生的一种群众性生活组织，日本主要的187 所大学都有这个组织。

日本大学生活协同组合联合会是一种经济实体，行使为大学师生提供社会服务的职能。经营范围包括：餐饮、住宿、书籍、文具、家具、健康指导、健康和生命保险，代订车、船、机票，组织国际交流旅游，帮助学生考驾照，建立资助生活困难学生福利基金等。生协属于社会企业，在法务局（相当我们的工商局）注册，是具有法人资格、非营利的经济实体。生协带有股份制、合作性质。资金主要来源于加入生协教职工和学生所交纳的会员费。会员费标准各地各校不同，学生一般一年一万日元左右，教师要高些。学生毕业或转学，教师调离或退休时所交会员费如数返还，但不计利息。在生协经营范围内，对持会员卡的会员提供优惠的价格和方便的服务。如饭菜价格比市场价格便宜 30% ～ 40%，图书便宜 10%。生协独立核算、自主经营、自负盈亏，不属于学校的机构，但学校无偿提供必要的条件、场所、设施。生协免缴税，有的学校还不收水电费。学校由总务部或委托组建的事业部负责对生协的监管。日本多数大学未加入生协，而是以不同的方式管理自己学校的后勤事务。有的由学校建立自己的后勤服务实体，只对校内服务。例如，青山学校由学校全资建立后勤服务企业、青山学院大学服务株式会社。该服务株式会社与学院形成甲乙方关系，由学校派一人参加董事会，参与决策并负责财务审计。由学校无偿提供房产和设备，并不收水电费。甲乙双方每年签订一次合同，规定服务标准和收费标准。乙方免缴税，也不向学校交利润。

从以上几种高职院校后勤管理模式来看，后勤服务与管理的形式具有多样化的特点，各国采取的后勤管理模式不尽相同，各个国家内部各个高职院校采取的管理模式的社会化程度也因校而异，但又有其共同特点：①公益性、福利性；②社会化，或政府是主体，或社会企业参与；③后勤并非完全按市场经济运作，人员或属国家公务员，或属高职院校人员，或是经营实体，但经营不以盈利为目的，政府有优惠政策（免交或只交部分税），学校提供优惠的条件；④高职院校后勤一般不含教工生活后勤；⑤法制化，国家制定相应法规；⑥倾斜性，向少数困难学生倾斜。

（二）国内外高职院校后勤管理模式对比分析

1. 从管理模式上进行对比

我国高等教育的后勤管理模式上还存在着与校本部无法分割的状况，在责任划分、工作明细、产权归属上并没有一个明确的规定。而在国外高职院校的后勤管理上，已经形成了政府引导、学校主导、社会参与三者共同承担的管理模式，相对而言，更有利于高职院校后勤管理对学生展开全方位和高效率的后勤服务。

2. 从后勤服务性质上进行对比

国内高职院校的后勤服务大部分与本校的综合实力有关，由于学校的教育资源不同，对后勤服务的相关资源分配也存在着一定的差异。并且国内高职院校的宿舍和食堂一般都由政府拨款资助，较少存在盈利性目的。相对比于国内的后勤服务性质，国外高职院校的后勤服务虽然也是兼顾福利性，但是一般属于自主经营，后勤服务经费的很大一部分来源于经营收入，使学校的后勤管理与学校教育管理分离，促进了高职院校资源的合理分配。

3. 从社会环境上进行对比

由于我国高职院校的后勤管理模式社会化程度较低，并且在法律上还存在不完善的立法规定，很多高职院校的后勤服务属于学校的内部事务，没有社会服务机构的参与，缺乏高职院校后勤服务多元化的发展目标。而在国外的高等院校，其后勤服务在社会化管理层面具有一定的市场基础，在国家法律上也从政策上和资金上给予了一定的资助。

4. 从运行方式上进行对比

我国高职院校后勤管理一直存在着传统的管理观念，经高职院校的后勤管理融入高职院校管理中，但是这种运行方式不能快速的提高学校的办学效益，固化了学校的后勤服务机制。在国外的后勤运行机制中，已经引入了

市场管理的作用，实现了后勤服务于高职院校管理的分离，这种运行方式可以在很大程度上将高职院校从复杂的后勤管理系统中解脱出来，释放高职院校的办学活力，精简高职院校的工作人员，促进高职院校教育质量的整体提升。

（三）国外高职院校后勤管理对我国的启示

高职院校的后勤管理工作直接关系着高职院校的整体教学水平和质量。通过对比国内外高职院校的后勤管理模式，可以看出国内高职院校的后勤管理上还存在很大的进步空间。我国高职院校的后勤管理部门需要在高职院校后勤的管理模式上服务性质上、社会环境上及运行方式上等方面给予更多的关注。高职院校的后勤管理模式改革是我国高等教育发展的一个必然趋势，在不断的改革创新过程中，通过借鉴国外高职院校后勤管理的先进经验，使我国的高职院校后勤管理工作实现更加科学化、规范化的发展。

第三章

互联网视域下的高职院校后勤管理

第一节　高职院校后勤人力资源管理的信息化研究

一、人力资源管理的内涵

（一）人力资源的含义

研究人力资源，首先必须明确人力资源的概念。人力资源的概念有很多种，它可以定义为一定范围内人口总体所具有的劳动能力的总和，是指在一定范围内具有为社会创造物质和精神财富、从事体力劳动和智力劳动能力的人们的总称[1]。人力资源还可以定义为对一定范围的人员，通过投资开发而形成的具有一定体力、智力和技能的生产要素资源形势。从宏观角度来看，人力资源是指一个国家或地区所有员工所具有的劳动能力的总和。并非一切人力资源都是最重要的资源，只有通过一定方式的投资，掌握一定知识和技能的人力资源，才是一切资源中最重要的资源，并在财富的转化和再生产中起着举足轻重的作用。

（二）人力资源的特征

人力资源与自然资源和财力资源相比，人力资源的特殊性在于：人力资源既是生产的承担者，又是生产发展目的的实现者，因为，一切生产要素是为了满足人类的发展和社会全面进步的需要。除此之外，笔者认为人力资源还具有以下几个方面的特征。

1. 人力资源的再生性

它包括人口的再生产、劳动力的再生产和劳动能力的再生产。人口的再生产是指老一代人的逝去，新一代人又陆续出生，而且新一代人的素质会更高，这种人力资源时序上的再生性，与耕地、矿藏等物质资源的不可再生性形成明显不同；劳动力的再生产是指通过人口总体和劳动力总体内各个个体的不断更换、更新和恢复的过程得以实现的；劳动能力的再生产包括劳动能

---

[1] 陈远敦，陈全明：《人力资源开发与管理》，北京：中国统计出版社，1995 年，第 233 ～ 230 页。

力的不断使用，不断产生且能力会不断地得到培养和提高。

2. 人力资源生成过程的时代性

它是指一个国家或地区的人力资源，在其形成过程中，受到该时代社会、经济、文化和历史等条件的制约，形成符合时代特征的人力资源的素质，并只能在时代为他们提供的历史条件和前提下，发挥着自己的作用。一个国家或地区社会经济发展水平不同，人力资源的素质也不一样。

3. 人力资源使用过程的时效性和闲置过程的消耗性

自然资源一般都可以长期储存，如果不开发使用就不会消耗。而人力资源则不同，长期储存而不开发使用，就会荒废、退化、过时，能力的闲置会导致能力的无形损耗。古人云：兰蕙不采，无异蓬蒿；干将不试，世比铅刀。因此，人力资源应该进行积极的、持续不断的开发和使用，只有这样才能做到人尽其才、人尽其能，不浪费资源。同时人的才能和智能的发挥有一个最佳的时期和年龄段，据研究，25 ～ 45 岁是科技人才的黄金年龄，37 岁是其高峰期；而医学人才的最佳年龄则因工作的性质往后推移，因此我们就必须掌握各种人力资源的特性，在其最佳时期及时利用、开发，从而获得最佳效益[❶]。

4. 人力资源开发过程的连续性和能动性

自然资源一般只能有限次的开发，一旦形成产品使用过后，就不存在继续开发的问题。而人力资源则不同，人力资源的使用过程同时也就是开发过程。根据蓄电池原理，人的一生是一个不断学习、充电的过程，而且释放与储存成正比，为了更多的释放，就必须不断地储存。因此，人力资源应该不断地开发，只有持续不断地开发，人力资源才能不断地增值。

与自然资源被动地开发过程相比，人力资源的开发具有目的性、主观能动性和可激励性。它能根据外部环境和自身条件、愿望，有目的地确定活动的方向，具体选择、运用外部环境并主动地使用外部环境。因此人力资源的开发，不能只靠数学公式的推导，还要靠政策、制度、感情、信任、待遇等各种因素去激励和调节其能动性，只有充分调动人力资源的积极性和主观能

❶ 吴红梅:《国外人力资源管理研究回顾与展望》,《外国经济管理》，2004 年第 2 期，第 17 ～ 21 页。

动性，才能达到高效开发的目的和水平。

二、知识经济条件下人力资源管理的发展趋势

知识经济是建立在高科技和信息化基础上的经济，它不仅在经济关系和经济结构上发生重大变化，同时也将导致人力资源管理科学和实践的深刻变革。人力资源管理将出现以下趋势。

（一）人力资源管理理念，从基础型、理性型转向发展型

人力资源管理理念是在管理活动过程中，管理者持有的思想观念和价值判断标准。作为观念形态的管理理念，是由社会经济关系决定的。知识经济的崛起，引发了生产力和生产关系的重大变革，必然引起人力资源管理理念上的变革。人力资源管理理念——基础型、理性型转向发展型，是各不相同的。基础型管理理念扎根于古典经济学，从政治经济学吸收营养，导致经济的个人化；理性型管理的理念扎根于现代科学技术的基础上，从行政学和行为学中吸收营养，成长结果是企业的相互组化；发展型管理的理念扎根于人文思想的基础上，从生物学和生态学中吸取营养，成长的结果是人、企业和社会都获得自然实现和自我发展。因此，发展型理念不再表现为个人对财富、成就的追求，也不完全是以自然科学为基础，强调科学和理性、硬化和数量化，而是在人力资源管理中掺入非理性因素，强调人与人、人与组织、人与社会的协调统一、共同发展，管理的目的是通过人力资源的作用，引导人与组织、组织与社会之间的交易行为，管理中的基本要素不再是传统意义上的个人、资本、设备。而是行动、思想和感情❶。

（二）人力资源管理方式转向集成管理

信息网络化和全球经济一体化，导致组织面对一个全新的竞争环境和经营形势。传统依靠自身资源建立的竞争管理模式，将束缚视野、限制创新思维，从而影响组织对市场的应变能力和活力。1973 年美国约瑟夫·哈林顿博士提出了，把计算机集成制造的思想和概念创造性地运用于管理的实践过程（包括人力资源的管理），它以企业内外软硬资源要素为基础，以实现社会责任为条件，以整体优化、优势互补、聚变方法为手段兼容各种管理手段

❶ 张诚：《知识经济下人力资源开发与管理的十大趋势》，《江西社会科学》，2001 年第 10 期。

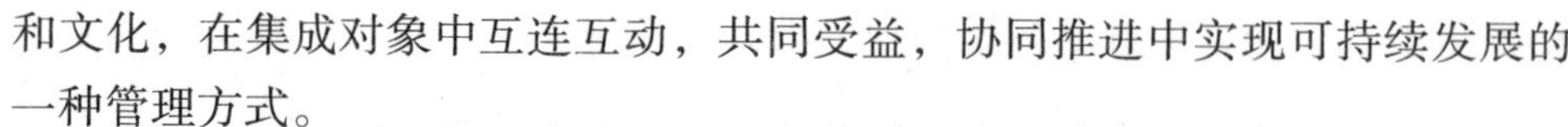

和文化，在集成对象中互连互动，共同受益，协同推进中实现可持续发展的一种管理方式。

（三）人力资源管理对象以无形生产要素为主

传统的管理主要是对劳动力、劳动工具和劳动对象等有形生产要素的管理，随着知识经济社会财富生产过程和结果中科技含量的增大，科技知识等无形生产要素对一个企业的生存和发展越来越重要，从而对知识资源的开发和利用，逐渐成为人力资源管理的重要课题。在知识经济时代，只有知识的价值与作用超过了资本的价值和作用，才能成为经济发展的关键要素。

三、人力资源管理信息化

信息化的概念诞生于日本。1963 年，日本学者梅棹忠夫在《放送朝日》杂志上发表了《论信息产业》一文，文中提出四个观点：一是区别于第一、第二、第三产业的信息产业已经露出端倪；二是人类经历了农业和工业时代后即将进入信息时代；三是在信息时代里人类创造的信息价值会越来越多，从而使信息产业愈加重要；四是信息是能够被测度的。在 1967 年，日本科技与经济研究会效仿产业化的构词方式，为了表达人类进入信息社会的历史过程，第一次使用了“社会的信息化”一词。接着，林雄二郎把社会的信息化阐释为，社会从有形的物质产品创造价值转向无形的信息创造价值的过程。从此，“信息化”一词正式出现在人类的历史。在由日本传入英语世界后，“信息化”一词及其概念在世界上获得广泛的认同和接受。

曾任教育部办公厅副主任、新闻部新闻发言人、语文出版社社长的王旭明认为，信息化的概念从信息化的内容角度上有社会历史文化和纯技术的分别，从时间跨度讲有狭义和广义之分。社会历史文化角度的信息化指的是宏观社会发展领域里作为历史现象的信息化问题。纯技术角度的信息化是指微观应用领域里技术性的信息化问题。而时间跨度上的广义与狭义的差别在于是把整个人类社会历史发展进程中的信息化问题纳入考察范围，还是仅限于 20 世纪中叶以来的社会信息化问题。经过整理与归纳，他认为信息化的完整概念是培育并发展以电子计算机信息处理技术为基础、以高效快速的信息传递为纽带、以社会财富的生产者具备智能信息处理能力为标志的新型生产力和生产方式，进而导致人类社会众多方面向更高阶段智能化变迁的一种历史过程。也就是说，信息化实际上就是利用计算机技术、通信技术等先进技术提高人类处理和传递信息的能力，形成以信息生产、传播和使用为基础的信息产业，从而促进人类向智能化发展的历史进程。

人力资源管理信息化属于纯技术范畴的信息化，也就是微观应用领域的信息化问题。人力资源管理信息化是计算机技术、通信技术和网络技术等信息技术在人力资源管理中的应用。

人力资源管理信息化的英文简译是 e-HR，其中的“e”可以有三种英文解释，即 electronic、efficiency 和 employees。这三个英文单词的汉语释义是电子化的、高效的和全员共同参与的。因此，我们可以把人力资源管理信息化定义为以信息技术为手段，以人力资源管理信息系统为平台，达到降低管理成本、提高管理效率和全员参与管理的目的，提升人力资源的战略地位，形成新的、开放的人力资源管理模式。

e-HR 中的“e”含有四个层面的深刻意：

第一个层面是以计算机技术和网络技术等信息技术为基础的人力资源管理流程化和自动化。集中并分析分散的人力资源信息，优化人力资源管理的流程，实现人力资源管理的自动化，与组织内的其他信息系统配合运行。

第二个层面是实现人力资源管理的组织对员工的联系。让组织内的员工参与到组织的人力资源管理，建立员工自助服务平台，建立全新的沟通渠道，实现互动管理和以人为本的管理。

第三个层面是实现人力资源管理的组织与社会的联系。组织内从事人力资源管理工作的人员可以充分利用社会资源，如专业的互联网人才网站、专业人才调查公司、人才评价公司和培训公司等人力资源服务中介公司提供的电子商务服务。

第四个层面是建立互动的、开放的信息交流平台。人力资源管理信息化实现了组织与员工的联系的同时，更为关键的是建立信息交流平台，通过这个开放的信息交流平台可以实现组织内部的信息沟通，及时解决出现的各种问题，还可以获得社会信息资源的支持，实现信息资源共享。

人力资源管理信息系统是人力资源管理信息化的平台，其概念是以提供人力资源信息服务为主要目的，利用计算机硬件、网络和软件系统进行分析、计划、控制和决策的人机系统，是一个能进行人力资源信息的收集、传递、存储、加工、维护和使用的系统[1]。

人力资源管理信息系统可以反映人力资源管理的运行情况，能够利用历

[1] 李舒乐：《信息技术对人力资源管理模式的影响与建议——基于信息化视角》，《中国商论》，2019 年第 3 期，第 251 ～ 252 页。

史数据预测未来的人力资源情况，从整体上支持人力资源管理者的决策，帮助人力资源管理者实现规划目标、科学管理和决策。人力资源管理信息系统是一个人机系统，具有综合性、动态性、共享性和发展性等特征。

四、高职院校人力资源管理信息化的概念与作用

人力资源管理信息化的概念是以信息技术为手段，以人力资源管理信息系统为平台，达到降低管理成本、提高管理效率和全员参与管理的目的，提升人力资源的战略地位，形成新的、开放的人力资源管理模式。依据人力资源管理信息化的概念，我们可以把高职院校人力资源管理信息化理解为，人力资源管理信息化在高职院校中的应用。具体来讲，高职院校人力资源管理信息化就是为了实现高职院校的战略发展、提高科研水平和教学水平，运用先进的信息技术，建设基于校园网的高职院校人力资源管理信息系统，提升高职院校人力资源管理水平的一套完整解决方案。高职院校人力资源管理信息化，是以先进的信息技术为支撑的先进的管理思想与理念的体现，是一种新的高职院校人力资源管理模式。高职院校人力资源管理信息系统是以校园网为基础，对高职院校人力资源信息进行收集、传递、存储、加工、维护和使用，并能够与其他高职院校管理信息系统无缝连接共享信息的人机系统。

高职院校人力资源管理信息化的作用体现以下几个方面：

（一）提升高职院校人力资源管理的运作效率

高职院校人力资源管理信息化最重要的作用是，提高高职院校人力资源管理的工作效率，主要表现在人力节约、人力资源业务办理速度提高、差错率下降等。高职院校人力资源管理的日常工作中会进行大量的文档、表格处理和数据统计，其中大部分信息内容能够通过规范、统一的数据标准和各种预设的计算工具进行处理，高职院校人力资源管理信息系统中的相应功能模块，可以大大提高这部分工作的处理效率和数据的准确性。高职院校人力资源管理信息化，使高职院校人力资源管理工作者从纷繁、重复的基础信息处理工作中解脱出来，有更多的时间考虑高职院校及教职工的需求。另外，高职院校人力资源管理信息化，优化了高职院校人力资源管理的流程，可以提供更多有价值的信息，为高职院校的战略发展提供支持。国外在对企业人力资源管理信息化的案例研究中得出了一些结论：企业服务员工的效率与品质提升 70%，企业整体效率提升 67%，人力资源效率提升 62%，员工对企业进程的参与提升 67%，人力资源工作者转变为企业战略参与者的机会增加 37%

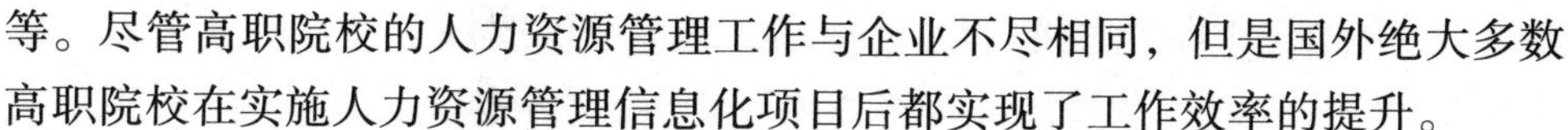

等。尽管高职院校的人力资源管理工作与企业不尽相同，但是国外绝大多数高职院校在实施人力资源管理信息化项目后都实现了工作效率的提升。

（二）有效改善高职院校人事部门的服务，推进全面人力资源管理

高职院校的人事工作关系到学校的每一位教职工，不仅是高职院校人事部门的事情，还需要高职院校的校领导和院系领导、教师以及其他人员的共同参与。基于校园网的高职院校人力资源管理信息系统，可以对用户进行角色划分，分别授予不同的操作权限，有效地提高了高职院校全体教职工参与人力资源管理的程度，扩大了人事部门的服务范围，提高了人事部门的服务质量。

（三）增强高职院校人力资源管理的流程控制

很多高职院校的人力资源管理工作存在很大的随意性，存在外来干扰因素多，主观性强的问题。在招聘、用人、调配、绩效考核、工资分配等环节上，往往缺乏严格的操作流程，受管理者个人影响较大。即使拥有人力资源管理制度和流程，但可能会受到高层领导或其他利益相关者的干涉，影响了高职院校人力资源管理的专业化和质量。另外，高职院校人力资源管理的各项工作受人事部门工作人员的影响较大，人员变换将引起业务水平发生很大变化，各项业务的可持续性较差。高职院校人力资源管理信息系统拥有严格的流程和权限控制，系统根据这些预设的流程运行和监控，以时间和流程推动人事工作的运行。用户不符合流程规定的操作，系统会自动报警，并屏蔽非法操作的影响。因此，高职院校人力资源管理信息系统可以一定程度上排除外来的和主观的干扰。

（四）提高高职院校人力资源管理解决方案的执行力

目前，高职院校人事工作面临着许多人力资源管理的难题，如优秀教师流失、教师的教学和科研工作评价机制不健全、工资分配不平衡不合理和教职工的激励不足等，这些难题影响着高职院校教职工的工作积极性，也制约着高职院校的战略发展。为了解决这些问题，高职院校做出了很多努力，制定了一些解决方案，但是这些方案大多遇到了执行不力的情况。因为缺乏方案实施的平台和工具，所以这些方案难以推行。深入地看，传统的手工操作方式不能适应以精确化和定量化为特点的现代人力资源管理模式，高职院校的人力资源管理工作必须从手工方式转向信息化的方式。高职院校人力资源

管理信息系统，拥有强大的业务处理功能和先进的管理工具，可以嫁接多种业务解决方案，具有适应不同业务方案的柔性。

（五）高职院校人力资源管理信息系统可以突破时空限制

基于校园网的高职院校人力资源管理信息系统，采用了B/S结构，高职院校的各种人员，可以通过互联网随时随地地登录人力资源管理信息系统，处理学校或院系的人事工作。同时，高职院校人力资源管理信息系统能够支持多人同时操作系统，也可以多人同时获得系统的服务，真正实现了移动办公。由于突破了时间、空间、人数的限制，高职院校各类人员可以在出差或假期时处理相关的人事业务，减少了业务的处理时间，能够及时完成工作任务。

（六）提高高职院校人力资源管理相关决策的质量

高职院校实施人力资源管理信息化项目后，高职院校的人事工作达到定量化，人力资源管理信息系统可以提供更多有效的数据，使高职院校管理者在进行决策时做到有据可依，有利于减轻工作人员手工工作负担，降低人为的误操作，减少工作中的错误。在提供更方便和更准确服务的同时，高职院校人力资源管理信息系统促进业务流程的顺利对接，改善人力资源管理工作的品质。高职院校人力资源管理信息系统，会有效提高人事部门和高职院校领导获取信息的效率和质量，为各级决策者提供基于信息的分析和决策支持，有效避免因信息不全、数据不准、时效不高而可能带来的决策风险。

（七）促进高职院校人事部门与其他职能部门的协作

高职院校的人事部门管理着所有教职工的数据信息，不仅定期制作报表向上级部门汇报，还需要向学校其他管理部门提供人事数据信息。学校的教务、科研、资产管理、发展规划、工会、后勤管理等部门，其工作大都与人事工作有很强的关联性，需要大量的人事数据信息。因此，人事部门向学校其他管理部门提供人事数据信息的任务是繁重的，职责是重大的。在这种情况下，高职院校人力资源管理信息系统能够将日常提供人事数据信息的工作规范化、网络化和效率化。例如，通过开发高职院校人力资源管理信息系统的网络分析和报表功能，通过对其他部门提供授权的方式或者建立中心数据库的方式，使其能够自动获得最新的人事数据信息，还可以在网页上进行打

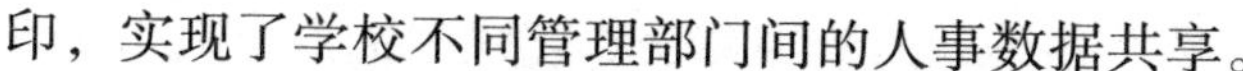

印，实现了学校不同管理部门间的人事数据共享。

（八）实现高职院校教职工的自助服务

高职院校的教职工可以通过校园网，或者互联网在其他地方访问人力资源管理信息系统，获取自身的有关信息，也可以在线提交培训、请假等申请，以及在线学习学校的人事规定制度和文件，甚至可以通过人力资源管理信息系统的职业生涯规划功能，进行自身的职业生涯规划和分析。

五、高职院校人力资源管理信息化的发展阶段

由于我国高职院校进行人力资源管理信息化建设起步较晚，并且不同层次的高职院校之间，人力资源管理信息化建设的水平存在着巨大的差距，高职院校使用的人力资源管理信息化软件，没有出现明显的整体的阶段转换，因此，我国高职院校人力资源管理信息化的发展阶段并没有较为清晰地划分界限。笔者在这里主要论述国外人力资源管理信息化，以及高职院校人力资源管理信息化的发展历程。

人力资源管理信息化起源于信息技术发展较早的美国，最早应用于为企业的工资服务。20 世纪 60 年代初，提供工资服务的公司采用计算机技术，开发了自动化的工资系统，并在 20 世纪 70 年代初进入欧洲。

在 20 世纪 80 年代前期，微型计算机得到了快速发展。许多企业和高职院校可以使用微型计算机制作工资系统。信息技术的发展为提高人力资源管理的效率，降低人力资源管理的成本提供了机会，计算机技术和数据库技术等为企业和高职院校提供了自动化的工资和个人税务系统。同时，计算机软件系统在管理领域开始普遍应用，国外的一些高职院校和领先的应用软件企业就开始了对人力资源管理信息化的研究。最初的人力资源管理信息化是针对人力资源管理中最复杂、最繁重的业务进行，这项业务就是薪资的计算。在这个阶段，计算技术是整个人力资源管理信息化的关键技术，另外电子表格技术也是当时人力资源管理信息化的重要技术。

到了 20 世纪 80 年代后期，很多企业已经不再满足于功能单一、孤立的人力资源管理信息化状况。为了改变这种情况，人力资源管理信息化的研究者和企业等开始关注网络技术。网络技术的优势是让信息不再被地域所阻断，对于管理信息系统来说，这是非常重要的。因此，网络技术逐渐成为各类信息化系统的关键应用技术，人力资源管理信息化也不例外，在此期间大量的网络版人力资源管理信息系统出现。网络技术带给人力资源管理的不仅

是一种技术的简单更新，而是一种全新的管理革命。互联网推进了人力资源管理信息化的发展。互联网与日益成熟的数据库技术使各项人力资源管理业务相继实现了信息化，招聘、薪酬福利管理、绩效管理与评估等都集成到人力资源管理信息系统中。

20世纪90年代开始，人们逐渐认识到人力资源管理工作不仅是组织内部的一种辅助的管理行为，而且也是组织生存和发展的关键。因此，越来越多的人力资源管理方法和理念开始在管理实践中被采用。这时，人们不再仅仅关注日常的人力资源管理工作，而是开始考虑如何提升人力资源管理价值和改善组织内部的人力资源管理状况。这种管理思想的变化，逐渐地影响到人力资源管理信息化的研究。这时新的人力资源管理信息化模式即“e-HR”出现了。信息技术的迅猛发展和人力资源管理理念的变革促使“e-HR”这种新的人力资源管理信息化模式的出现。

进入21世纪后，人力资源管理信息化在各类组织中得到快速普及，已经在各类组织得到了广泛应用。而且“e-HR”会逐渐成为组织的基础管理信息系统，并与组织的其他管理信息系统进行集成，形成数据和信息充分共享与流通的整合管理信息系统。

高职院校进行人力资源管理信息化方面比企业稍晚一些，大致可以划分为四个阶段：

第一阶段：高职院校人力资源管理信息化的原始阶段。高职院校人力资源管理信息化的发展历史开始于20世纪70年代。在20世纪七八十年代，许多高职院校纷纷向企业学习，在人事管理工作以计算机代替手工来完成一些业务。在这个时期，高职院校主要把教职工的基本信息存贮在计算机的硬盘中。我们可以称这个阶段为高职院校人力资源管理信息化的原始积累阶段。

第二阶段：高职院校人力资源管理信息化的初级阶段。在20世纪90年代初期，高职院校利用网络技术和数据库技术，开发了简单的人力资源管理信息库，开始了内部信息管理阶段。信息技术的发展促进了高职院校人力资源管理信息化的建设。除了工资等人事信息外，人事档案信息、培训信息、招聘信息和人员调配信息等都可以通过网络进行查询，并可以下载。这个阶段可以称为内部信息管理阶段。当前，大部分高职院校已经完成了这一阶段，基本建立了高职院校的人力资源管理管理信息系统，开发了人事部门的网站。

第三阶段：高职院校人力资源管理信息化的中级阶段。在20世纪90年代中后期，高职院校人力资源管理信息化迎来了新的发展机遇。人力资源作为第一资源、战略性资源的观念逐渐得到高职院校的认可，人力资源为高职院校核心竞争力的关键来源也成为共识。在“以人为本”等管理理念的指导下，人力资源管理从传统模式走向了新的以绩效考核评估、人才测量评价和激励约束制度为核心的人力资源管理模式。高职院校人力资源管理模式的转变必然影响高职院校人力资源管理信息化的规划和设计。在这个阶段，高职院校人力资源管理信息化，主要是构建面向对象的校园网与互联网结合的人力资源管理信息系统。因此，这个阶段可以称为面向对象的网络化信息管理阶段。基于网络的高职院校人力资源管理信息系统的界面更加友好、操作更加简便，管理信息系统和数据库都部署在服务器上，使用浏览器进行访问和管理。因此，高职院校人力资源管理信息系统更具有人性化的特点。但是网络安全问题，即如何保护人事数据也成为高职院校人力资源管理信息系统设计和维护的重要内容。

第四阶段：高职院校人力资源管理信息化的高级阶段。21 世纪以来，信息技术得到了迅猛发展和广泛普及与应用，通信技术、电子商务技术、互联网和高性能的计算机技术等，深刻影响着世界上各国的经济、社会和生活方式等。高职院校人力资源管理信息化也开始进入战略整合阶段，即高职院校人力资源管理信息化不再仅是高职院校人事部门的工作，也不再是部门自发地进行建设，而是改为自上而下的瀑布式管理，人力资源管理信息化建设的形式和内容都是以高职院校人力资源管理规划以及高职院校战略发展目标为基础。具体地讲，就是从学校的使命和战略目标出发，制定人事部门的发展目标和人才队伍建设规划，并以此为指导，对现有的高职院校人力资源管理信息系统的结构和功能进行反思和改造；同时使高职院校人力资源管理信息系统与教学管理信息系统、科研管理信息系统、财务管理信息系统等其他职能部门的管理信息系统实现信息共享，使各个管理信息系统之间实现无缝连接，从而使人事数据信息为其他部门提高更方便和快捷的服务。这个阶段可以称为高职院校人力资源管理信息化的战略化阶段。这个阶段综合了系统集成、设计先进、数据统一、结构完整和系统开放等特点。

六、高职院校人力资源管理信息化的主要模块

高职院校人力资源管理信息化的主要模块可以分为三类：第一类是高职院校人力资源信息管理模块，主要包括教职工信息管理模块、组织结构与岗位信息管理模块和政策法规信息模块；第二类是高职院校人力资源管理业务

模块，主要包括招聘管理模块、工资管理模块、社会保险与福利模块、考勤管理模块、考核管理模块、岗位聘任管理模块、培训开发模块、职业生涯管理模块、教职工异动模块和合同管理模块等；第三类是辅助支持模块，主要包括系统权限管理模块、系统查询模块和统计分析模块等。

（一）信息管理模块

（1）教职工信息管理模块可以分为在职教职工信息库、退休教职工信息库、调出人员信息库和临时人员信息库，主要功能是采集、管理和维护教职工的基本信息、学历学位信息和岗位情况等信息，并且可以导出人事花名册。

（2）组织结构与岗位信息管理模块主要功能，是对高职院校内不同类别的不同层次的工作岗位进行分析，形成高职院校内各院系各部门的岗位信息库，并根据组织机构和岗位的变化维护组织结构与岗位信息库。组织结构与岗位信息库包括高职院校的院系等部门信息和岗位信息，部门信息包括部门人员编制和岗位数量等，岗位信息包括工作说明书、岗位规范和岗位图谱。

（3）政策法规信息模块主要功能是内置国家关于人力资源和社会保障的法规制度、地方性法规以及高职院校自身制定的人事制度，对这些制度进行分类管理，还可以更新已过时的政策法规和发布新法规。

（二）人力资源管理业务模块

（1）招聘管理模块分为空缺岗位信息、招聘计划制订、招聘信息发布和招聘结果通知等子模块。空缺岗位信息子模块主要功能是高职院校各院系各部门根据岗位情况报送缺岗信息。招聘计划制订子模块主要功能是根据空岗信息自动生成招聘计划表及相应的招聘条件。招聘信息发布子模块主要功能是把经过批准的招聘计划发布到校园网上，供求职者投递简历，并自动进行初步筛选。招聘结果通知子模块根据最终录取情况，向求职者自动发送录取通知的电子邮件。

（2）工资管理模块主要包括工资设计、工资管理和工资统计分析等子模块。工资设计子模块主要功能是设定工资的结构和类别，工资的结构一般包括薪级工资、岗位工资、职务补贴和岗位津贴等，工资的类别是按照教职工的工作内容分类工资，如教师类工资、行政管理类工资、其他专业技术类工资和工勤类工资。工资管理子模块主要功能是确定每位教职工的工资，并对

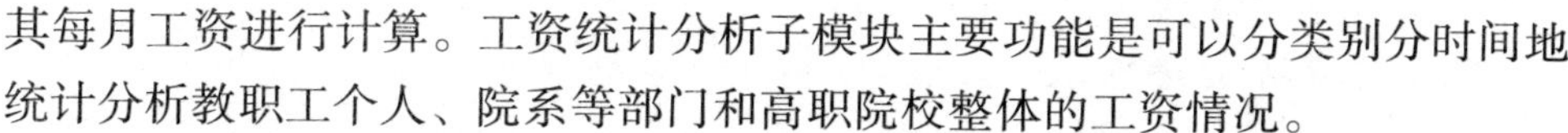

其每月工资进行计算。工资统计分析子模块主要功能是可以分类别分时间地统计分析教职工个人、院系等部门和高职院校整体的工资情况。

（3）社会保险与福利模块主要包括社会保险与福利设计和社会保险与福利缴费计算两个子模块，社会保险设计子模块主要功能是根据国家法律规定与学校规定生成社会保险与福利管理的基本结构，包括养老、失业和医疗等保险一些福利项目，为各类保险和福利费用的缴纳设定计算公式。社会保险与福利缴费计算子模块主要功能是，在高职院校缴纳保险与福利费用时，可以与工资管理模块关联，迅速、准确地计算出每位教职工的缴费数额，并能进行统计和查询。

（4）考勤管理模块的主要功能是根据国家及学校对于病假、探亲假和学术假等规定实现对假期申请、所在部门审批和人事处等部门审批的网络化管理，并可以对考勤信息进行记录、统计和查询。

（5）考核管理模块可以分为年度考核和聘期考核两个子模块。年度考核子模块主要功能是每位教职工在网上填报考核表，经所在部门及人事处填写审核意见后，进行电子存档，并提供打印，用于纸质考核表存档。聘期考核子模块主要功能是，对每位教职工一个聘期内完成的工作与其所聘岗位的职责进行对比，从而得出考核结果，该模块需要与学校的科研及教学管理系统进行数据交换。

（6）岗位聘任管理模块的主要功能是，根据组织结构与岗位信息库的内容发布岗位信息，教职工填报岗位应聘表，岗位聘任结果公示。该模块应与考核管理模块关联，根据考核结果进行岗位聘任。

（7）培训开发模块主要功能是发布培训信息，受理教职工培训申请，并能记录、查询和统计教职工的培训信息。

（8）职业生涯管理模块主要为教职工在教学科研等方面提供规划信息录入，并由院系等部门对教职工的职业生涯规划进行评价和反馈。

（9）教职工异动模块包括校内调动、退休和调离三个子模块。校内调动子模块主要功能是对教职工在学校内各部门之间的变动进行处理。退休子模块主要功能是制订教职工退休计划，发送退休通知书的电子邮件，并把退休教职工的信息转到退休教职工信息库。调离子模块主要功能是记录教职工的调出去向和调离时间，并把教职工信息转到调离教职工信息库。

（10）合同管理模块主要功能是建立在编教职工的聘用合同及临时人员的劳动合同的模板，记录合同的变更、续签等情况，提供合同到期的自动提醒，记录合同的解除与终止的情况，实现教职工合同信息的查询与统计。

（三）辅助支持模块

（1）系统权限管理模块的主要功能是为了保障教职工信息的安全，根据教职工身份的不同进行权限分配，如部门领导可以查询本部门的教职工信息，审批本部门教职工的假期申请等，又或者人事处的工作人员可以操作所有模块，而一般教职工只能操作某些模块。

（2）系统查询模块的主要功能是根据权限不同为教职工提供本人信息查询，为部门领导提供本部门人员信息查询，为校领导提供全校信息查询等。

（3）统计分析模块的主要功能是对高职院校人力资源管理信息系统中的各类资料进行有选择地汇总和统计，并生成相关的图表，以进行分析和输出。

七、高职院校人力资源管理信息化的一般实施过程

高职院校人力资源管理信息化的一般实施过程有许多不同的划分方法，有的详细，有的粗略。经过对不同划分方法的分析与比较，笔者把这个过程分为系统规划、需求分析、系统设计、系统选择、系统安装、系统测试、系统培训和系统维护八个环节，如图 3-1 所示。

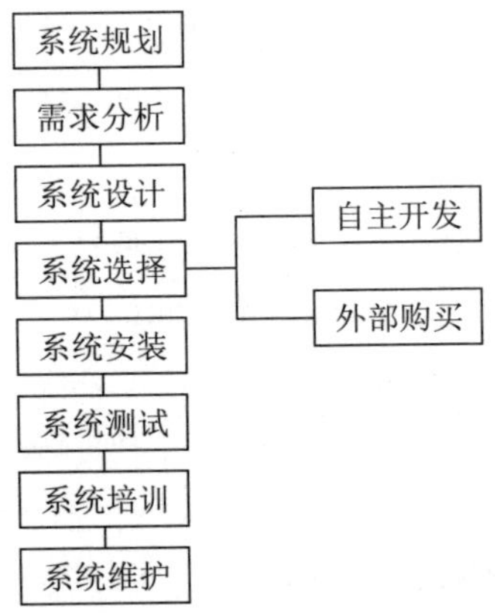

图 3-1　高职院校人力资源管理信息化的一般实施过程

（一）高职院校人力资源管理信息系统规划

高职院校人力资源管理信息系统规划，是高职院校校园信息化规划的一个重要组成部分，是人力资源管理信息系统开发的首要步骤和基础工作，是实现信息技术与人力资源管理业务之间的有机融合，从而促进高职院校规范

化管理的必要前提。高职院校人力资源管理信息系统规划是根据高职院校的战略发展规划和师资队伍建设规划，在确定高职院校人力资源管理与信息技术的融合关系，以及高职院校资源情况的基础上，通过制定、实施、评估和调整高职院校人力资源管理信息技术战略，从而实现高职院校人力资源管理的自动化和系统化。

高职院校人力资源管理信息系统规划主要是，调查分析高职院校的现状、未来的发展战略和任务、高职院校的党政组织结构、学校与院系的二级管理结构、人事部门的组织结构和业务，以及当前学校人力资源管理存在的问题等。

有效地进行高职院校人力资源管理信息系统规划，可以增进系统与学校及人事部门的关系，做到人事信息资源的深化应用和节约系统的经费，帮助高职院校梳理人事工作，发现能够改进的地方。

（二）高职院校人力资源管理信息系统需求分析

高职院校人力资源管理信息化项目，是把高职院校人事工作的业务需求进行信息化实现的工作集合，掌握全面真实准确的需求，是高职院校人力资源管理信息化成功的基础。需求不清晰、不准确使得高职院校人力资源管理信息系统设计开发困难或错误，需求变更频繁造成建设系统的经费增加等。因此，许多不成功的高职院校人力资源管理信息化项目的失败都涉及需求问题。

在开始高职院校人力资源管理信息化项目之前，高职院校必须清楚三个问题：

（1）高职院校人力资源管理信息化的需求是什么？这个问题的实质是高职院校当前有什么需求，高职院校是否清楚地知道利用人力资源管理信息系统解决一些人事管理工作上的难题。

（2）高职院校人力资源管理信息化的需求将是什么？这个问题回答高职院校未来的需求是什么。在未来的动态环境中，高职院校的竞争会更加激烈，高职院校的战略目标和师资队伍规划会发生变化，为应对将来的变化，人力资源管理信息系统将面临何种需求？

（3）高职院校人力资源管理信息化应该是什么？管理信息系统的核心是管理，信息技术必须为管理目标服务，不能只追求技术上的先进性而忽视管理目标。因此，高职院校人力资源管理信息化的理念必须科学、合理，使用的工具要适合高职院校的需求。高职院校人力资源管理信息系统应该是一个科学管理的平台，应该把可行的科学、合理的需求纳入系统中。

高职院校进行需求分析，需要注意以下问题：

（1）需求是不断变化的。人力资源管理的很多业务处于不断地变革中，需求也就随着变化，因此人力资源管理信息系统要有灵活性。

（2）有些需求是模糊的。大多数需求开始是模糊的，高职院校已经意识到了，但不能清楚地表达，因此专业人员要把模糊的需求变成描述准确的需求说明书。

（3）需求冲突。高职院校人力资源管理信息系统的用户包括很多人，如学校领导、其他职能部门、院系等，这些使用者都有需求，因此会出现需求冲突的情况。

（三）高职院校人力资源管理信息系统设计

高职院校人力资源管理信息系统设计的主要任务是，确定系统的总体设计方案，分析人力资源管理工作的业务流程，划分系统的功能模块，确定数据的流程，进行具体详细的设计。

系统设计包括高职院校人力资源管理信息系统总体网络结构的设计、数据库的设计和功能模块的设计等。

总体网络结构的设计是指选择B/S结构还是C/S结构，或者是两者混合。数据库的设计包括数据库表、字段等的设计。功能模块的设计是指高职院校人力资源管理信息系统所具有的分工协作的业务模块，如招聘模块、工资管理模块、培训管理模块、福利保险模块、绩效考核模块、系统查询模块、统计分析模块等。

（四）高职院校人力资源管理信息系统选择

高职院校在进行人力资源管理信息系统设计后就进入了系统选择阶段，在此阶段，高职院校可以采用两种完全不同的实现方式，即自主开发还是外部购买，当然高职院校也可以采用这两种方式结合的方式，如选择软件系统开发商进行联合开发或者选择某一产品再进行二次开发等。自主开发是指高职院校依靠自身的技术人员，根据需求和系统设计，开发人力资源管理信息系统。外部购买就是指高职院校购买专业软件开发商的产品。

高职院校选择自主开发，往往基于这样的考虑：选择外部供应商的成本较高，担心外部供应商的后续服务和升级能力。高职院校选择自主开发的主要难题是信息技术部门的人员不熟悉人事部门的工作，也就是缺乏既掌握信息技术又深入了解人力资源管理业务的复合型人才。

大部分高职院校不具备自主开发的条件，因此只能选择外部购买。高职院校要选择软件供应商，必须从供应商的经营状况及性质、开发实力、实施水平、服务能力以及产品的功能、价格等方面评估供应商及其产品。

（五）高职院校人力资源管理信息系统安装

在高职院校自主开发出系统或选择好软件产品后，高职院校就进入人力资源管理信息系统的安装阶段。

在安装阶段，高职院校要准备好人力资源管理信息系统的硬件环境，如服务器、网络交换机和计算机等，还要硬件平台上安装好相应的操作系统和数据库等，如 UNIX、Windows2007、Linux、Oracle 数据库等。软硬件环境的准备是这一阶段的重要工作内容。

软硬件环境准备就绪后，高职院校就可以进行数据库和人力资源管理信息系统的安装。系统安装之后，技术人员要为系统设置共用的系统参数、基础数据及相关的文档。共用参数和基础数据是全局性的，要进行认真核对，确认无误后进行数据备份。

（六）高职院校人力资源管理信息系统测试

系统测试是保证高职院校人力资源管理信息系统质量的关键，是对需求分析、系统设计、系统选择和系统安装的最终审查。在高职院校人力资源管理信息化的前五个阶段，会不可避免地产生一些差错，在编程过程中，也会有一些问题。这些问题必须在高职院校人力资源管理信息系统运行前发现并解决，否则会在系统使用后造成非常严重的后果，改正的难度也会增大。因此，在高职院校人力资源管理信息系统运行前，必须对其进行测试。

系统测试主要是对高职院校人力资源管理信息系统的完整性、集成性、易用性、灵活性、开放性和安全性进行测试。系统的完整性是指人力资源管理信息系统是否全面涵盖了人力资源管理的所有业务功能，并对每个业务功能是否基于完整的、标准的业务流程而设计的。系统的集成性是指人力资源管理信息系统是否将其所含的功能模块进行拆分使用，同时又能将拆分的功能模块集成为一个完整的系统。系统的易用性是指人力资源管理信息系统是否有简洁、友好的人机界面，是否能直观体现人力资源管理的业务。系统的灵活性是指系统的用户能否根据用户的需求进行个性化的改造。系统的开放性是指人力资源管理信息系统是否提供给了强大的数据接口，是否实现了各

种数据的导入、导出以及与外部系统的无缝连接。系统的安全性是系统测试最重要的指标，一个安全性高的系统必须对数据库进行加密管理，有严格的权限管理和角色设置，还要建立日志文件记录用户对系统每一次操作的详细情况，建立数据备份机制并提供数据灾难恢复功能。

（七）高职院校人力资源管理信息系统培训

系统测试完成后，必须对系统的管理员和用户进行系统操作和管理的培训。实现高职院校人力资源管理信息系统的良好运行，系统的管理员必须要深入了解系统的设计方案，掌握系统的安装与调试、软硬件环境的配置、基础数据的定义、系统的安全管理和数据备份、系统运行维护及系统常见问题的解决。对于系统的一般用户，培训的主要内容是高职院校人力资源管理信息系统的基本操作和一些简单问题的处理。

（八）高职院校人力资源管理信息系统维护

系统在上线运行后，主要的工作就是对人力资源管理信息系统的日常管理和维护。系统日常管理的目的是让系统长期、高效地工作，包括机房环境和服务器等设备的管理，更重要的对系统每天运行状况、数据输入和输出情况，以及安全性与完备性进行及时地记录和处理。系统的维护是指人力资源管理信息系统使用后，为了使程序时刻处于最佳的状态，使系统中的各种设备处于正常的运行状态，或者满足新的需要而进行修改和维护系统的过程。

系统维护是一项系统工程，主要涉及四个方面：软件维护、硬件维护、数据维护和代码维护。软件维护是指软件在使用后，为了保证软件正常使用和满足新的需求而对软件进行修改的活动，是系统维护中最重要的工作。硬件维护是指为了保证所有计算机和网络系统处于良好的运行状态，对计算机网络设备及其附属设施等进行的保养与检修工作。数据维护是系统投入运行后不断对数据文件进行评价、调整和修改。代码维护是指对各种代码如程序处理中的代码等进行增加、删除和修改等操作。

八、高职院校人力资源管理信息化存在的问题

（一）校级领导的重视程度不够

这个问题关系到高职院校人力资源管理信息化建设的成败。校级领导对人力资源管理信息化不够重视存在着客观和主观两方面的原因。客观原因

是当前高职院校人力资源管理信息化的建设存在一些问题，效果也不是很理想，而且人力资源管理信息系统的功能也不是很完善，因此校级领导可能觉得需要高投入的人力资源管理信息化建设是需要一定时间的。主观原因是校级领导对高职院校人力资源管理信息化的重要性缺乏全面的认识，因此，校级领导未能从战略上重视人力资源管理信息化，对人力资源管理信息化建设的强烈需求不够。

（二）高职院校人事部门的管理理念滞后

人力资源管理信息化是一种先进的管理理念和管理方式，是影响广泛的信息技术与现代的人力资源管理理念融合而成的，一种先进的人力资源管理模式。高职院校的人事部门在理念上不发生改变，在行动上必然不会有转变，因此，在实际工作中，高职院校人事部门依然是停留在传统的事务性的管理模式和手工处理信息的方式，习惯于传统的工作形式和业务流程方式。高职院校人力资源管理信息化没有取得理想的效果，原因是先进的信息技术必须与先进的管理理念配合，才能使高职院校人事部门在实际工作充分发挥高职院校人力资源管理信息系统的作用，提高人力资源管理工作的效率和服务的质量。

（三）高职院校缺乏复合型人才

高职院校缺乏即掌握信息技术又熟悉人力资源管理业务的复合型人才，是影响高职院校人力资源管理信息化建设的关键问题。在高职院校人力资源管理信息化过程中，需要将高职院校人事部门人力资源管理工作与信息技术进行有机的结合。但是，当前高职院校的人事部门，缺少知识结构合理的人力资源管理信息化人才队伍。高职院校人事部门的工作人员，大部分都对高职院校的人力资源管理业务有深入地了解，但是对信息技术知识没有充分地掌握，采用信息技术来提高工作效率和服务水平的观念不强，只知道依照原来的业务流程，将原先的手工操作转换成计算机处理，不能提供创造性的解决方案。掌握信息技术的研发人员，却不了解高职院校的人力资源管理工作，不能了解高职院校人力资源管理的业务需求，因而很难将信息技术很好地运用于高职院校人事工作。

（四）人力资源管理信息化系统没有总体规划

许多高职院校在进行人力资源管理信息化建设过程中，没有进行统一的系统规划和项目组织，使整个系统的开发和实施缺乏坚实的基础。同时高职院校缺少未来的人力资源管理信息化的发展规划。当前，信息技术发展迅猛，而高职院校人力资源管理，随着竞争环境和管理体制的变化也在不断变化，因此，缺乏对未来的规划，对高职院校人力资源管理信息化的延续性是非常不利的。

（五）系统培训草草了事

高职院校人力资源管理信息系统要想得到广泛的利用和推广，必须对各类用户进行有针对性的培训。只有经过有效培训的用户，才能充分发挥人力资源管理信息系统的功能。当前，一方面高职院校在系统测试后往往忽视对不同用户的针对性培训，只是对系统管理员进行培训；另一方面系统供应商出于人员紧缺和产品的货款已收，对安排培训师为用户培训经常应付了事。

（六）软件系统的问题

软件系统问题是具有普遍性的问题。高职院校人力资源管理信息系统的成熟度不足[1]。人力资源管理信息系统的软件成熟度，比财务管理软件等要低。软件系统的安全性问题，由于大部系统采用 B/S 网络结构，而当前网络病毒和木马等危害网络安全的行为泛滥，严重影响高职院校人力资源管理信息系统的安全运行。软件系统的程序设计不遵守基本的编程规范，如变量命名不一致、程序注释不清楚、程序逻辑错误和程序结构不合理等。良好的程序设计是软件系统正常运行的基础，如果程序设计出现问题，会使人力资源管理信息系统出现异常退出和数据丢失等现象。

九、高职院校人力资源管理信息化建设的策略

（一）转变高职院校人事管理的理念

首先要从积极接受新的人力资源管理理念，并在实际工作中实践新的管理理念。高职院校人事部门工作人员不能沉浸在以往的成功经验中，人力资源管理工作是不断变动的，当前我国高职院校也处在变革中，因此，在实际工作中，高职院校人事部门会经常遇到新情况、新矛盾和新问题。面对新情

[1] 殷瑛：《高职院校人力资源管理的主要问题与对策分析》，《中国市场》，2007 年第 39 期，第 130 ～ 131 页。

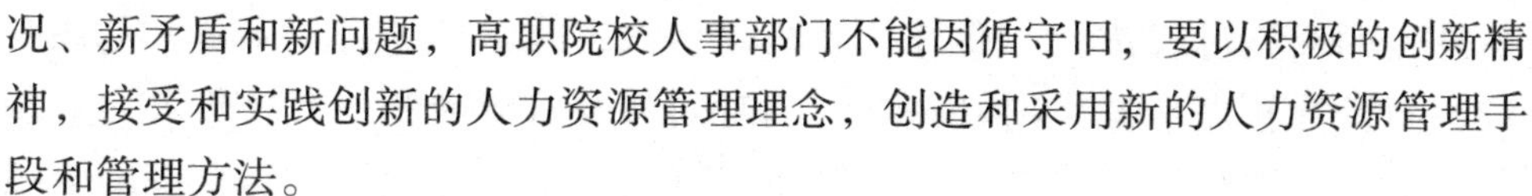

况、新矛盾和新问题，高职院校人事部门不能因循守旧，要以积极的创新精神，接受和实践创新的人力资源管理理念，创造和采用新的人力资源管理手段和管理方法。

（二）提高校级领导的重视程度

高职院校领导层对高职院校人力资源管理信息化的认同与支持，是高职院校人力资源管理信息化建设的有力保障。高职院校人力资源管理信息化建设不仅是人事部门的工作，而是涉及学校内部的所有部门和所有的教职工，需要投入大量的人力、财力和物力，还要与学校的网络部门、教学部门、科研部门和财务部门等进行协调。这就要求高职院校人事部门，必须提高学校领导层对人力资源管理信息化的重视程度，让学校领导层认识到人力资源管理信息化对学校发展和提高管理水平的重要性，以取得学校领导层的大力支持，使学校领导层能够从学校的大局出发，领导人力资源管理信息化建设，协调好各职能部门的关系以及职能部门与院系之间的关系，同心协力，有效调度建设人力资源管理信息系统的各种力量，为人力资源管理信息化提供必要的保障。

（三）培养高职院校人力资源管理信息化建设的人才队伍

人才是高职院校人力资源管理信息化建设取得成功的关键因素，是人力资源管理信息系统建成后正常运行的重要保障。高职院校人力资源管理信息化要对人事部门的各项业务进行需求分析，对每项业务的处理流程进行优化。因此，高职院校人事部门在进行人力资源管理信息化建设中，一定要动员全体工作人员积极参与到人力资源管理信息化项目中，在实践中培养人力资源管理信息化建设的人才。在高职院校人力资源管理信息化项目实施过程中，人事部门的工作人员最了解其所负责的业务，他们的积极参与，可以提供详细的业务需求，可以提供业务流程改善的建议，还可以参与信息系统的设计。通过参与高职院校人力资源管理信息化项目，人事部门的工作人员能够熟悉人力资源管理信息化的实施过程，了解人力资源管理信息系统的设计理念，能够快速掌握人力资源管理信息系统的操作方法，并能够在系统运行后做好管理与维护工作。

（四）严格执行高职院校人力资源管理信息化的实施过程

高职院校人力资源管理信息化，必须严格按照高职院校人力资源管理信息化的实施过程进行，做好从系统规划到系统维护的每一步骤。高职院校人力资源管理信息化项目都是收到时间和经费等限制的，要想人力资源管理信息化项目按时投入运行，取得良好的效果，必须科学、合理地为项目的每一个实施步骤分配时间及相应的人力、物力，并严格按照项目进度进行管理。高职院校人力资源管理信息化建设既不能过于拖沓，使信息化项目不能按时完成，也不能太紧促，以致忽略或草率完成某一步骤，使信息化项目不能取得预期效果。例如，辽宁科技大学[1]在开发人力资源管理信息系统时，严格执行了系统规划、需求分析和系统设计等过程，取得了非常好的效果。

（五）采取有效措施保证高职院校人力资源管理信息系统的正常运行

在高职院校人力资源管理信息系统的程序开发与设计阶段，开发人员应该按照软件质量保证的技术方法，保证人力资源管理信息系统的程序质量，尽量防止编程中的错误，减少软件系统的缺陷。在校园网中，机房的管理人员以及人力资源管理信息系统的管理员，要严格遵守安全管理制度，采取有效措施防止病毒与黑客的攻击，保证基础网络环境的安全，为高职院校人力资源管理信息系统的正常运行提供良好的环境。

第二节　基于“互联网 +”的高职院校后勤农副产品采购信息化研究

一、高职院校农副产品采购现状

由学校后勤管理处进行经营管理的食堂一般称为自营食堂，学校对自营食堂经营的重视，经济上的投资比较大，自营食堂为了维护学校稳定，要维持相对平稳的价格，提供的采购资金也由财务处监管预算及监督，后勤管理处对采购过程进行管理和执行，农副产品采购和财务结报规范化，采购过程接受学校全方位的监管，相对安全、稳定、易管控。

由后勤集团或餐饮公司进行经营管理的食堂称为外包食堂，这类食堂采

[1] 李铁谋:《高校人力资源管理及辅助决策系统的分析与设计》,《辽宁科技大学》,2008年。

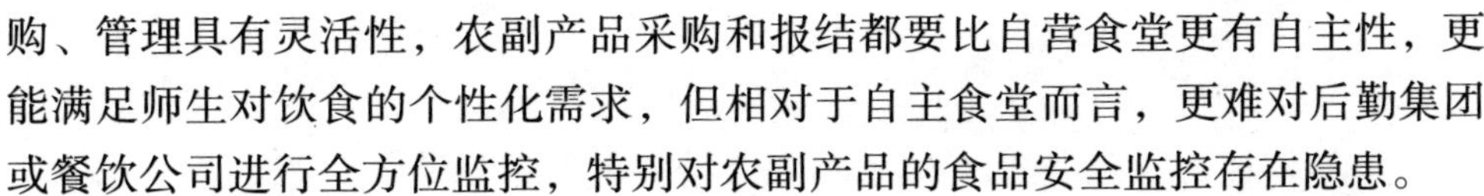

购、管理具有灵活性，农副产品采购和报结都要比自营食堂更有自主性，更能满足师生对饮食的个性化需求，但相对于自主食堂而言，更难对后勤集团或餐饮公司进行全方位监控，特别对农副产品的食品安全监控存在隐患。

目前很多高职院校食堂采取自营和外包并存的模式，相互促进和互补。外包经营的食堂采购自负盈亏，自行采购，在不存在重大安全隐患的前提下，采购来源、品种、质量等各方面要求不高，外包食堂在追逐利益的同时，对食品安全方面的监管会松懈甚至忽略。相对而言，高职院校后勤农副产品采购自营食堂更具规范性和标准性，高职院校具有行政管理的特点，学校安全稳定的因素，食堂管理甚至食品安全的监管要求高，考虑师生的实际经济情况，制定相对合理的食堂物价，也能影响和约束外包食堂的价格，起到稳定物价的作用，因此，高职院校食堂经营多数还是以自营为主、外包为辅。

二、高职院校农副产品采购的基本内容与特点

高职院校农副产品采购过程一般包括采购计划、采购组织、采购管理、采购结算，采购组织包括请示、确定采购方式、审批总额上限、招标或三家询价、供货商确定、谈判、确定意向。采购管理包括确定采购数量、报单、送货、验收、食品安全监控、入库、出库、加工、销售。高职院校农副产品采购的特点是食品安全监控贯穿生产溯源和送、验、存、加工、销售的采购过程。严格执行《中华人民共和国食品安全法》《餐饮服务食品安全监督管理办法》等食品安全方面规定，杜绝食品安全事故的发生，严格把好农副产品采购的质量关，杜绝地沟油、问题米、问题肉、问题蔬菜等流入食堂，保证农副产品的质量[1]。

三、高职院校农副产品采购的主要模式

高职院校不断探索后勤农副产品采购的模式，研究符合高职院校特点的采购机制，去应对市场经济各种因素挑战，形成了五种高职院校比较适用的模式：一校一户、农校对接、区域联合采购，配送中心和第三方采购平台等模式。

[1] 房武：《高校餐饮卫生与安全问题的诱因及预防措施》，《科学大众》（科学教育），2017年第3期，第146、137页。

（一）“一校一户”模式

地处偏远，交通不便，周边农贸市场和批发市场唯一，采购量不大，农副产品货源比较单一的高职院校采用“一校一户”模式，多数是规模小、数量和品种少的采购，优点是农副产品来源单一、食品安全比较容易溯源，但因缺乏规模效应，运输成本较大，对市场信息闭塞、滞后等问题，采购数量不够、品种不多、质量不能保障，存在价、质不符的现象。

（二）“农校对接”模式

“农校对接”在制度上比传统招标采购制度有很大的创新，农户规模化生产以农村合作社为主体，在政府的支持下为合作高职院校提供农副产品，并在合作协议的约束、政府第三方监督下使得农副产品直接从田间地头直接到高职院校，优点是减少了供应商的环节，节省了采购成本，但需要长期合作才能得到真正的实惠。要满足的前提是，农村合作社的农副产品品种多、数量够，高职院校地处农产品种养规模比较大的区域，合作社管理规范、食品安全检验到位，缺点是数量和质量不是很稳定，会受种植客观因素的影响，有采购风险。

（三）“区域联合采购”模式

“区域联合采购”是区域里的高职院校对采购的农副产品品种、要求有一致的目标，达成联合采购的意向，供货商有农副产品经营实力，对地域规模大，数量、品种多，农副产品来源丰富，质量稳定有保障，流通费用较少，减少中间商层，在价格上有规模优势，订单式规模化生产，对食品安全的追溯，实现安全信息共享，有助于降低成本和减少廉政风险。

但受到地域餐饮文化和品种限制，与高职院校参与度、采购政策或制度、采购权限、采购模式密切相关，政府部门作为主导，大力支持，并建立较为完善的管理体系、信息化平台、配送中心、安全监管，才能更好地推动联合采购可持续发展。不仅如此，政府还要加强这种采购方式的宣传，深入调研各高职院校存在的困难，协调解决存在的难题，才能使各高职院校都能达成一致和长效参与，如广东高职院校采用的“联采制”。

（四）“配送中心”模式

高职院校餐饮“配送中心”模式是由配送中心负责高职院校的集装、包装、保管、配送运输，最大限度地节省时间、降低流通费用，降低社会总成本，实现资源的最优配置，对大宗农副产品，如米、油、鸡蛋、冻品、半成品等进行联合采购。例如，福州大学城建设高职院校餐饮配送中心。

（五）“第三方采购平台”模式

“第三方采购平台”基于互联网的信息化交易中心和物流中心，通过网络采购平台、手机 app 或其他辅助系统，为没有隶属关系的双方创造开展业务合作的条件，提供信息化采购、支付等核心功能，再由物流中心则配合完成线下的仓储及配送功能，使高职院校和供应商双方的资源和供求信息以及采购过程更为透明。所有供应商资质建档及通过验证后即可在采购平台提供详细的供求信息：供应商信誉等级、各类农副产品的产地、质量、价格、物流费用、发货时间等信息。高职院校根据需求和供应商详细信息做出采购决策。采购中的各项单据和操作比传统的采购更具有易操作性、高效性，降低采购成本、提高双方的效益、提升采购水平、确保食品安全，淘汰信誉差的供应商，形成供应商的良性生态圈。

这些模式有各自的优缺点，一校一户局限性比较大，在互联网高速发展，信息共享的环境下，一校一户模式不适合推广，农校对接、配送中心、第三方采购平台模式都有管理实力的第三方提供技术支持，联合采购需要高职院校的采购能力居于同一水平线上。

当前高职院校自营及外包食堂农副产品采购的基本类型有：自主采购、招标、竞争性谈判采购、战略合作采购、区域联合采购、农校对接采购、第三方采购平台采购等。各高职院校根据自身的特点，采用了与之相匹配的采购模式，并为之不断地完善。例如，安徽省高职院校采取了“面向采购”等措施，为 119 所高职院校，约 120 万人提供农副产品，直接进入高职院校食堂。32 个国家级和省级扶贫开发重点县和高职院校分别发布农副产品供给与采购信息，集合了农校对接、联合采购、第三方采购平台、配送中心等模式的优点综合运用到实践中，这些实例给高职院校农副产品的采购提供了很好的借鉴。

四、农副产品采购管理的重点

（一）采购管理

大宗农产品采购由学校组织招标确定供货商，分期分批供货，供货商的

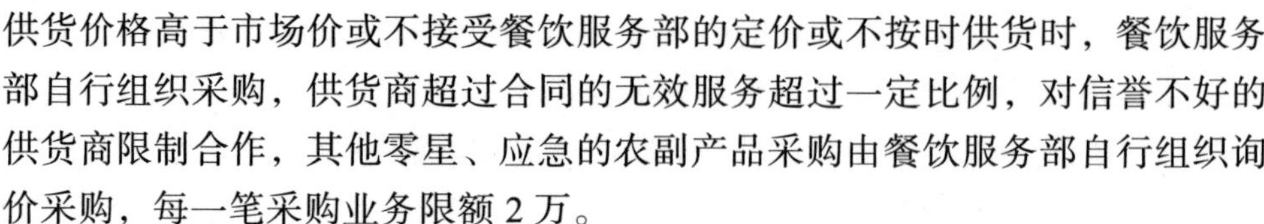

供货价格高于市场价或不接受餐饮服务部的定价或不按时供货时，餐饮服务部自行组织采购，供货商超过合同的无效服务超过一定比例，对信誉不好的供货商限制合作，其他零星、应急的农副产品采购由餐饮服务部自行组织询价采购，每一笔采购业务限额 2 万。

采购验收组对农副产品的验收入库要严格把关，坚持留样制度，加强对腐败变质、油脂酸败、霉变、生虫、有毒害物质污染、过保产品的检查，拒绝三无产品等工作，确保质量安全。

采购人员坚持向供应商索取发票等购货凭据，并做好农产品采购安全溯源登记。产品是由定点供货商配送，确保无农药及其他有毒有害化学品残留，向农副产品供应单位索取食品卫生许可证、生产（经营）许可证、检验（检疫）合格证等证件，确保来源安全。

（二）安全监督管理

由后勤管理处牵头，审计处、财务处、人事处、工会、学工部、采购办等部门参与组成的学校安全监督管理委员会，负责对学校食堂的卫生、安全进行定期的和不定期的监督管理，发现问题督促及时整改。学生伙食监督委员会发挥学生的监督作用。学校安全监督管理委员会和学生伙食监督委员会对三个方面进行监督：经营监督，检查食堂饭菜价格、质量、卫生、安全防范的情况，并向食堂提出改进意见；价格监督，调查了解食堂的成本和监督食堂定期公开，确保食堂餐饮价格相对的合理与稳定；财务监督，食堂定期报送财务报表，民主管理委员会定期对成本费用支出、经营结余等情况进行检查。监督内容包括：健康证、食品留样、储存、加工、销售等流程。对农副产品仓库做好防火、防毒、防盗、防爆等安全检查。

（三）财务结算

后勤管理处校园卡结算中心是学校的二级财务机构，负责学校食堂的财务管理工作，遵守学校的财务规章制度，接受学校财务的统一领导、监督和检查。校园卡结算中心负责对食堂经济行为的核算和监督，负责食堂的生产经营管理信息监控与分析，为领导决策提供参考，负责食堂财务报告的撰写和分析说明，负责其他财务与会计工作，财务报表纳入学校财务统一核算。

食堂支出费用分为成本费用和间接成本费用两大类，直接成本费用是指

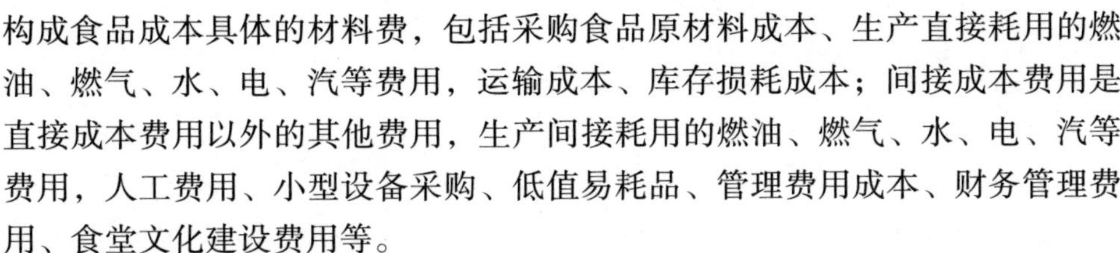
构成食品成本具体的材料费，包括采购食品原材料成本、生产直接耗用的燃油、燃气、水、电、汽等费用，运输成本、库存损耗成本；间接成本费用是直接成本费用以外的其他费用，生产间接耗用的燃油、燃气、水、电、汽等费用，人工费用、小型设备采购、低值易耗品、管理费用成本、财务管理费用、食堂文化建设费用等。

五、农副产品采购的难点

（一）采购管理难

1. 采购缺乏预见性

农副产品需求量递增，原有供应商的规模、货源种类和数量无法满足高职院校的日常需求。采购预算和采购的规范化要求采购要有预见性，在缺乏采购大数据参考的情况下，对学生的需求及采购产品消耗量没有准确的统计数据，导致制订的采购需求计划不够客观。

2. 采购人员能力参差不齐，法律意识淡薄，积极性不强

采购人员整体文化层次不高，能力参差不齐，采购人员要加强采购专业知识、采购法律法规，提升采购法律意识。食堂管理者在现有的人员中进行工作调配，存在身兼几职的情况，传统的管理难以给员工绩效考核，难以在细节上及时监督，久而久之不能充分调动员工的积极性，导致员工应付工作。

3. 传统采购管理数据管理水平低、不准确

食堂人员并不是每天采购回来就对采购的农副产品明细表进行录入，常常是集中一段时间来录入数据，采购数据人工核算效率低、差错率高，甚至个别高职院校食堂采购不重视采购数据的整理，通过电话或者现场汇报的方式传递数据。传统的管理模式无法解决食堂大数据及大工作量，仅采购数据录入一项工作就要从原来的录入工作量成倍地增长。这会使得农副产品采购的数据不准确、不及时、不透明，管理者对市场信息的掌握和预判不足，使近期的采购需求计划与实际采购产生偏差。

（二）安全监控难

1. 采购存在食品安全难追溯的困境

随着物质水平的提高，大学生的家庭条件越来越好，大学生们不再满足于“吃得饱”，还要“吃得好”，更要吃得放心。不安全食品事件的不断出现，使得食品安全已经成为人们关注的热点之一，因此，“吃得放心”已经演变成大学生们餐饮的基本要求。高职院校是大学生生活的重要场所，高职院校后勤食堂为师生们提供优良的饮食服务，给予师生能安于高职院校生活的基本保障，提高农副产品种类丰富、来源稳定、质量安全的保障，采购成了重中之重。高职院校食品安全群体事件屡次发生，食品安全事关重大，高职院校加强对食品的安全监管，要从农副产品采购的源头开始抓起，有严格的质量监控，安全责任可追溯。食堂原材料采购中农副产品占90%，做好食堂农副产品的采购，保证农副产品的食品安全是能够给予师生信任的重要因素之一。高职院校对农副产品安全监控的难度不断加大，难点在不断增多，不可控的风险在不断增强。从种植户到中间经营户，农副产品来源广泛，中间经营户也有多数食品安全意识淡薄，对来源不稳定的大量农副产品无法溯源，或者学校零星采购时跟散户或临时经营户采购农副产品，产品质量安全出现问题时，责任无法追溯。高职院校后勤农副产品采购有一定的局限性，确保农副产品安全成为后勤农副产品采购最艰巨的任务。

2. 验收无量化标准，对农副产品检验受客观因素制约

高职院校很难花大成本去邀请第三方检测，第三方检测时间长，无法满足每天的验收检测，而高职院校对农副产品快速检测能力的不足，一是高职院校快速检测的技术弱、快速检测工具缺乏，常常根据自己的经验进行验收，存在验收走形式的现象；二是采购的农副产品多，且量大，源头复杂，对其中的产品进行抽检并不能排除同一个公司同一批次产品均安全；三是鲜活农产品在产品标准上很难形成量化的指标，在实际操作存在验收标准低的现象。不同的验收员对农副产品进行安全验收时带着主观的意识无统一的量化标准，长此以往，将会使供货商认为高职院校农副产品验收的形同虚设，导致高职院校农副产品质量和安全无法保证。

（三）自行零星采购存在廉政风险

高职院校农副产品采购是风险多发点，在巨大的采购额情况下防范风险重中之重，食堂员工多为聘用人员，廉政意识很浅薄，要从制度上进行制约，还要建立公开透明的供应商准入退出机制、在定价、验收、结算等方面要及时防控廉政风险。

（四）成本控制难

在物价不断上涨的今天，食堂的采购成本也随之水涨船高。高职院校后勤食堂经营存在公益性与盈利性。在物价上涨的前提下，饭菜价格如不调整，无法维持正常经营，而饭菜提价会对师生产生负面影响，甚至可能影响学习生活，破坏学校的和谐。高职院校依靠政府和高职院校自身力量应对物价波动的压力，很多院校都是以补贴水电费和担负部分人员工资、承担一些大的改造费等方式加大对后勤工作的投入和扶持。引进了外包食堂，缓解了一定的压力，但食品数量和质量上难以监控及得到保障。既要遵循学生服务，又要考虑经营者的利益，保持饭菜价格相对稳定的情况下，而成本增加经营者经营风险增加，有可能亏损。高职院校后勤食堂陷入两难的境地。高职院校农副食品如：米面、杂粮、肉类及辅料（蔬菜、豆制品、下货和调料等）的日用支出在食堂成本中占 90% 以上，因此农副产品的成本控制尤为重要。物价持续高位运转，人工成本越来越高，但食堂饭菜价格要保持稳定，传统的农副产品采购方式难以达到农副产品物美价廉的要求。

随着高职院校的逐步发展，高职院校越来越重视师生对高职院校服务的满意度和认同感，做好文化宣传工作，增强高职院校育人环境的文化氛围，包括餐饮文化，从而，高职院校加大餐饮投资，不遗余力地丰富菜品种类，提高菜品质量，吸引师生享受服务，赢取每一位学子对高职院校的赞誉。

（五）信息化技术投资大

信息化技术水平有赖于信息技术行业及软件开发的创新。后勤信息化建设不仅要依靠硬件设备的投入，也需要通过信息软件平台提高管理效能。信息化建设需要投入巨大资金研发或购买了软件或相应的软件平台，而且后续运行维护还要持续投入维护成本，或者配备专业的人员来维护和运行，当专业人员缺乏或者软件公司工程服务缺位的情况下，会导致大量的投资却无法保证常年的维护和运行。购买了标准化的软件或者其他高职院校运行成熟的软件，但因后勤功能的具体化，使得购买的软件功能不符合自己的需求，而完全定制开发的项目软件框架的建构不够全面、成本太高、周期太长、风险太大。因此，在信息化技术的引入及投资前需要全面评估。

（六）服务满意度不高

大学生年轻、思维活跃、新事物的接受能力强，他们对互联网“足不出户即可拥有”的便利更是喜爱之极，正因为互联网给人们的生活带来的便利，满足了大学生心里对美好事物的向往，大学生会对高职院校餐饮会有更高的要求。高职院校要顺应大学生餐饮的需求，则要提高农副产品采购的品种多样化、材质新鲜、品相好，甚至加工烹制的口感。而目前大部分高职院校自营食堂很难满足师生对餐饮丰富、有特色、服务好、味道佳的个性化要求，这也是师生们诟病的事情，很多大学生只能通过点外卖来满足自身需求，学生对食堂的满意度不高。

六、高职院校农副产品采购信息化对策

（一）后勤采购信息化的作用

1. 无纸化操作，流程再造

传统的管理中，采购的整个流程会使用产品明细单、采购计划单、议价单、合同价格单、配送单、验收单、出入库单 7 类单据，都是从同一数据源提取，根据工作具体，从源数据提取不同的字段、条件来进行汇总，涉及的工作人员为了人工制单的疏漏，花大量的时间对大量的品名、价格等数据再次核对和再录入。采购信息化只需要对流程进行优化，即可摆脱了传统管理的数据核对、整理、录入的束缚，通过手机、IPAD 等通信终端进行无纸化操作，只需要对需求的产品一次勾选，即可发送或打印所有的套表，有数据的更改，即可自动更新，无须再次录入，无须核对，无须花时间，能为管理节约人力成本和时间成本。供应商数据库和产品数据库一次录入即可无数次利用，只需要对需求供应商或者需求产品进行勾选即可在采购、安全、配送、核算、统计等环节中显示。

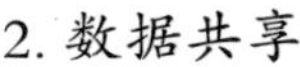

2. 数据共享

采购管理过程中，供应商、配送中心、高职院校相关领导、管理员、采购员及其他工作人员作为用户，均可以根据权限共享数据和信息，集约化、规模化、透明化的采购阻断了中间环节，甚至农户、个体经营户等获取权限后均能在平台中报价、交流、反馈，不受地域限制，促进了沟通。公布品种、质量和收获时间、收获价格的要求，供应商应标，这为订单式采购的实现奠定了基础。例如，疏菜和调料类种植源头较为零散，代理商数量多规模小，通过平台供需配对，透明度高，选择性大，流通成本低，运行效率高。也为联采、面对面采购提供了环境，降低经营成本，保证菜品质量。

3. 增强互动

通过信息平台，各高职院校频繁的进行信息交流，以及积极参与信息咨询及共享，对供应商各高职院校还能通过交流，甄别和筛选愿意和高职院校服务，诚信度高且有供应能力对的企业和供货商、农业生产合作社作为高职院校农副产品长期供应的优质供应商，同时还能在农副产品采购管理上经验参考。高职院校师生也能通过平台再造为面对面快捷的体验。综合协调延伸了服务空间。

4. 智能配送

物流和仓储通过平台发布的品种和数量消费数据做好农副产品运输和储存计划。优化配送线路，智能配送，减少农副产品选购加工和运输保存的成本。

5. 安全全程监控

农副产品采购源头可追溯性、类别广、品种杂、采购涉及的供应商多、配送频率高、配送分散决定了食品安全监管要处于实时运作状态，学校可以通过平台了解到蔬菜的种植情况，查看同批类农副产品生长及生长管理的过程，了解采购、物流配送等进度情况及安全监管运作的过程，各环节信息及节点都能准确记录，大大降低食品安全的风险。对国家标准、配送关系变更等情况要对信息及时更新。

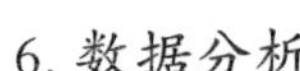

6. 数据分析

信息化平台可以让管理人员从繁冗的数据中提炼价值数据，进行高职院校的分析应用，这是以高性能、高可靠性的数据平台为基础的，甚至实现在线和历史数据的实时分析，通过对菜品的消费数据收集分析指导食堂菜品种类和采购量，根据所使用的农副产品品种和数量的大数据分析指导采购预算。分析结果用于帮助管理者做出及时、正确的商业决策。

（二）采购信息化系统的基本功能

1. 供应商的准入

建立供应商数据库，对他们的资质进行管理。及时对一般供应商的信誉情况进行登记并把有损信誉的行为进行详细备案，存储相关的证明材料，为下一次的招标排除不良信誉供应商做前期准备，也为小批量零星采购提供信誉保障。对经过招标程序，签订了供应合同的定点供货商要及时公布经营资质及每次供货的情况和反馈情况。对于小批量零星农副产品采购要不定期地更换供应商，通过采购交易了解掌握供应商库里的供应商的综合能力。

2. 价格公示

经过学校招标采购，定点供应商供货的价格要在网上及时公布，接受师生监督，师生们也可以在网上提供某日某市场某农副产品的价格作为比对，增强师生在价格监督上的互动，同时也给定点供应商价格压力，这种良性循环能让供应商提供产品时更注重质量和价格的平衡点，促进供应商优化供应方案，科学合理的降低价格。这样也能降低食堂对农副产品采购的成本。

3. 计划网报

采购计划要按需定期在平台上进行网络计划报送，再由招标指定供应商定期配送。对于零星采购，采购人员预先提报采购计划，平台上的农副产品数据库，只需在平台上的农副产品数据库上勾选要采购的农副产品、调味料和低值易耗品，提报方便准确，省时省力。经审核提交后，经食堂负责人、饮服中心负责人及采购中心负责人分级确认选择相应的供货商，确定后将采购计划分发给相应供应商，供应商接到订单后在一定的时间内配送到位。

4. 网络议价

供货商通过平台接收到高职院校发起的采购计划在平台上进行回应；零星采购的供货商若对价格进行议价微调价格和数量，均可以在平台上修改填报，平台自动汇总，查看方便，允许议价的最多次数一般为三次，学校参与议价的应为食堂负责人、餐饮部门负责人及采购负责人组成，确认后由平台自动统计金额。确定采购价格。采购人员根据多家供货商的报价，选择最有优势的一家，最终确定采购价格。

5. 优化配送

确定的供货商根据最终确定的采购按配送计划进行配送到点。

6. 留样验收

供应商把农副产品配送到学校后，由供应商、采购部、食堂三方共同验收，验货员以及收货员通过平台对供货商送来的农副产品检斤验质，拍照、留样，确认无误，一键提交即可完成整个收货流程，无须进行计算，平台自动生成收货总额。对规格或数量有差异的品种，在网上进行反馈，供应商要及时调货直至验收全部通过，反馈结果追踪情况供应商和采购部、食堂均可查看，以最终验收确认信息对供货商结算货款。

7. 核算日报

平台为高职院校提供了准确的数据统计，整个环节中无须计算，平台自动汇总，当日营业收入、各类成本开支数据，自动核算，形成当日汇报信息。月底汇总核算情况，提供准确的每日核算单据，与供货商对账。

8. 仓储预警

仓储预警一是对仓储产品存货量现状进行公布，为采购计划提供参考；二是对存货量少和准备过期的产品及时警示。及时查询到各库存产品临近保质界限，自动提醒警示；三是预防管理漏洞引起的物质丢失；四是改善了仓库管理人员的盘货和出入账等工作，保证库存数据的准确性。

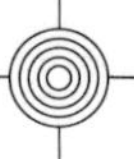

9. 采购回馈

对在采购环节中出现的任何问题都可进行回馈，采购方的每个角色在完成每个环节后都可作出评价，供货商可根据评价内容进行改进。同时评价数据又为智慧采购提供了强有力的数据支撑。

10. 数据分析

针对价格和成本进行分析，通过采购品种价格、成本的统计表、统计图等直观的比对，为采购计划提供价格走势的预测、根据日常的成本核算，估算年度的成本及利润等，为后勤决策者了解采购及经营状况提供数据支持。

（三）高职院校农副产品采购信息化设计框架

农副产品采购是智慧后勤平台的一个重要组成部分，农副产品采购信息化在后勤服务平台的基础上开发农副产品采购的系统。系统要实现七个功能：数据库管理、采购管理、安全追溯、系统管理、财务管理、评价、统计，集系统管理、供应商数据库、产品数据库、采购、配送、验收、结算、库存、食品安全、反馈、数据统计等服务为一体。该系统的全面应用可以使整个采购流程更加规范、过程更加透明、结算更加清晰，提升管理效能，防范安全风险。

1. 数据库管理

建立起完整规范的基础数据库，主要包括：供应商和产品两个信息库。

（1）供应商信息库的创建。供应商信息库数据包括供应商的名称、公司经营概况、经营范围、公司地址、公司负责人、公司联系人、联系电话等基本信息；供应商的营业执照、许可证件等资质材料扫描件；合作次数、合作时间、供应情况、信誉情况、核算情况等合作记录；招标情况、合同、合同主要要素、合同期限、合同品种和数量；配送规模、配送记录等数据信息。

（2）产品信息库创建。产品信息库数据包括产品分类、产品统一规范的命名和编码、生产来源信息、许可证件和检测报告、配送商家信息、产品准入信息和等内容。命名和编码根据国家统一商品编码、内部商品编码规则进行录入，保证品名的唯一性。通过命名和编码的系统化管理，形成内部统一的产品信息规范，减少沟通上的信息不对称。

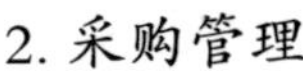

2. 采购管理

传统采购过程中存在大量的信息录入、核对，手工操作还容易疏漏。通过信息化平台对数据信息进行处理，减少录入重复和核对重复耗时长，信息化减轻工作量，提升管理效能，智能化管理。信息化使各环节紧紧相扣，形成动态的反馈机制，发挥采购最终效果。

3. 安全追溯

安全追溯模块在食品安全监管至关重要，生产、加工、采购、储运、销售等各环节避免农副产品质量问题的发生，保证追溯产品的质量安全；完善通过检验检疫证书编号、批次号等查询出该批货物的生产、加工、种植、运输等信息实现即时查询农业化学投入品使用方面存在种种问题，监控管理模块功能该系统设置了操作员权限设置。对农副产品残留检验中验收员应当进行药物残留监控，根据所检出的情况分别予以处理。检验的数据主要由检验员进行录入，数据录入者要求输入企业名称、检出情况、处理措施、列入时间及处理措施及撤销时间，数据录入时要求对输入的有关事项进行校核，对不符合的数据禁止录入数据库。对输入的数据企业端用户可以查询、修改、删除，一般及时修正工作中的错误。必须对所监管的经营户进行日常监管、复查等，有效地控制操作员的操作的模块及操作的范围按照数据录入者要求经营户名称、监管情况、跟踪检查情况等。

4. 系统管理

对系统开发的具体单位、负责人、开发时间、开发状况、用户管理、权限设置、平台运行基础数据、维护情况等信息。对于权限设置而言，面对不同的用户，设置不同的权限如表 3-1 所示。

表 3-1　系统管理权限设置表

用户类型	权限
应标供应商	用户申请、信息录入、修改信息、传标书、报价、合同、价格公示、合格许可报审、接收计划、确认配送计划、配送、安全溯源、验收确认、报结、采购回馈
一般供应商	用户申请、信息录入、修改信息、报价、议价、合同、价格公示、合格许可报审、接收计划、确认配送计划、配送、安全溯源、验收确认、报结、采购回馈

续 表

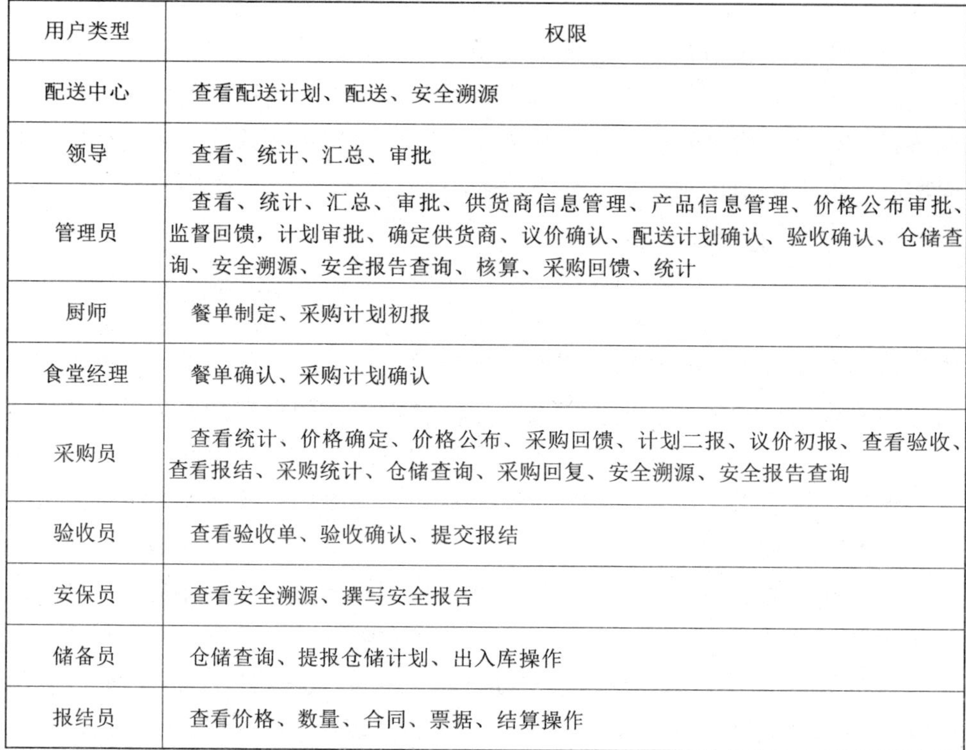

用户类型	权限
配送中心	查看配送计划、配送、安全溯源
领导	查看、统计、汇总、审批
管理员	查看、统计、汇总、审批、供货商信息管理、产品信息管理、价格公布审批、监督回馈，计划审批、确定供货商、议价确认、配送计划确认、验收确认、仓储查询、安全溯源、安全报告查询、核算、采购回馈、统计
厨师	餐单制定、采购计划初报
食堂经理	餐单确认、采购计划确认
采购员	查看统计、价格确定、价格公布、采购回馈、计划二报、议价初报、查看验收、查看报结、采购统计、仓储查询、采购回复、安全溯源、安全报告查询
验收员	查看验收单、验收确认、提交报结
安保员	查看安全溯源、撰写安全报告
储备员	仓储查询、提报仓储计划、出入库操作
报结员	查看价格、数量、合同、票据、结算操作

5. 财务管理

食堂的财务管理主要由营业总账、营业收入、营业支出、成本分析等部分构成。针对记录、核算、反映和分析资金在后勤农副产品采购中的变动过程及其结果。

营业总账：记账凭证输入、登记，输出、一般明细账及总分类账编制。营业收入包括发票管理、客户管理、付款管理、账龄分析等功能。

营业收入主要分为：营业内收入和营业外收入，高职院校的营业内收入主要是校园卡和现金、订制用餐的转账；营业外收入一般是潲水、废弃物变卖所产生的收入。校园卡结算包括，食堂消费结算、外包食堂消费结算、铺面消费结算、校园其他服务结算等。

营业支出主要包括：采购成本、消费费用、员工工资福利、维修费、零星支出、财务管理费等，采购成本就是高职院校购买农副产品所产生的直接成本，财务管理费用，如加班费，还有食堂账户利息收入和转账手续费支出的差额。

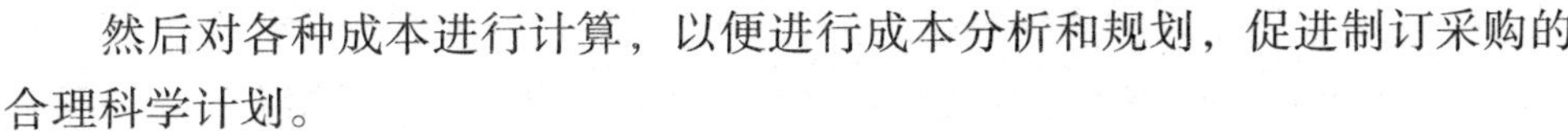

然后对各种成本进行计算，以便进行成本分析和规划，促进制订采购的合理科学计划。

6. 评价

为采购过程建立动态的反馈机制，在采购的每一个环节都设有评价或回馈、沟通，通过评价模块，让各环节都能把沟通的信息体现在平台里，对工作的改进有促进作用。

7. 统计

统计分为供应商情况统计、产品情况统计、采购情况统计、配送统计、验收统计、仓储统计、安全溯源统计、回馈统计、结算统计，覆盖了采购整个过程。

第三节　基于物联网技术的高职院校校园安全管理研究

一、高职院校校园安全管理的内涵

《汉语大辞典》中安全的意思为：平安，无危险；保护，保全。安全是一种人身、财产和精神不受伤害的状态[1]。有这个定义进行拓展延伸，那么校园安全是指在高职校园范围内，个体人身不受伤害、财产不受损失，精神不受威胁，校园财物不受损失的一种状态。在无条件的情况下，不存在绝对的安全，所以校园安全也在一定程度上是属于相对的安全状态[2]。因此，校园安全可以说是一种师生在一定条件下尽可能地降低人身、财产和精神受损害的风险。而这个“条件”的形成，则主要依靠学校的校园安全管理工作。

安全管理的对象是风险。无论安全事故是否发生，作为安全管理工作者，必须针对各项工作做出各种可能发生的风险的假设，然后根据假设进行合理有效的计划，提前做好防范和应急预案。那么校园安全管理，则是要求学校安全工作者组织相关人员，针对师生在校可能发生的各种事故做出提前预设，然后合力构建安全管理运行机制和保障机制，从而力求在事故发生前

[1] 王宏宇:《高校校园安全管理影响因素和对策研究》，郑州大学硕士学位论文，2013 年。

[2] 夏涛:《高校校园安全管理研究》，华中师范大学，2014 年。

能够做到未雨绸缪，在事故发生时可以迅速、及时处理以降低事故伤害，在事故发生后能够尽快恢复、重建事故带来的损失。做好校园学生安全管理工作，基本要解决几个方面的问题：①要确定管理者，并且权责明确；②要明确管理对象，主要针对未发生或者可能发生的各种风险；③要明确制定好管理办法，建立有效的管理机制和应急处理方案。

近年来，我国高等教育通过不断扩招使得规模逐步扩大，从而让更多的学生得到高等院校的入学机会，与之相矛盾的是教学资源的匮乏，以及教育资源地区差异化加大。由于国家对教育的大力投入，高等院校也像雨后春笋一样成长起来，尤其是很多高职院校，大多以职业教育或者大学城的名义来建设集中区域教育设施，大学集中区域的建设由于规划占地面积较大，所以一般都在城市的远郊地区，基础配套建设不够健全，导致学生生活不便利，随着信息化时代的发展，校园与外部环境的联系更加密切，当学生的活动超出校园范围，活动区域扩大到社会，就给校园安全管理工作带来了很大的困难，不利于对学生进行有效的管理。再加上管理的滞后性，给学生的安全管理上存在很大的安全隐患[❶]。同时，存在的部分社会资本注入下逐渐成长起来的高职院校，由于民办教育的局限性，同样也衍生出很多管理方面的附属问题。

综上所述，校园安全管理是一个集事前防范规避、事中应急处理、事后恢复重建的保障师生人身财产安全的动态管理体系。做好校园安全管理工作，可以有效降低甚至规避、消除安全事故隐患，减少风险伤害和损失，维护校园稳定和谐，构建师生满意的平安校园。

二、物联网的含义与特征

（一）物联网的含义

目前较为公认的物联网的定义是：通过射频识别（RFID）、红外感应器、全球定位系统、激光扫描器等信息传感设备，按约定的协议，把任何物品与互联网连接起来，进行信息交换和通信，以实现智能化识别、定位、跟踪、监控和管理的一种网络。

这一概念反映了物联网涉及三个方面的要素，即传感器网、移动通信网和因特网，其中传感网是感知的网络，是物和物的互联；移动通信网是信息

❶ 王保华，张婕：《高等教育地方化——地级城市发展高等教育研究》，北京：高等教育出版社，2005年，第23页。

传输的网络，是人和人的互联；因特网是联接虚拟信息共享的网络，而物联网是联接现实物理世界的网络。实质上，物联网是传感器网与因特网、移动通信网，“三网”高效融合的产物，是信息系统与物理系统高效融合的产物（又称信息物理融合系统）。

根据上述要素分析，可以将物联网理解为图 3-2 所示的过程：

图 3-2　物联网的基本组成

在这里，通过分析物联网与其他类型网络的关系尤其是物联网与互联网的关系这一角度，来进一步理解物联网的含义。

通常所说的互联网是指人与人之间，通过计算机结成的全球性的网络，服务于人与人之间的信息交换。而物联网的主体则是各种各样的物品，通过物品间传递信息从而达到最终服务于人的目的，两张网的主体不同。可见物联网是互联网的扩展和补充，物联网与互联网是相对平等的两张网。如果把互联网比作是人类信息交换的动脉，那么物联网就是毛细血管，两者相互连通，是互联网的有益补充。

此外，物联网和传感器网也有着联系和区别，事实上传感技术也好、RFID 技术也好，都仅仅是信息采集技术之一。除传感技术和 RFID 技术外，GPS、视频识别、红外、激光、扫描等所有能够实现自动识别与物物通信的技术都可以成为物联网的信息采集技术，传感器网或者 RFID 网只是物联网的一种应用，但绝不是物联网的全部。

（二）物联网的主要特征

根据上述比较分析，给物联网下这样的定义：通过各种感知设备和互联网，连接物体与物体的，全自动、智能化采集、传输与处理信息的，实现随时随地和科学管理的一种网络。“网络化”“物联化”“互联化”“自动化”“感知化”“智能化”是物联网的基本特征。

“网络化”：是物联网的基础。无论是 M2M（机器到机器）、专网，还是无线、有线传输信息，感知物体，都必须形成网络状态；不管是什么形态的网络，最终都必须与互联网相联接，这样才能形成真正意义上的物联网（泛在性的）。目前的所谓物联网，从网络形态来看，多数是专网、局域网，只能算是物联网的雏形。

“物联化”：人物相联、物物相联是物联网的基本要求之一。计算机和计算机连接成互联网，可以帮助人与人之间交流。而“物联网”，就是在物体上安装传感器、植入微型感应芯片，然后借助无线或有线网络，让人们和物体“对话”，让物体和物体之间进行“交流”。可以说，互联网完成了人与人的远程交流，而物联网则完成人与物、物与物的即时交流，进而实现由虚拟网络世界向现实世界的深度沟通。

“互联化”：物联网是一个多种网络、接入、应用技术的集成，也是一个让人与自然界、人与物、物与物进行交流的平台，因此，在一定的协议关系下，实行多种网络融合，分布式与协同式并存，是物联网的显著特征。与互联网相比，物联网具有很强的开放性，具备随时接纳新器件、提供新的服务的能力，即自组织、自适应能力。

“自动化”：通过数字传感设备自动采集数据；根据事先设定的运算逻辑，利用软件自动处理采集到的信息，一般不需人为干预：按照设定的逻辑条件，如时间、地点、压力、温度、湿度、光照等，可以在系统的各个设备之间，自动地进行数据交换或通信；对物体的监控和管理实现自动的指令执行。

“感知化”：物联网离不开传感设备。射频识别（RFID）、红外感应器、全球定位系统、激光扫描器等信息传感设备，就像视觉、听觉和嗅觉器官对于人的重要性一样，它们是物联网不可或缺的关键元器件。

“智能化”：所谓“智能”，是指个体对客观事物进行合理分析、判断及有目的地行动和有效地处理周围环境事宜的综合能力。物联网的产生是微处理技术、传感器技术、计算机网络技术、无线通信技术不断发展融合的结果，从其“自动化”“感知化”要求来看，它已能代表人、代替人“对客观事物进行合理分析、判断及有目的地行动和有效地处理周围环境事宜”，智能化是其综合能力的表现。

三、物联网应用于高职院校校园管理的意义

物联网（the Internet of Things），被称为继计算机、因特网之后，世界信息产业的第三次浪潮。众所周知，因特网实现了世界上计算机与计算机、人与计算机、人与人之间的交互；而物联网则是着眼于进一步实现物与物、

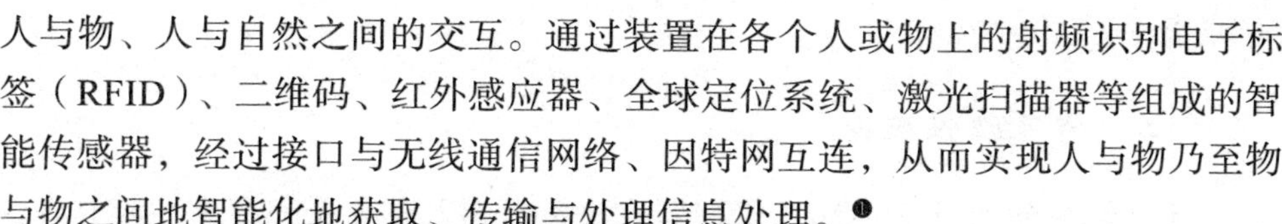

人与物、人与自然之间的交互。通过装置在各个人或物上的射频识别电子标签（RFID）、二维码、红外感应器、全球定位系统、激光扫描器等组成的智能传感器，经过接口与无线通信网络、因特网互连，从而实现人与物乃至物与物之间地智能化地获取、传输与处理信息处理。❶

由此可见，物联网既是互联网的一部分，也是互联网的重要补充和进一步发展，其发展定位是打破现有的人与人通信的模式，从逻辑世界和物理世界的角度对信息服务和应用进行有机融合，最终实现无所不在的“泛在网络”，这也是终极意义上的物联网。这种人和物有机结合的信息服务模式对于解决目前校园管理中存在的问题具有很强的针对性，当然也对其他领域的信息化管理带来了新的发展方向，所以物联网的发展和应用才会如火如荼，方兴未艾。

四、物联网应用于校园安全管理的理论依据

（一）海因里希法则

海因里希法则，是由美国的海因里希总结出来的，主要指一次严重事故的背后必然有 29 次轻微事故以及 300 起事故隐患。海因里希法则告诉我们，任何重大事故都是由众多的轻微事故组成的，而这些众多的轻微事故是我们可以预防的，我们必须要对严重事故发生前的预兆进行实时监控、及时排查，以此预防重大事故的发生。其实，“墨菲定律”也揭示着同样的道理。它主要指“即使事故发生的概率很低，但它总是会发生的，并可能会造成最大的损失”。这就告诉我们，对任何事故的发生都会有他的自身原因，也即是“事故预兆”，我们更应采取更多的防范手段，尽可能地把“事故苗头”消灭在萌芽状态。

联合国 21 世纪减灾战略宗旨提出“预防不仅比救助更人道，而且更廉价”所以，在高职院校安全管理体系中，监测、预警工作应是校园安全管理中的重点。而物联网感知层面上的 RFID 技术以及相关传感技术在监测、定位等方面发挥着巨大的作用。因此，通过利用物联网与云计算、互联网等信息技术相结合，构建科学完善的监控、预警体系，将学校安全管理的工作重点放在事故前的预防与监督工作上，尽早地发现并处理众多的轻微事故，以

❶　程家豪:《物联网中无线通信技术应用分析》,《物联网技术》，2020 年第 10 卷第 8 期，第 94 ～ 97 页。

此预防重大事故的发生。

（二）有限理性理论

西蒙认为现实生活中作为管理者或决策者的人是介于完全理性与非理性之间的“有限理性”的“管理人”。由于“管理人”受到知识、信息和能力等各种条件的制约，他们不可能寻求到“理性经济人”中所谓的利益最大化或效用最大化等最优解。因此，在“管理人”所拥有的资源范围内，尽可能地选择满足大众需求的方案。

在现实生活中，校园安全事件的不确定性是一个基本事实。而面对突发的校园安全事故时，校园的管理者就会反映出有限理性人的特征，他们中的大部分人都会依据直觉与经验分析问题，并采取相对满意的措施来处理安全事故。而且在这一过程中，管理者因为直觉、经验或信息的限制，就很容易产生从众心理，进而影响对事物的判断而驱使盲目跟从他人行为，从而会陷入圈套或遭到失败。延伸到校园安全管理当中，管理者或广大师生在面对校园安全事件的时候，会受到他人行为策略的影响而采取相同的行为策略，主要是由于管理者或者大众掌握信息不全面，而选择对他人行为策略进行模仿的过程，这对安全事件的科学处理会带来一定的影响，从经济学的视角来分析，这是信息不对称的结果。

在信息量这么大的今天，如何掌握好全面的第一手资料，则是做好决策的关键。为此，物联网在管理层与普通大众层面都发挥着积极的作用。

在校园安全管理层方面，学校在安全领域的信息化建设的过程中，往往会以“符合规定”的标准来进行建设。这极容易导致学校的安全管理技术与管理信息系统的不兼容，进而会阻碍系统与系统之间信息的传输与共享，这必然影响管理者的决策。而在校园安全管理领域里引入物联网，可让决策更加科学化。通过智能视频，可为高职院校管理者提供更多辅助决策的信息数据；通过位置传感技术，可以为管理者提供更精准、更详细的信息；通过构建的案例分析库，借助云计算技术储存与分析相关案例，为决策提供辅助参考的数据。通过一系列的物联网技术的融合，让高职院校管理者能够在面对突发的复杂事故中，依据所获得的信息数据作出更加科学的决策。

在高职院校校园安全管理的大众层面上，无论各类型的校园安全事件的发生，校园安全事件信息的透明度建设也是对高职院校校园安全的规范管理的关键环节。而物联网不仅表现出自身能获取海量数据信息的能力，而且通过互通互联的特点展现出信息数据快速传输与共享的优势。这有利于学校广

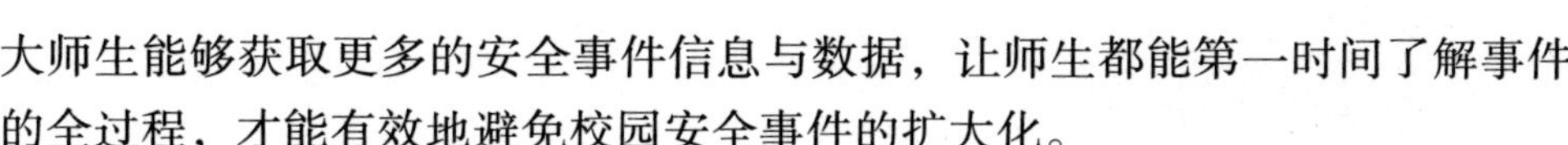

大师生能够获取更多的安全事件信息与数据，让师生都能第一时间了解事件的全过程，才能有效地避免校园安全事件的扩大化。

五、射频识别技术（RFID 技术）在高职院校校园安全管理中的应用

（一）RFID 技术应用的原则

1. 以人为本原则

高职院校校园安全管理的首要对象是人。在管理模式各要素设计的时候必须遵循以人为本的设计原则，尤其要突出以学生为本的理念。在校园安全管理方面，学校需要预防和避免学校中各成员特别是学生的生命和生活环境遭受伤害，尽最大努力、用最有效的方式保护校园里的每一位成员。另外，以人为本的设计原则还体现在发挥人的主观能动性上。高职院校校园安全管理模式的推行，是需要全校师生的积极参与和配合的。因此，本节将以学生与教师的人身安全为根本出发点来全面考虑管理方法、管理技术应用及管理流程的设计问题。

2. 系统性原则

高职院校校园安全管理模式是一个有机的系统。而 RFID 技术作为物联网技术之一，如果要在校园安全中得到广泛应用，则必须要设计与之相匹配的安全管理模式。RFID 技术的应用，更注重模式中管理要素之间的相互影响与相互关系。所以，在设计基于 RFID 技术的高职院校校园安全管理模式时，不但需要考虑 RFID 技术与校园安全管理的匹配性问题，还要考虑管理主体、管理对象、管理方法与管理流程的整体性与层次性等问题。

3. 安全性原则

安全性是高职院校安全管理模式的重要原则。RFID 技术是一个传感技术，而技术的应用是会存在安全性的问题。尤其在高职院校校园安全管理的领域中，管理的过程肯定会涉及人与信息的内容。而信息或是机密的信息在读取、传输与保存的过程中是容易受到攻击或窃取的。所以，在设计基于 RFID 技术的高职院校校园安全管理模式时需要遵循安全性原则，确保整个管理模式运作的安全以及管理系统运作的安全，这才能保证大学校园的安全。

4. 标准性原则

每一种被广泛应用的技术都要遵循其行业标准，RFID 技术也不例外。另外，安全管理方式与流程的标准化是维护大学校园安全的重要前提。因此，在设计基于 RFID 技术的高职院校校园安全管理模式时，不但要参考 RFID 技术的行业标准，使 RFID 电子标签、阅读器以及传输网络标准化，还应考虑高职院校校园安全管理标准化的问题。技术与管理的标准化才能有效规范不安全、不合法的行为，才能维护校园安全。

5. 兼容性原则

完善的管理模式或管理系统是要经过一个不断发展的过程。而本节主要是以 RFID 技术为例来设计高职院校校园安全管理模式的，而 RFID 技术只是物联网技术之一。为了更好地构建基于物联网的高职院校校园安全管理模式，则需要在设计的过程中考虑物联网技术与管理模式的共性问题。只有遵循兼容性原则，设计出来的基于 RFID 技术的高职校园安全管理模式才能兼容物联网的其他技术。

（二）基于 RFID 技术的高职院校安全管理体系架构

物联网体系架构主要由感知层、网络层以及应用层构成的，而公共安全管理流程分为对事物的监测、事故的预警及对安全事故的应对处置三个步骤。从结构上来看，物联网体系架构与公共安全管理过程有相似之处，而基于物联网的安全管理体系架构应是物联网体系架构与公共安全管理流程的相结合的产物。因此，本节在结合物联网体系架构与公共安全管理过程的基础上，提出基于物联网的安全管理体系架构主要由监控感知、精确定位、互联互通、智能决策及信息透明五个部分组成如图 3-3 所示。

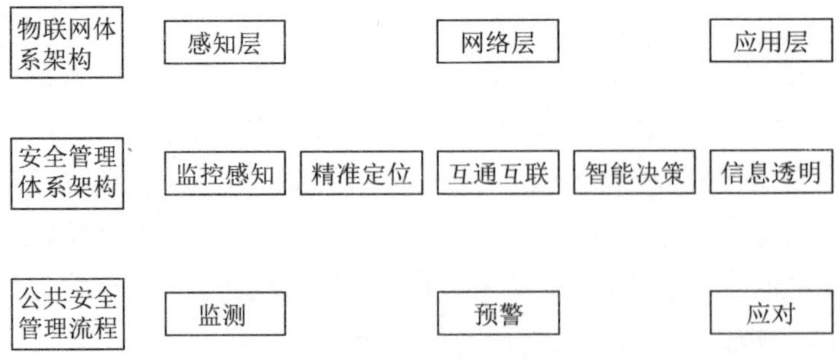

图 3-3　安全管理过程与物联网体系架构的对比分析

图 3-3 中的安全管理体系架构同样适用于高职院校校园安全管理领域。因此，本节将以安全管理体系架构内容来对基于 RFID 技术的高职院校校园安全管理体系架构进行设计。由于高职院校开放程度的提高，校园的公共安全事件呈现出多样化的特点，准确感知危险源是高职院校校园安全防范中重要的工作，而监控感知则需要通过各类传感器来实现的。RFID 作为物联网中一种重要的感知识别技术，它能通过射频信号自动识别目标对象来获取与记录其相关信息。其基本工作原理是带有 RFID 芯片的物体进入磁场后，会出现两种情况：第一种情况，无源标签或被动标签（passive tag）在接收阅读器（reader）发出的射频信号后，通过感应电流创造能量来把存储在芯片中的数据发送出去；第二种情况，有源标签或主动标签（active tag）利用自身带有的能量，根据具体的频率主动发送信号。而阅读器在获取信号后进行信号转换，并通过传输网络将转换后的数据送至数据库。

下面将以 RFID 技术为例，对高职院校校园安全管理体系架构进行设计。本节选取 RFID 技术的主要原因是它与条码、IC 卡、磁性条等其他识别技术相比，具有以下优势。①具备在高速的环境下同时识别多个目标对象，最快可达 0.5 秒；②通信具有穿透性的特点，读写器能在木材、纸条和塑料等非金属或非透明的材质进行无障碍的信息读取；③ RFID 芯片体积虽小，但容量是很大的，最大可达到数 MB；④电子标签中的信息内容是难以被伪造与更改，其信息的保密效果良好；⑤芯片具有很强的抗污染能力，水、油与化学物品等物品不会影响信号的发送与接收；⑥芯片的耐用性特强，它能多次记录及修改数据，以达到重复使用和降低运营成本的目的。

公共安全管理三要素中的技术要素，强调理念与技术的有机结合。本节构建基于 RFID 技术的高职院校校园安全管理模式，也需要强调智慧理念与 RFID 技术的结合。依据公共安全管理三要素理论与 RFID 技术的感知特点，在构建基于 RFID 技术的高职院校校园安全管理模式的技术层面上，需要以校园安全理念为核心，依托互联网技术、云计算以及通信网络等信息技术，实现高职院校校园安全管理的智能化。通过以上的介绍，发现 RFID 技术的工作原理与物联网的系统运作原理存在很高的相似度，如图 3-3 所示。因此，根据物联网的安全管理架构的工作原理将分别对感应层、传输层、支撑层（数据层与网络服务平台）、应用层、信息安全与运行安全保障五个方面的内容进行初步设计，如图 3-4 所示。其中，根据 RFID 的技术特征重点对应用层各系统模块的需求分析与模块内容进行详细地分析。

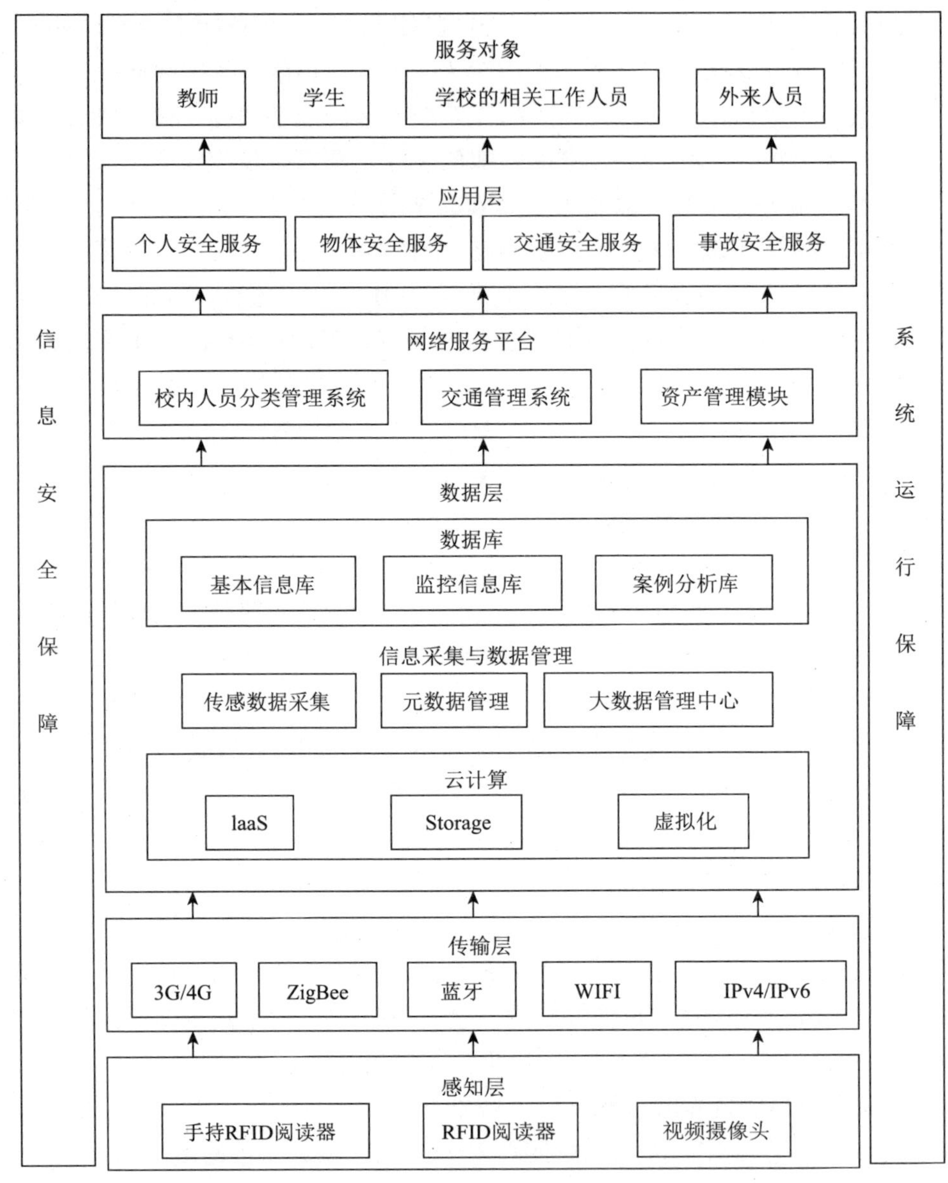

图 3-4 基于 RFID 的高职院校校园安全管理体系架构

1. 感知层

感知层，主要考虑物体信息的采集、RFID 阅读器及 RFID 芯片的选择与使用等问题。由于涉及对人与物信息的采集问题，所以此环节要遵循以人为本的设计原则。在保护每个人的合法权利的前提下，科学地收集相关的信息数据。在感知层操作方面，主要分为人员与资产两个方面。

在人员方面，首先向每位学生、教师与工作人员，以及校内其他人员采集个人身份识别信息存入信息平台中，其中包括个人姓名、院系、班级、学号、联络电话、身份证号码等个人基本信息。如果是更完善的信息系统平台，还可以收集个人的指纹图像、虹膜图像、脸面图像以及声音等个人其他身份特征的信息。通过这些信息地采集，制作成一张 RFID 卡发放给每位校内人员，对人员的身份可进行准确地辨识。对于外来人员，可利用其身份证信息写入 RFID 卡或者具有 RFID 芯片的手环，使具有 RFID 芯片的卡片或者手环具有该外来人员的个人信息，方便进行实时的安全管理。

在资产安全管理方面，主要分为学校的公共资产安全管理和师生的私人贵重财产安全管理两方面。在学校的公共资产安全管理方面，主要指高职院校中的固定资产，即学校为了教学、科研、学生管理而持有的、使用期限在 1 年以上，且价值在规定标准的非货币性资产，其中包括教研设备、学校楼体、学校场地（篮球场、足球场等）、公共设施（消防设备）、实验器材、办公用品等高职院校固定资产。在师生的私人贵重财产安全管理方面，主要指私人贵重物品，尤其是易于被偷窃以及抢劫的贵重物品，如个人的手机、计算机、自行车及汽车等。下面从重要物资的安全管理、建筑场地的安全管理以及车辆的安全管理三个方面作具体说明。

（1）高职院校中重要物资的安全管理。此部分主要探讨重要的公共资产与个人贵重物品的安全管理问题。在重要的公共资产安全管理中，管理者需要对贵重的教研设备、学校楼体、公共设施（消防设备）、实验器材、办公用品等高职院校固定资产的信息进行收集。其中，各公共资产信息包括资产设备的型号、规格、用途、所有权、使用情况及维护信息等数据资料，还有资产设备的来源渠道、来源方式及管理部门的采购合同等其他信息。如对消防栓以及灭火器等消防设备信息的收集，制作 RFID 卡，贴在相应的资产设备上，便于人工仪器与固定读卡器的自动识别。其次，对校内人员的贵重物品，根据个人需要，可对个别的私人贵重物品贴上 RFID 芯片，来进行识别。

（2）高职院校中建筑场地的安全管理。在各学院、实验楼以及行政楼等重要建筑楼体里的各部分放置读写器，如重点防护的楼体里，可采用数字阵列射频识别系统，采用分布式架构，根据室内大小情况安置一个或者多个接收器，使工作区域呈现三维空间，以便达到全面覆盖室内各个角落。当发射器处于工作的时候，能为室内的所有无源芯片提供能量，进行数据信息的传输，使中控室的工作人员能便捷地获取室内各物体的实时数据。由于该系统

可使用成本较低的无源标签，而且能够在短时间内集中收集目标群体的信息数据，能大幅度地降低管理成本。

（3）高职院校中车辆的安全管理。此部分主要是探讨校内车与校外车的安全管理问题。对于校内车辆，将采集包括车主姓名、车牌、车型等车辆的基本信息以及相关业务信息，录入 RFID 芯片里，并安装在每辆校内车里；对于校外车辆，发放 RFID 卡，记载校外车辆的基本信息，通过阅读器能够自动识别车辆的类别以及车辆权限级别，实时定位车辆的位置甚至能为车辆在校园内的行走路线的优化及停车位置的选择等作出智能指挥。

2. 传输层

传输层主要分为传感网络层以及广域网层。传感网络层包括 ZigBee、蓝牙、WIFI 等，而广域网层主要是指包括 4G 及 4G+ 网络等现行的通信网络所形成的承载网络。通过构建网络传输层来解决物联网中感知层与数据层、数据层与应用之间的信息通信问题。而在高职校园安全管理的传输层面，可以运用 ZigBee、WIFI 及 IPv6 技术为主的传感网络层与广域网层相结合的信息传输层。

在高职院校校园安全管理领域中，对于涉及范围较小的，可以选择 ZigBee 与 WIFI 的传输技术。它是一种新兴的短距离、低功耗的无线网络技术，能在局域网中进行信息传输，特别适用于几十米范围内的信息传输。另外一种短距离传输技术就是 WIFI，它是一种短程无线传输技术，能够在数百米范围内实现终端设备之间通过无线电信号相互连接的目的。这两种技术，不仅成本低，而且在短距离的传输速度很快。因此，校园安全管理范围较小的均可采用此两类技术来设计传输层。如果管理范围较广，则需要考虑广域网络，它主要是为了将数据层的信息传递到应用层的各个系统中。因此，基于 RFID 技术的高职院校校园安全管理体系架构中应用层的数据传输则需要用到 IPv6 技术。它是下一代互联网协议技术，具有地址空间大、传输速率快、更安全可靠、服务质量更高、无线通信方便等特点，为涉及融合物联网的校园安全管理架构的构建提供了技术基础。

综上，在传输层设计的过程中，不仅需要考虑数据传输的高效性与准确性，更需要考虑架构对传输技术的兼容性。因此，传输层的搭建至少还要支持 CDMA、WCDMA、GPRS 和 TD 网络，支持 PSTN 和 ADSL，支持利用现有校园网的互联网出口传输数据，这才更利于管理架构的兼容性。

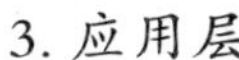

应用层主要由网络服务平台、云计算及云储存平台以及信息库等内容构成。网络服务平台以学校校园网络为基础，依靠现代化高科技手段来远程监控分布在整个学校的配有 RFC 芯片物体的实时运作情况，并搭配视频监控及感应器等相关技术，对校园内的师生、设备设施、楼体等物体进行集中监控管理。然后，运用云计算及云储存平台来提高决策能力。通过应用层的建设与完善，不断地保证各单位信息资源的共享、提高职院校内各联网单位协调保卫校园安全的运作效率及抵御校园突发事件的能力。下面将以 RFID 技术为例，分别对网络服务平台、云服务平台及信息数据库等内容进行设计。

（1）网络服务平台的建设。本节设计的网络服务平台主要由人员管理系统、交通系统以及资产系统组成。人员管理系统分为学校人员分类管理模块、开放式门禁进出自动识别管理模块及教学区与生活区定位追踪管理模块；而交通系统模块主要分为内部车辆出入自动识别管理与来访车辆出入自动识别管理：资产管理模块主要分为公共资产管理与私人资产管理。网络服务平台的设计包括需求分析、内容模块两部分的内容。

校内人员管理系统

第一，需求分析。保卫处是高职院校校园安全管理的重要部门，主要是负责全校师生的人身与财物的安全。但随着高等教育大众化的发展与高职院校开放程度的提升，除了高职院校中师生数量的急剧增长外，进出学校的校外人员也相应增大。例如，A 大学校园占地总面积 210.87 万平方米，截至 2016 年 3 月，在校各类学生已超过 48 000 人了。在面对安全管理区域的扩大与庞大的人群数量，传统的管理方法是难以实现高职院校全方位的校园安全。因此，高职院校保卫处是需要建立校内人员分类管理系统。通过运用高新科技来科学处理庞大的校园安全信息数据，不仅能有效地对校内人员的信息进行有效处理，而且能科学合法地对其进行监测。

第二，内容模块设计。校内人员分类管理系统主要实现校园里人员的自动识别、自动登记与分类以及在关键区域实行监控等功能。为此，校内人员分类管理系统主要由人员分类模块、进出识别、区域定位三个模块构成。

高职院校内人员分类管理模块：人员类别分为教师、学生、校内管理人员、其他人员以及外来访客等。通过利用芯片卡的外形、大小、颜色以及型号的差别来区分不同类型的人员。

进出识别管理模块：在图书馆、学生宿舍、教师公寓、办公楼、教学楼等主要的建筑楼体门口装置 RFID 的读卡器，只有持有学校配发的 RFID 卡才可以进出相应的建筑楼体。而该模块主要分为教学楼识别管理，行政办公楼识别管理、学生宿舍识别管理以及重点区域识别管理。而每个模块都具备自动权限识别、进出等级、异常警报、信息查询、统计分析等功能。另外，除了在门口位置装置远距离读写器来读取人员身上的 RFID 芯片信息来识别人员身份 ID 外，学校相关的安保人员还能通过手持式读写器来获取相关信息并把该信息传输到服务器上，同样能产生相关的进出记录的数据。而在重点区域的识别管理上，主要是指一些危险区域，包括施工地，保密的地方等。只要有非相关人员靠近，都会进行即时预警，预防事故的发生。

区域定位管理模块：将教学区分为教学楼、行政办公楼、实验室、食堂、体育馆，而生活区主要分为宿舍区、商业区等区域。只要佩戴了 RFID 卡的人员进入某一特定区域，定点读写器就会获取所有进入区域内的 RFID 芯片中的信息，并在数据库里生成相关的信息数据，以此鉴别进入区域中的相关人员是否具备相关权限。如发现有人进入非权限区域，监控中心会自动识别该名人员，并实时记录其行迹。而此功能的精准度会根据区域的开放程度进行合理设置如图 3-5 所示。

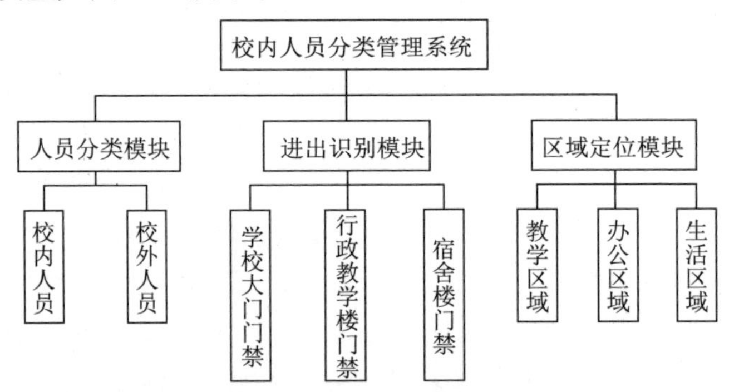

图 3-5　校内人员分类管理系统

交通安全管理系统

第一，需求分析。随着全国汽车数量的增多以及大学城的建设，进入校园的车辆数量也相应增多，加之缺乏高职院校校园内道路的长远规划与校内交通动态管理机制，校园交通安全问题日益凸显。例如，在 A 院校的校园内，虽然在部分校道上放置了上下课时段禁止车辆通行、禁止停车等警示牌。但是在食堂、学院门口和校道上都停放着车辆；也有部分校道的半边给车辆占用，给学生的出行带来了极大的不便。此外，高职院校校园道路管理的法律法规存在盲区，对于高职院校校内的道路定义、管理权限以及事故处罚方面，相关的法律法规没有作出明确的规定。在新形势下，高职院校的保卫处需要建立校园交通安全管理系统。这对全面监测校内道路的交通状况、指挥校园车辆行驶及规划学校道路等方面有着重要的意义。

第二，内容模块设计。校内交通安全管理系统能够对校内车辆实现智能化的管理，包括能对进出车辆进出自动识别并产生记录、能根据学校交通规矩来监测校内交通状况以及优化车辆行驶路线与统计分析等功能。为此，校内交通安全管理系统主要由车辆出入自动识别模块、校内路线优化模块以及校内停车模块组成。

车辆出入自动识别模块：该模块分为校内车辆管理和校外车辆管理。对于校内车主要是要进行信息登记，并在车内装置嵌入式的 RFID 芯片卡。对于装有嵌入式的 RFID 芯片卡的校内车辆只要按时缴纳相关费用均能自由进出学校。进出校门或者停车场的时候，无须停车就能实现进出自动识别，并在系统中生成车辆的进出的相关信息，监控人员就能从相关信息中辨识该车辆的类型以及收费情况等内容。对于校外车辆，则会发放临时的 RFID 芯片卡，并将该车的信息读入临时卡内，便于管理车辆的进出以及监控车辆在校内的路径。RFID 阅读器读取到临时卡的信息后也会在系统中生成相应的数据，存于外来车辆进入管理模块中，用于日后的统计分析。

校内路线优化模块：通过 RFID 技术、视频摄像头与地理信息系统的结合，保卫处能对校内校园道路的交通情况进行监控，包括对校道拥堵情况、禁入路段及禁停区域等情况。而此模块内容除了管理者后台管理外，也能把部分公共信息共享在信息平台上。例如，系统会实时显示各校道具体的交通信息，车主可以根据信息平台上所提供的信息数据选择最优路线，从而有效降低校内交通安全事故的发生。

校内停车模块：主要根据 RFID 阅读器读取的信息，监控校内的停车情况，包括停车场空位数量、乱停车辆信息。此模块内容的公共信息也能共享在学校的信息平台上，为车主提供更多的停车服务信息。另外，该模块还有校内停车位空缺率统计、车辆停车路线指示以及车辆违规停放报警等功能。

除了以上功能外，校内交通安全管理系统还有信息查询与统计分析报告的功能。不但能实时掌握校内各路段交通情况，还能对各模块信息数据进行统计分析生成分析报告。该分析报告能为日后校内交通规划提供参考依据。

资产安全管理模块

第一，需求分析。目前，高职院校保卫处对资产的保护仍是以视频摄像头、红外线等技术为主。但随着高职院校的发展，校内的公共资产与私人物品的数量会相应的增多，包括贵重的实验器材、教学器材以及具有期限的资产（如消防器）等公共资产和个人手提、手机及相机等贵重的私人物品。在面对如此繁多的贵重资产，传统的安防技术是难以实现全方位保护高职院校资产的目的。大学校园内频频出现物品盗窃案就是一个很好的例子。另外，校园内资产数量的增加，会产生海量的数据信息，包括物品的自身信息、使用情况、维修状况以及有效期等信息内容。所以，建设校园资产安全管理模块能有效对物品信息进行统一管理，又能便于管理者获取各物品的实时状态。

第二，模块内容设计。资产安全管理模块主要实现贵重物品进出的自动识别、详细信息的获取以及流动情况的监控等功能。为此，此模块主要由公共资产管理与私人资产管理两部分组成，如图 3-6 所示。

公共资产管理模块：此模块主要实现资产进出使用管理（资产权限审核与进出情况统计）与定位追踪（资产快速查找与快速盘点）等功能。首先是给每个公共物资贴上 RFID 芯片，然后把公共物资的信息内容与 RFID 芯片相匹配。只要贴有 RFID 芯片的物资经过阅读器的读取范围，系统中就能生成相关信息，包括物资本身信息、提取物资者的信息，借出与归还时间等内容。另外，该模块还有对物资进行自动清点的功能。而对于如消防器等有期限的物品，管理者不但能通过该模块查找该物品的详细信息外，还可以通过手持阅读器来收集与查询物资信息。

私人资产管理模块：该模块主要实现对个人的贵重物品进行定位追踪管理的功能。此模块的设计原理与公共资产管理模块相似，不同之处在于学校将为个人提供专属的个人账户，通过自我管理的方式对自己的贵重物品进行监控管理。而在这过程中，学校只是负责保护后台信息数据安全的工作。如图 3-6 所示，由于此模块内容涉及个人隐私问题，将采取个人自愿使用为原则。

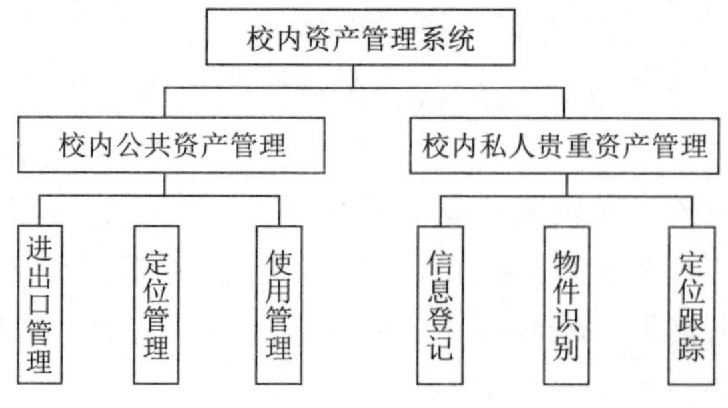

图 3-6　校内资产管理系统

（2）云服务平台。随着 RFID 读写器以及相关传感器网络大规模部署，各种终端被分布到各种各样的基础设施上，这将会产生出海量的原始信息数据，而对此大量的原始数据进行储存与运算则是需要运用云计算和云储存等云技术。云技术是利用计算机群对信息资源进行收集、优化、分配与储存的技术，它能用最高效的方法来进行计算分析数据，极大地提高网络数据的利用率，为物联网数据层提供最佳的技术支撑。而构建高职院校的云服务平台，能为构建基于物联网的校园安全管理系统提供平台后端数据库的数据处理分析能力。通过各种网络将信息与数据发送到云端进行计算和处理，经过计算和处理的信息传送到应用层以及形成最后分析报告进行发布与分类储存，为下一步的智能决策提供良好的数据支撑。

（3）信息数据库。信息数据库主要由基本信息库，监控信息库及案例分析库组成。基本信息库主要是对校内配有 RFID 芯片的物体进行统一登记，包括人员信息、场地信息、设施设备信息以及场景信息，方便定点装置的读写器与手持式读写器的实时监控，及便于学校对校内物品的统一管理。监控信息库，主要是对已登记入库的物品进行实时监控所反馈的动态信息数据，便于分析物体的现状情况与预测未来变化的趋势，为维护高职院校校园安全作出新的部署。案例分析库，主要是通过云计算、数据挖掘等互联网技术对已发生的安全事件进行分析，提取关键字，形成案例存入案例信息库中，为下一次处理同类型的安全事件提供参考依据。

4. 安全保障

（1）信息安全保障。作为一个有固定频段的 RFID 电子标签，芯片中所存储的信息在没获得管理者或用户的授权情况下是难以读取得到的。这充分体现出 RFID 芯片中信息的保密性能强的特征，但这仅仅体现于芯片卡本身而已。从一个完整的 RFID 系统来看，阅读器之间、阅读器与电子标签之间是通过无线网络、通信网络等途径进行信号传输。在信号传输的过程中，攻击者能通过干扰传输网络信号、伪造电子芯片以及使用未授权的阅读器等方式，窃取 RFID 芯片中的唯一 ID，进而获取芯片中的详细信息。这也反映出 RFID 系统容易受到攻击的特征。

基于 RFID 技术的高职院校校园安全管理系统除了涉及贵重资产的信息外，还会涉及学生与教师的个人隐私信息。为此，基于 RFID 技术的高职院校校园安全管理系统中的 RFID 标签应采用智能标签。智能标签是运用了密码学的知识来进行制作的。电子标签本身是自带保密功能的，在其基础上采

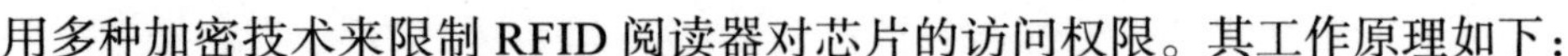

用多种加密技术来限制 RFID 阅读器对芯片的访问权限。其工作原理如下：

第一，后台数据库对 ID 的信息进行加密。然后把加密形成后的密文存于电子标签的芯片中。另外，装置带有授权书的阅读器。

第二，带有授权书的阅读器会读取带有加密功能的电子标签，获取标签中的加密信息。

第三，阅读器将标签中的加密信息发送到数据库中，而数据库会审核阅读器的授权书判断是否有获得解密的权限。

第四，审核通过后，数据库就会读取存于库中加密 ID 的信息。

在上述读取到传输的全过程里，均是密文的传输。即使在传输过程中信号受到干扰，攻击者也仅仅能获得密文，从而提高了 RFID 系统的信息安全程度。在国际上经常会用到的智能标签方法主要有散列函数锁存方法、重加密方法与二叉树方法。而在高职院校校园安全管理系统中，管理者可以采用重加密方法来提高其信息安全的保障能力。

（2）运行安全保障。基于 RFID 技术的高职院校校园安全管理体系架构的安全运行是需要有结构精简的管理主体、完备的管理内容以及先进的管理方式。在此部分，主要对 RFID 技术的使用标准与运作安全作详细说明。

在考虑到 RFID 芯片的频率特征与校园环境等条件的限制，为了使 RFID 技术广泛应用于安全管理领域，本研究决定感应层中各物体放置的 RFID 芯片使用远距离 RFID 技术。而在现阶段，比较成熟的工作频段分别是 800/900MHz 的超高频段、2.45GHz 频段和 5.8GHz 频段。由于 2.45GHz 频段和 5.8GHz 频段的 RFID 是属于有源的电子标签，其电池基本能工作 2 ～ 3 年，而 800/900MHz 的超高频段是属于无源标签，寿命一般在 10 年左右。因此，在考虑到高职院校管理中，校园交通与设施管理要满足监管范围广与维护成本低的特点，使用 800/900MHz 的超高频段的 RFID 芯片会比较符合高职院校校园安全管理的需求。这符合了中国工信部发布的《关于发布 800/900MHz 频段射频识别（RFID）技术应用试行规定的通知》中规定的频率范围（中国的超高频段的试用频率在 840 ～ 845MHz 和 920 ～ 925MHz）。由于超高频率的标签属于被动无源标签，适用 ISO/IEC18000-6/A/B/C 标准，这可被用于校园智能卡、校内交通、人与设备跟踪以及电网等设备安全管理方面，而标签读写器同样采取与标签相统一的适用标准。再者，800/900MHz 超高频段是不太适用于短距离的识别领域。因此，为了确保学校师生生命安全与财产安全，系统将会辅助采用 135kHz ～ 27.125MHz 频率的低频段 RFID 芯片，该类频段的芯片比超高频段更具成本低、功率高的优

势，能够保障在近距离能精准读取目标对象的信息。

第四节　基于 B/S 架构的高职院校后勤维护管理研究

一、C/S 模式与 B/S 模式

根据体系架构，网络环境下运行的软件可分为C/S模式与B/S模式两种。C/S 模式的软件将系统分为客户端（client，即 C 端）与服务器端（server，即 S 端）两部分，两部分通过网络进行通信，共同完成系统业务。这种架构的软件，将系统业务中需要频繁与用户交互的业务与数据，放在客户端处理完成，服务器只负责比较复杂的计算工作、业务分配管理以及系统数据的最终保存共享。

C/S 架构的软件优点是较好地平衡了服务器与客户机的负荷，由于大量的数据基本都是先在客户端处理完毕才提交到服务器，因此数据处理速度快，服务器的负荷也较轻。其基本架构原理如图 3-7 所示。

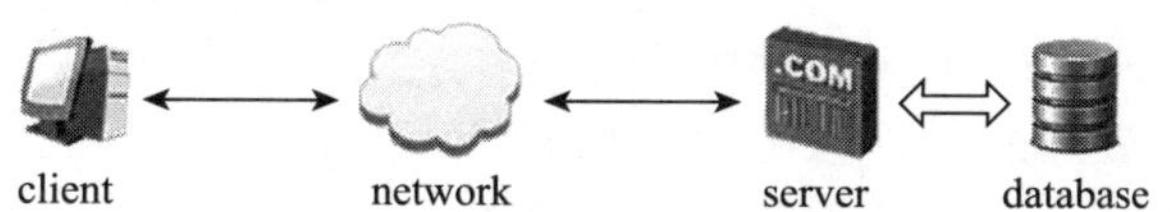

图 3-7　C/S 模式架构示意图

其缺点也很多，由于客户端程序必须与服务器端程序互联才能完成系统业务，而在复杂的网络环境中，两端的通信时间与通信质量存在不稳定性与不可靠性，因此，通常更多部署在局域网中，软件应用的地理范围有限，如果需要更大范围覆盖，通常又需要采用 VPN 通道，增加了部署成本与技术难度。此外，由于每一部客户机 . 都必须部署系统的客户端程序，而不同客户机的操作系统又可能对软件有不同的要求，因此，系统的用户扩充不易、维护更新与开发的成本都较高❶。

互联网成熟并普及以后，B/S 架构的软件开始成为一种新的选择。B/S 模式的软件将系统程序全部部署在服务器端（S 端），客户机端只需安装有 Web 浏览器（browser，即 B 端）即可通过 URL 远程访问服务器端的程序。

❶　林世鑫:《PHP 程序设计基础教程》，北京：电子工业出版社，2018 年，第 2 ～ 3 页。

全部的系统业务、数据处理与存储都完全交给服务器完成，客户机的浏览器只负责服务器的数据结果展示。

相对于 C/S 模式，B/S 模式的软件优点是很明显的。系统程序全部部署在服务器，简化了系统的业务架构，开发成本与复杂度都大大降低，后期的维护与更新基本不需再考虑客户机的环境，只要一次性对服务器中的程序更新，客户机浏览器得到的就是最新版本的程序。系统的用户扩充也容易，且使用地域基本不受限制，只需一台连接工 internet 的计算机，即可随时随地进行系统操作[❶]。其基本架构原理如图 3-8 所示。

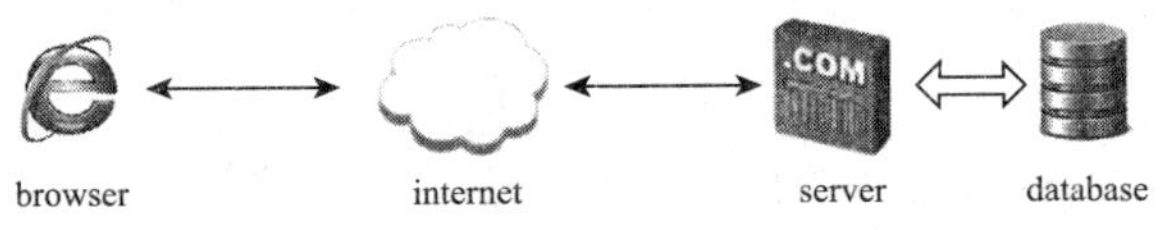

图 3-8　B/S 模式软件架构示意图

尽管 B/S 模式的软件具有服务器负荷大的缺点，但通过架设多个服务器，实现服务器之间的负载平衡，即可解决服务器的高负荷问题。例如，使用 NginX 软件，就能轻便地实现多台服务器的负载平衡。而相比较下，C/S 模式的软件，如果需要进行服务器的扩展，其工作之繁杂、成本之高、技术要求之高，远非一般企业所能承担。

此外，在数据库的连接方面，C/S 模式的软件，大多采用 ODBC 方法连接数据库，这种连接方法安全性低，允许的用户连接数也有限，且每个用户与数据库之间都会始终保持 ODBC 连接，一直占用数据服务器的系统资源，从另一方面导致了服务器负荷的增加。而 B/S 模式的软件，大多采用 PDO 或 JDBC 进行数据库连接，用户只与连接池直连，而不与数据库直接连接，从理论上讲，用户数可以是无限个。

以上各种优缺点的原因，使 B/S 模式的软件正在越来越多的应用领域中，取代 C/S 模式的软件，成为软件的主流模式。本节所研究的后勤维护系统，也采用 B/S 模式进行设计实现。

❶　王萍利：《基于 Web 的学生公寓管理系统的设计与实现》，《电子设计工程》，2013 年第 21 卷第 7 期，第 34 ～ 38 页。

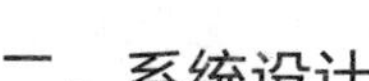

二、系统设计

（一）系统设计原则

1. 易用性

系统的“维修用户”在信息技术应用能力与意识方面，十分薄弱，为便于此部分用户的快速上手，本系统在面向用户方面，UI 设计应当尽可能简洁、清晰，便于操作，尽可能简化系统的业务流程与操作步骤，将更多的业务交给系统自动完成。

2. 实用性

面向对象院校的工作需求，综合借鉴国内同类软件的优点，以解决对象院校的后勤维护工作问题为最终设计目标。非必要性的工作需求或对解决现实工作问题、优化工作流程没有实质性帮助的元素，不展开系统功能设计。

3. 易维护性

为便于后期的维护工作，系统采取按业务活动划分功能模块的方式设计，并尽可能减少模块之间的耦合性。

4. 易扩展性

充分发挥 Web 模式软件的特点，采用模块化设计的方法，并以微信公众号菜单的形式显示操作接口，便于系统的后期扩展。

5. 灵活性

采用面向对象与面向过程相混合的程序设计方法完成整个系统的编码设计。面向对象的程序设计的优点是代码的可重用性更高，便于后期维护，同时易于进行程序扩展，缺点是运行性能相对于面向过程要低。面向过程的程序设计缺点是代码重用性低，扩展不便，但程序的流程清晰，执行效率高。PHP 语言对两种风格的程序设计方法都有很好的支持。而本系统是一个 Web 模式的软件系统，服务器对 Web 页面的解析过程，具有很强的“过程化”特点，因此，相当一部分 PHP 开发的 Web 系统都采用面向过程的程序设计方法。本系统中，灵活应用两种方法，对于数据属性突出、适合抽象与封装

的功能模块，采用面向对象的方法，对于事务流程特征明显、复用程度不高的模块，采用面向过程的方法进行程序设计。

（二）系统技术架构设计

本系统为B/S模式的软件架构，从物理上分为服务器端与浏览器端两部分。

由于需要在微信公众号下展开运行，因此，服务器端又分为Web服务器与微信服务器两部分，其中Web服务器主要运行系统本身的文件与数据库，为浏览器端提供数据服务以及系统的业务处理。而微信服务器即运行微信公众号，并为Web服务器上的系统程序提供相关的接口服务，完成面向用户微信部分的工作。

浏览器部分根据用户角色的操作需求不同，分为桌面端与手机端两部分。其中桌面端浏览器为系统管理员所用，主要通过HTTP协议，发送URL请求，访问Web服务器，获取系统服务。手机端通过微信浏览器，访问微信服务器，获取相应的接口授权，同时向Web服务器发送访问请求，获取系统数据，完成业务操作。

系统的物理架构如图3–9所示。

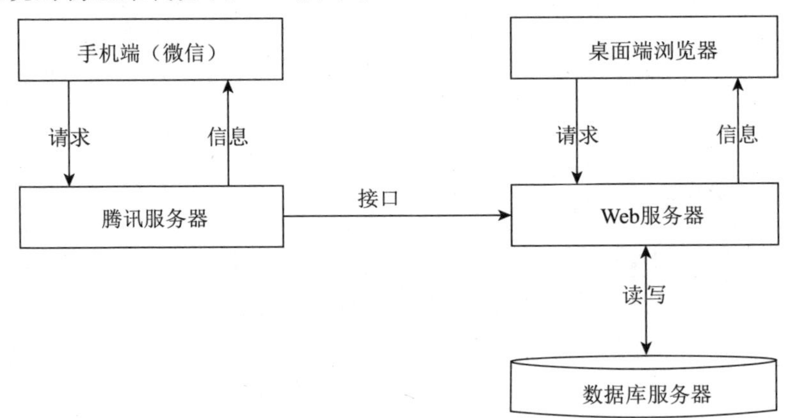

图3–9　系统物理架构图

在系统的逻辑架构上，将系统设计为展示层、应用层、业务层与数据层。其中，展示层主要以HTML编码的形式，将系统的数据结果显示在浏览器端。应用层是系统正常运行所需涉及的支持技术，包括了Web服务器端的Apache与PHP，腾讯服务器端的微信接口。业务层主要为实现系统功能的程序模块。数据层是为系统与数据库之间提供数据服务支持的PDO与SQL。

系统的逻辑架构如图3–10所示。

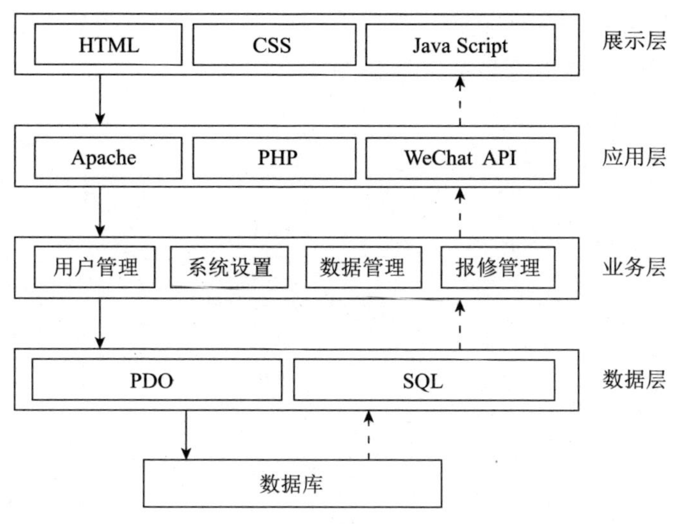

图 3-10 系统逻辑架构图

（三）主要功能模块设计

1. 用户管理模块

用户管理模块细化为登录验证、用户资料与消息推送三个二级子模块。其中，登录验证子模块又根据用户身份角色的不同，再细分为 PC 端验证与手机端验证。

系统管理员通过 PC 桌面端输入系统账户信息，包括用户名、密码与验证码，然后数据直接提交到系统服务器端进行验证。

维修员用户与师生用户通过手机端的微信关注并进入学校后勤公众号以后，在公众号中点击对应功能的公众号菜单时，系统首先通过微信的授权接口，获取该用户的微信 openID，然后与系统数据库中的用户信息进行比较，如果数据库中不存在该 openID，即说明该用户是第一次登录系统，系统返回系统账号与密码的输入页面，用户输入正确的账号与密码提交后，系统将该账号与 openID 捆绑。如果数据库中已存在该 openID，即默认直接通过验证进入菜单对应的操作页面。在此过程中，如果用户忘记自己的系统密码，可通过填写密码申请资料，提交到系统的用户资料模块审核验证，然后由用户资料模块重新生成新的随机密码，交由消息推送模块发送到用户的微信接收。

师生用户角色可填写申请资料，提出转换身份角色，成为维修员。维修员用户角色也可申请解除身份，恢复为普通师生用户角色。申请资料由系统

管理员进行人工审核。

用户管理模块的主要类图设计如图 3-11 所示。

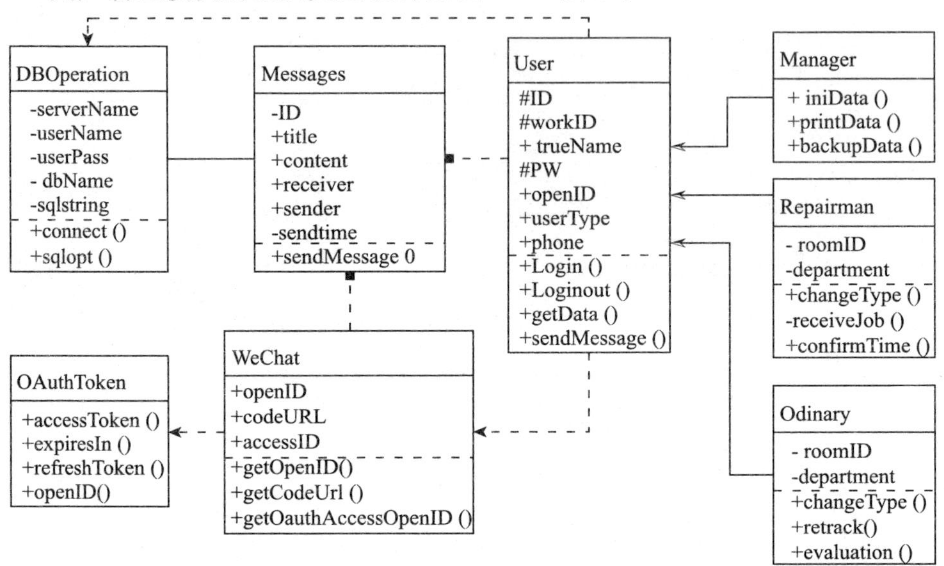

图 3-11　用户管理模块类图

师生用户的登录验证时序图如图 3-12 所示。

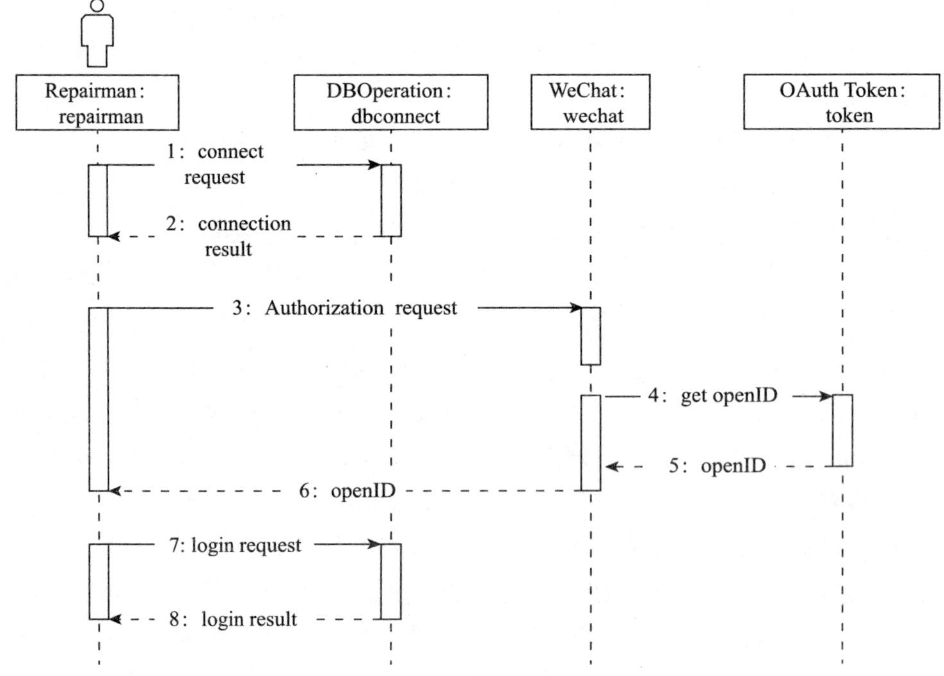

图 3-12　师生用户登录时序图

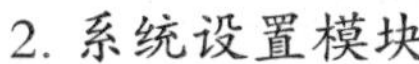

2. 系统设置模块

系统设置模块面向的用户对象为系统管理员，功能目标是在系统运行之初，完成基本的系统数据配置，或者在系统运行的某个阶段，对部分数据进行一些必要的调整。该模块根据数据类别的不同，细化为房号分配、设备配置、耗材配备、评价参数、工值参数、备份还原六个子模块。根据实际工作情况与用户的操作水平，本模块部分数据的录入操作，需提供数据批量导入与导出功能，文件格式为微软公司的 Excel。用户在系统提供的 Excel 模板中收集完成具体数据以后，通过批量导入的操作方式，快速完成数据的录入。

房号分配子模块主要用于完成全校各楼宇与房间的编号分配。主要管理的数据包括楼宇编号、楼宇名称、房间编号、所属部门、分配时间、负责人、房间类型等。其中，学生宿舍的所属部门以班级名称为内容，负责人为学生宿舍长，教师办公室的负责人为部门领导人。房间类型用于标明房号属于教师办公室、教室或者学生宿舍。在本模块中，导入 Excel 数据文件时，需对新增房号与已有房号的数据区别处理。新增房号的数据作为新的数据记录保存，已有房号的数据在原有记录的基础上进行更新处理。

设备配置子模块是为了统一系统的报修数据格式，提高报修数据的有效率而准备的。本模块将全校所有允许通过系统报修的设施设备数据，全部分类存储到系统数据库中，用户进行故障报修时，只需通过选择操作，即可指明故障设备的名称。同时，也便于系统后期的数据统计与分析。本模块涉及的数据属性主要包括设备名称、设备型号、维修难度系数、所属房间类型、供应商编号等。其中，维修难度系数一项，与工值参数子模块紧密相关，它反映了一种设备在维修工作中的难度系数，该系数直接影响完成维修工作的工酬计算。所属房间类型与房号分配模块中的房间类型一致，用于注明设备所在的房间的性质属于办公室、教室或学生宿舍。

耗材配备子模块的管理对象为日常维护中的耗材资料，主要包括耗材编号、名称、型号、价格、供应商等内容。本模块需支持 Excel 导入操作。

评价参数子模块的主要内容为设置师生用户对维修用户的评价内容与评价机制，便于在报修管理与数据管理模块中进行服务评价与评价统计。主要数据包括参数编号、评价内容、分值比例、设置时间、参数状态与失效时间六项。评价参数根据需要不同而产生修改时，每一次修改都以新的评价参数记录保存在数据库中，保留修改以前的评价设置，新旧设置通过参数编号与

参数状态识别。系统每次以最新时间的参数设置作为当前的评价机制。

工值参数子模块的管理目标是维修员用户的工酬计算标准。系统根据维修师所完成的工作量、难度系数以及工作质量，按照工值参数中设置的比重，核算每位维修人员的工酬收入，由系统管理员上报学校财务部门计发工薪。涉及的主要数据包括：工作完成量、工作难度、工作质量以及工值比重。其中工作难度来自设备配置模块中的维修难度系数。工作质量以评价参数中的评价分值为计算依据。工值比重反映前面三项重要数据在工值计算中所占的比重。

备份还原子模块用于实现系统数据的自动备份还原与手动备份还原。其中自动备份由数据库的批处理作业与计划任务共同完成，自动定时将数据库备份为 .sql 格式的文件到本地磁盘，不需程序实现。手动备份还原由系统管理员根据需要，随时进行数据备份与还原操作。

系统设置模块主要功能是数据处理，所区别的仅是数据对象的不同。因此类的设计相对简单，类图设计如图 3-13 所示。

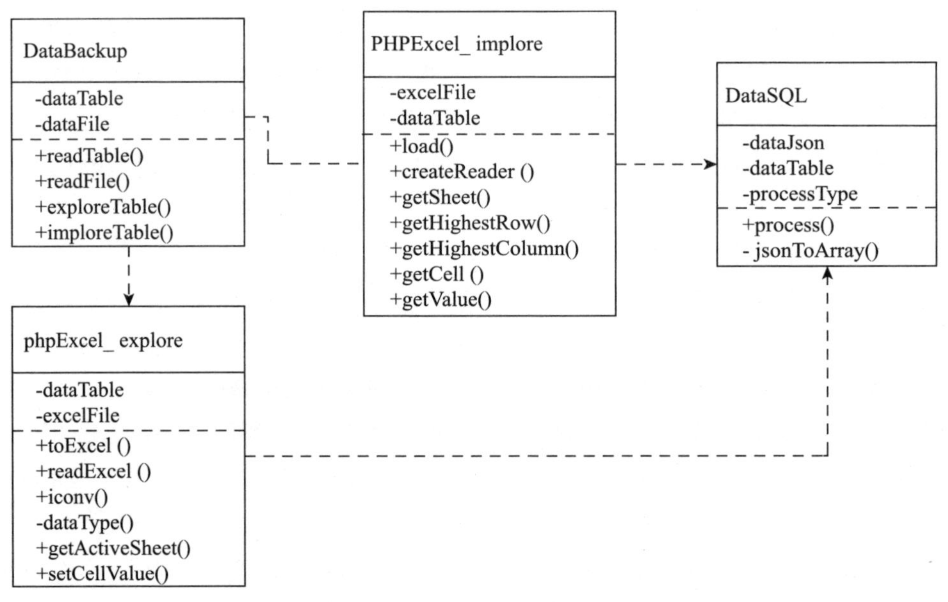

图 3-13 系统设置模块类图

3. 保修管理模块

报修管理模块属于系统自动完成模块，在操作上面向的用户角色包括师生用户与维修员用户。模块根据师生用户的报修数据，自动进行数据处理，并分别向师生用户与维修员用户返回处理结果。它细化为报单管理与任务分派两个子模块。

报单管理子模块在接收完师生用户的报修数据以后，自动对数据进行合法性检验，对不符合数据要求的报修资料退回到客户端重新填报，对检验合格的报修数据，根据系统的业务设定，自动判断是否属于重复报修，判断的条件依据是同一个房间、同一设备三天内已经存在一次报修，且维修员未做任何维修处理，即为重复报修。对于重复报修的数据，不做新处理，只向客户端返回一个提示信息，同时向原已分派任务的维修员发出微信提醒信息。判定为有效报修的数据，系统自动生成一个报修流水号，返回给报修用户并将该报修信息提交到任务分派子模块。

任务分派子模块收到报修单流水号以后，自动查询出该单号对应的报修资料，并根据系统中全部维修员的具体数据，包括：维修特长、已有任务量、可工作时间、是否已拒接该条单号，筛选决定分配该报修任务的维修人员。如果一个维修员对该条报修单号已经有过拒绝历史，系统优先考虑不分配任务给该维修员。为了提高维修响应时间，系统以“可工作时间”与“已有任务量”作为第一分配参考条件。

对于分派以后被维修员用户拒退的报修单号，任务分派子模块将记录拒退的维修员工号，然后根据分派条件重新再进行分派，直至报修单任务分派成功。报修管理模块涉及的类设计如图 3-14 所示。

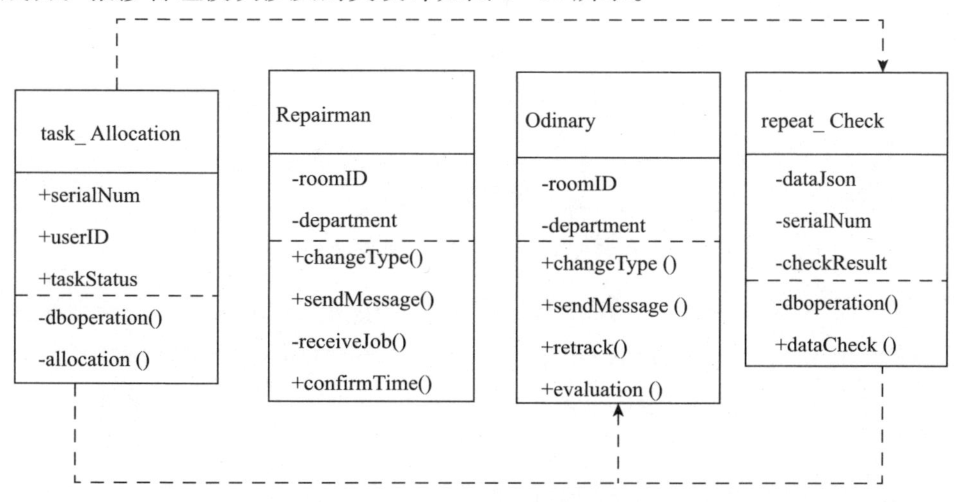

图 3-14 报修管理模块类图

报修管理模块的时序图如图 3-15 所示。

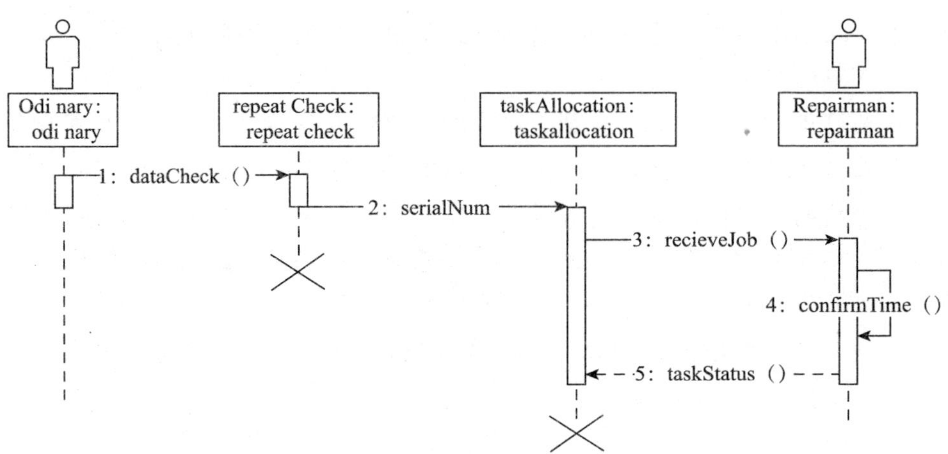

图 3-15 报修管理模块时序图

4. 数据管理模块

数据管理模块分为设备明细、耗材明细、评价明细与工酬明细四个子模块，四个子模块与用户角色之间的操作权限关系如图 3-16 所示。

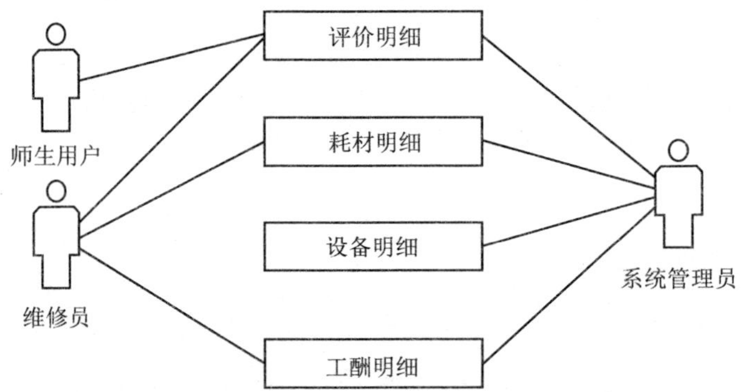

图 3-16 数据管理子模块与用户角色操作权限对应图

在四个子模块中，师生用户对评价明细子模块的主要操作是提交对维修用户的工作评价。维修员用户可以查看自己每次、每月的历史评价数据以及在所有维修员中的排名顺序。系统管理员可以按不同时间段浏览全部维修员的全部评价数据详情。

在评价明细子模块中，系统自动按月份统计、汇总每位维修员的评价数据，并将统计结果写入数据库，以供工酬明细子模块计算时使用。主要的统计数据为维修员当月的平均评价值、工作总量。该项工作由系统数据库的触发器自动完成。

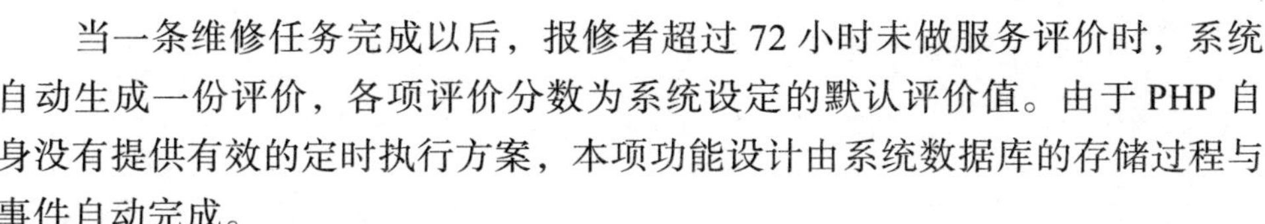

当一条维修任务完成以后，报修者超过 72 小时未做服务评价时，系统自动生成一份评价，各项评价分数为系统设定的默认评价值。由于 PHP 自身没有提供有效的定时执行方案，本项功能设计由系统数据库的存储过程与事件自动完成。

维修员可以通过耗材明细，查看维修工作所需耗材的实时库存并申请使用耗材。系统管理员可查看耗材的全部库存数据与使用记录，并根据购置情况，对耗材数据进行更新操作。

维修员在工酬明细操作中，查询自己的工酬明细以及在全部维修员用户中的实时排名。系统管理员即可查询全部维修员用户的工酬明细情况。此外，在查询相关数据的同时，系统自动完成查询结果的统计汇总。

系统管理员可以对全校的各类设备数据进行查询浏览、统计汇总与打印输出等操作。

数据管理模块中的各类操作，仅是用户的操作权限与数据所属的表格不同，因此，该模块只设计了一个 DataQuery 类，根据用户的权限与操作的不同，进行不同的数据操作，并返回数据结果。

（四）数据库设计

1. 数据库的 E-R 图设计

本系统的数据库一共有 22 张数据表，分别是用户表（users）、身份转换申请表（identify_apply）、用户登录日志表（user_login）、用户房间分配表（user_room）、用户短信息表（message）、楼宇信息表（building）、部门信息表（department）、房间信息表（room）、设备基础信息表（device_info）、房间设备配置表（room_device）、耗材基础信息表（material_info）、耗材采购表（material_buy）、耗材使用表（material_use）、耗材供应商表（material_saler）、报修表（repair）、维修任务分派表（repair_arrange）、工作量表（workload）、评价参数表（evaluate_parameter）、虚报维修确认表（pad_repair_confirm）、评价表（evaluate）、工酬表（work_pay）与系统基本设置表（system_setting）。

根据各数据实体的主要属性互相之间的关联性，E-R 图设计如图 3-17 所示。

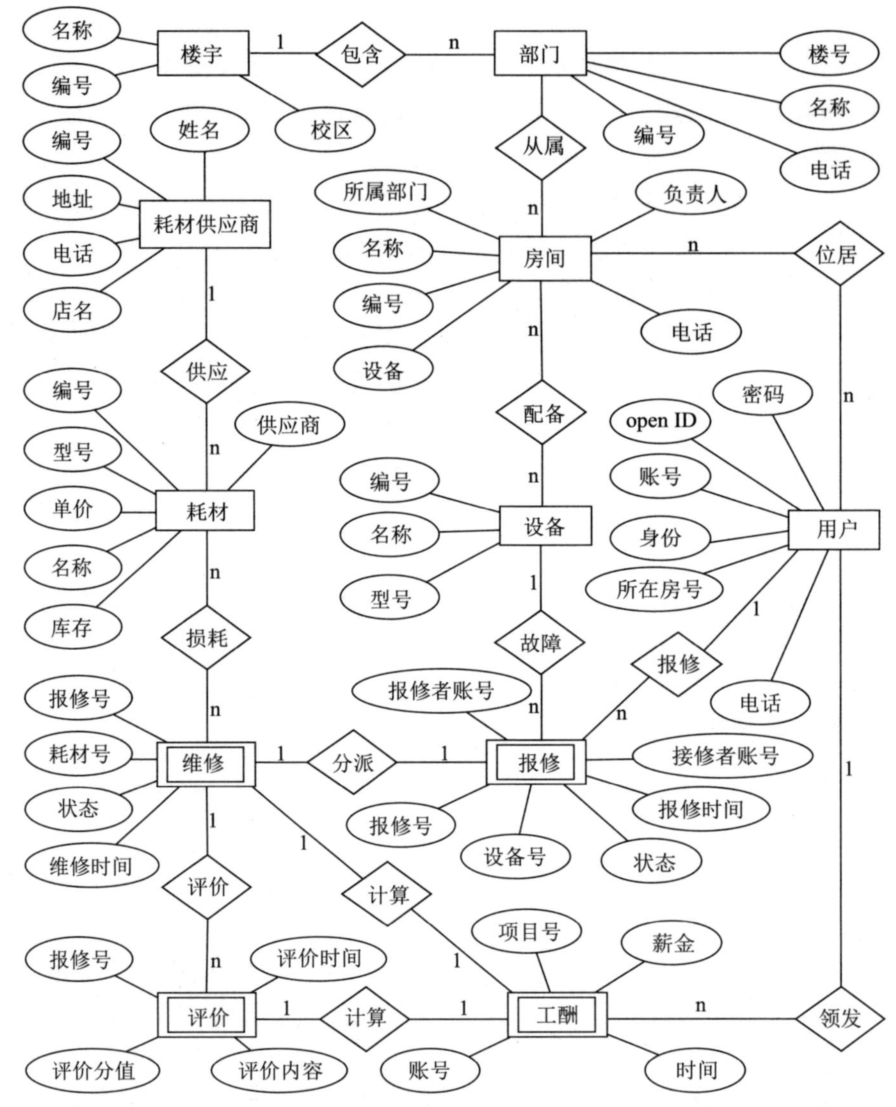

图 3-17 系统数据库 E-R 图

2. 数据表的详细设计

在 MYSQL 中，数据表的设计，主要体现在字段名、数据类型、字段长度、主键设置与是否可控五个方面。在本系统数据表的具体设计中，数据表与字段的命名遵循以下规范约束：

（1）数据表名采用小写英文单词，多个单词之间用下划线 _ 连接；

（2）属性字段采用英文单词命名，首单词小写，后续每个单词首字母

大写。

各数据表的具体设计分别如下：

（1）用户表（users）主要包括的属性字段有：用户账号（userID）、微信 ID（openID）、真实姓名（trueName）、用户密码（userPassWord）、身份标识（indentify）、用户头像（userpicture）、技能特长（Skill）、工作开始时间（startWorkTime）、工作结束时间（endWorkTime）、是否全职（is-FullTime）、联系电话（tellphone）、是否采购人（isbuyer）。用户表的具体设计如表 3-2 所示。

表 3-2　用户表结构设计

字段名	字段含义	数据类型	长度	主键	为空	说明
userID	用户账号	Varchar	8	Y	N	
openID	微信 ID	Varchar	30	N	Y	
trueName	真实姓名	Varchar	8	N	N	
userPassWord	用户密码	Varchar	40	N	N	默认值 123 456
indentify	身份标识	Int	1	N	N	1，2，3，默认值 3
userPicture	用户头像	Varchar	100	N	Y	
skill	技能特长	Int	100	N	Y	1，2，3，默认值 2
startWorkTime	工作开始时间	Time	8	N	Y	
endWorkTime	工作结束时间	Time	8	N	Y	
isFullTime	是否全职	Int	1	N	Y	0：否，1：是
tellphone	联系电话	Varchar	11	N	N	
isbuyer	是否采购人	Int	1	N	N	0：否，1：是

身份标识字段（indentify）的值分别为 1，2，3，其中 1 表示系统管理员，2 表示维修员，3 表示普通师生用户，默认值为 3。技能特长（skill）字段的值分别为 1，2，3，其中 1 表示全面型技能，2 表示胜任普通水电维修，3 表示胜任特殊类维修，默认值为 2。是否采购人字段的默认值为 0，1 表示具备采购人的身份权限。

（2）身份转换申请表（identify_apply）主要用于记录普通师生用户与维修员用户两种角色之间，进行用户身份转换的申请与审核记录。包括的属性字段有：申请号（applyID）、用户账号（userID）、申请时间（applyTime）、审核状态（checkStatus）、审核时间（checkTime）。身份转换申请表的具体设计如表 3-3 所示。

表 3-3 身份转换申请表结构设计

字段名	字段含义	数据类型	长度	主键	为空	说明
applyID	申请号	Int	11	Y	N	自动增加
userID	用户账号	Varchar	8	N	N	userID
applyTime	申请时间	Datetime	8	N	N	
checkStatus	审核状态	Int	1	N	N	值：0，1，2
checkTime	审核时间	Datetime	8	N	N	

审核状态字段（indentify）的值分别为 0，1 与 2，其中 0 表示未审核，1 表示审核通过，2 表示审核未通过。默认值为 O。

（3）用户登录日志表（user_login）用于记录用户的每次登录行为，其中的数据，既可必要时用于系统的安全防范检查，也可用于用户的行为数据分析。该表包括的属性字段有：登录号（loginID）、用户登录账号（user-LoginID）、登录时间（loginTime），登录 IP（loginIP）、登出时间（logout-Time）。具体设计如表 3-4 所示。

表 3-4 用户登录日志表结构设计

字段名	字段含义	数据类型	长度	主键	为空	说明
loginID	登录号	Int	11	Y	N	自动增加
userLonginID	用户登录账号	Varchar	30	N	N	userID，openID
loginTime	登录时间	Datetime	8	N	N	
loginIP	登录 IP	Varchar	20	N	N	
logoutTime	登出时间	Datetime	8	N	N	

登录账号字段（userID）的值，可以是微信的 openID，也可以是系统账号，即工号或学号。登录 IP 字段（loginIP）使用 IPV4。

（4）用户房间分配表（user_ room）中存储的是全校普通师生用户所在的办公室、宿舍与教室的对应数据。普通教师对应其所在的办公室，教务员既对应其所在的办公室，也对应其所在系的全部流动教室。学生既对应其所在的寝室，也对应其所在班级的固定课室。该表包括的属性字段有：分配号（allotID）、用户账号（userID），房间编号（roomID）、分配时间（allot-Time）。系统操作时，每一次进行人员的房号分配调整时，都将新的分配方案作为新增记录存储入库，报修管理时，将最新的分配时间作为有效分配方案。具体设计如表 3-5 所示。

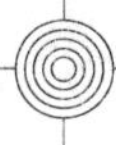

表 3-5　用户房间分配表结构设计

字段名	字段含义	数据类型	长度	主键	为空	说明
allotID	分配号	Int	11	Y	N	自动增加
userID	用户账号	Varchar	8	N	N	userID
rooID	房间编号	Varchar	7	N	N	
allotTime	分配时间	Datetime	8	N	N	
allotStatus	分配状态	Int	1	N	N	0，1，默认值 1

（5）用户短信表（message）用于保存系统与用户之间的微信短信内容。该表包括的属性字段有：信息号（messageID）、发送账号（sendID）、接收账号（receiveID），信息内容（message）、发送时间（sendTime）以及信息类型（messageType）。具体设计如表 3–6 所示。

表 3-6　用户短信表结构设计

字段名	字段含义	数据类型	长度	主键	为空	说明
messageID	信息号	Int	11	Y	N	
sendID	发送账号	Varchar	8	N	N	自动增加
receiveID	接收账号	Varchar	8	N	N	userID
message	信息内容	Text	200	N	N	userID
sendTime	发送时间	Datatime	8	N	N	
messageType	信息类型	Varchar	12	N	N	

（6）楼宇信息表（building）用于保存全校各幢建筑物的基本信息。该表包括的属性字段有：楼宇号（buildingID）、楼宇名称（buildingName）、所在校区（campus）。其中楼宇号采用两位整数格式编码。具体设计如表 3–7 所示。

表 3-7　楼宇信息表结构设计

字段名	字段含义	数据类型	长度	主键	为空	说明
buildingID	楼宇号	Int	2	Y	N	
buildingName	楼宇名称	Varchar	20	N	N	
Campus	所在校区	Varchar	10	N	N	

（7）设备基础信息表（device_ info）用于存储各种水电与生活设备的基本信息。包括的属性字段有：设备编号（deviceID）、设备名称（deviceN-ame）、设备型号（deviceVersion）、维修难度系数（defficultDegree）。设备编号采用 D+ 年份 + 月份 + 三位序号编码格式，具体设计如表 3–8 所示。

表 3-8　设备基础信息表结构设计

字段名	字段含义	数据类型	长度	主键	为空	说明
deviceID	设备编号	Varchar	10	Y	N	D201702 001
deviceName	设备名称	Varchar	20	N	N	
deviceVersion	设备型号	Varchar	30	N	N	
defficultDegree	维修难度系数	Int	1	N	N	1，2，3

维修难度系数字段用于表示该种设备维修工作的困难度，分为三级，默认为 1 级，即普通级，2 级为困难级，3 级为技术级。

（8）耗材基础信息表（material-info）用于存储后勤维护过程中，各种消耗品的基本信息。（materialName）包括的属性字段有：耗材编号（materialID）、耗材名称（materialPrice）、型号（materialVersion）供应商编号（salerID）、计量单位（materialUnit）、单价库存量（storeQuantity）。具体的结构设计如表 3-9 所示。

表 3-9　耗材基础信息表结构设计

字段名	字段含义	数据类型	长度	主键	为空	说明
materialID	耗材编号	Varchar	10	Y	N	M201702 001
materialName	耗材名称	Varchar	20	N	N	
materialVersion	型号	Varchar	30	N	N	
materialUnit	计量单位	Varchar	4	N	N	包、盒、袋、件
materialPrice	耗材名称	Float	5	N	N	
SalerID	编号	Varchar	4	N	N	S001
store Quantity	单价库存量	Int	3	N	N	

（9）评价表（evaluate）是师生用户对维护工作具体评价数据的存储表，也是计算维修用户的工酬的一个重要数据来源。它包括的属性字段有：评价号（evaluateID）、报修流水号（serialID）、评价项目号（parameterID）、评分（score），评价时间（evaluateTime）与评价类型（evaluateType）。具体结构设计如表 3-10 所示。

表 3-10　评价表结构设计

字段名	字段含义	数据类型	长度	主键	为空	说明
evaluateID	评价号	Int	11	Y	N	自动增加
serialID	报修流水号	Varchar	12	N	N	
parameterID	评价项目号	Int	11	N	N	
score	评分	Int	1	N	N	1，2，3，4，5
evaluateTime	评价时间	Datetime	8	N	N	
evaluateType	评价类型	Int	1	N	N	1，2

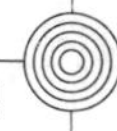

3. 存储过程与事件设计

为保证维修员用户的全部维修记录都得到相应的评价，以准确、有效地计算维修员的劳动报酬，必须对所有已经完成维修记录进行完整的工作评价。而由于师生用户可能会忽略对维护工作的评价，从而导致数据不完善，因此系统必须能够自动对未及时评价的维修记录进行评价。

由于 PHP 在定时自动执行程序上，并没有提供有效的技术支持，因此借助 MYSQL 的存储过程与事件计划来实现上述功能。而 MSYQL 也不可能全天频繁地调动事件对数据库进行扫描，这样将耗费大量的服务器资源。根据用户行为发生的时间段特性，设计为每天凌晨两点，数据库自动启动事件一次，调用存储过程，完成自动评价功能。

三、B/S 架构在高职院校后勤维护管理中应用的展望

系统目前只完成了第一个版本的开发，还存在不少问题，有待在后续版本的继续开发中进一步完善，目前比较突出的不足主要有以下几点：

（1）限于财务管理制度的制约，系统未能对维修工作中所产生的费用，实现在线即时支付，只能依靠系统外的工作来完成，增加了人力行为的工作量。

（2）由于技术条件与知识能力的原因，未能实现让维修人员对报修任务进行“抢单”的功能，一定程度上削弱了系统对提高维修人员的工作主动性的影响。在后期的运维过程中，对该问题的思考重点在于“如何实现抢单与自动分派同时并存，一定时间内无人抢认的维修单，由系统自动分派”。

（3）限于 PHP 的技术机制与知识能力的制约，系统中一些需要使用定时执行技术的功能，没有深入开发，一定程度上影响了系统的自动化程度以及系统能力的发挥。例如，自动提醒维修用户上门服务、每 24 小时自动扫描未确认的任务分派等功能，都有待进一步加强。第二版本的开发计划是在服务器端引入新的技术机制，与 PHP 配合完成这些功能的实现。

（4）系统的“自动派单”功能的算法简单，目前主要基于维修人员的现有工作量与拒单数据进行分派，这样的分派结果是使维修工作任务量的分派最终趋于平均化，避免了个人承担大量任务的情况。但在结合维修人员的工作时间、工作质量以及技能专长等因素方面，显得不足。如何权衡上述因素对维修人员工作量的影响，设计一个科学合理的派单算法，使系统的任务分派既能避免集中化，又能较好地适应维修人员的综合情况，需要一段时间的

调整实验与数据采集，也是下一版本要研究的一个重点。

（5）系统的数据库未做深层次的优化处理，当系统的数据量规模达到一定的程度时，估计会产生响应时间与用户体验上的缺陷，这是系统后期的运维中，需要继续关注并改善的问题。

（6）系统的数据管理模块中的统计汇总子模块，技术流程上采用的是Ajax请求数据，PHP服务器端发送完成数据以后，用JavaScript在浏览器中绘制生成统计图表。从目前的测试结果来看，当请求的数据量过大时，系统的响应效率较低，对用户的交互体验有一定的延时影响，需要在后期开发中继续改进算法或技术流程。

第五节　高职院校节能监控平台建设研究

一、建设目标

（1）摸排校园计量网络现状，完善计量关系网络，建立布局合理、计量科学的计量系统。

（2）实现全校能源分类分项计量及运行监管功能，为学校管理者提供决策支撑。

（3）灵活的能耗数据统计与分析，实现故障的研判和用能预测，优化能源调度运行方案，有效降低能耗。

（4）能耗数据实时在线自动采集与存储、计量设备的在线访问与监测。

（5）不同类别计量设施，不同类型采集设备等异构数据源的整合集成。

（6）建立一个能与其他平台共享数据，能从其他接口获取数据的能源消耗数据中心。

节能监控平台建设的最终目标应是实现“六化”，即：能耗数据化、数据可视化、节能指标化、管理动态化、决策科学化、服务人性化。其中，能耗数据化和数据可视化体现能源监测功能，即可通过各类终端计量表具的建设，完成能耗数据的数字化采集、统计和分析；节能指标化和管理动态化体现能源监管功能，即可通过对各类能耗数据的分析，制订合理能耗指标，实现定额化管理、预测性管理；决策科学化和服务人性化体现管理水平，是节能监控平台建设的核心目标。

二、系统规划

（一）软件架构

通信模式如下。

（1）系统交互：采用 TCP/IP 协议。

（2）系统与数据采集网关：采用 TCP/IP 协议或 485 协议，或其他通用标准协议。

（3）数据采集网关与电能表：采用 TCP/IP 协议、485 协议、MBUS 协议或其他通用标准协议。

（4）物理链路：主干网络采用光纤通信、局部光纤和通信电缆、特殊位置可以考虑无线通信。

系统采用 B/S 架构，基于面向服务构架（SOA）。

应用系统从软件层次，上主要分为基础设施、数据层、服务层、展示层。各层次的作用说明如下：

（1）基础设施。基础设施是保障节能监管平台正常运行和扩充的基础。包括网络、路由器、采集仪表、数据网关、服务器、客户端硬件、服务器系统软件、数据采集、监管平台对接的应用运行的基于标准协议的信息软件。

（2）数据层。数据层是系统的基础，处理能耗数据的采集、处理、上报、接收、存储、监测、决策控制、收费等。通过网络、硬件、采集仪表、采集器完成用电实时能耗数据的采集、预付费管理等；对于外部系统数据，通过系统的接口服务完成与外部系统的数据交换。

（3）服务层。服务层可分为基础服务层和应用服务层。基础服务层提供业务组件服务和公共组件服务。基础服务层的数据二次计算服务，通过对原始采集数据进行加工处理后储存到业务数据库。应用服务层把复杂的业务逻辑、庞大的基础数据复杂的数据格式等封装成服务，对封装的服务进行自由组合与编排，快速进行不同应用模块之间的互联互通和数据交换。

（4）展示层。展示层是面向社会的公开数据，主要展现能耗公示、用电查询、地图等。

各层次需要将业务数据和执行逻辑尽量分离，为了建立各层之间的松散耦合的关系，各层通过统一的服务接口来传递数据，形成具有高度可扩展性的应用平台架构。

（二）技术路线

（1）利用传感器网络、数据网关、前置数据中转站组成的多级硬件架构体系和分布式数据库技术，构成开放分布式实施数据采集系统及快速、实时的数据处理体系，使系统能够很好地支持不同类型的传感器。

（2）利用 SOA 的架构实现校园内部其他应用、上级主管单位业务系统与能源监管平台之间业务逻辑及数据整合，形成一个有机的多层次分布式实时数据处理系统。

（3）各个分系统之间的衔接采用松散耦合的形式，以降低整体复杂性和依赖性，使应用程序环境更敏捷，能更快地适应业务逻辑变更，降低系统风险，使系统维护更方便。

（4）采用 SOA 客户形式调用能源监管平台的数据服务并整合显示，提供用户便捷、直观的功能界面，使能源使用情况直观显示在用户界面中，帮助用户全面了解校园整体能源使用状况及趋势。

总体技术路线图及框架图如图 3-18、图 3-19 所示。

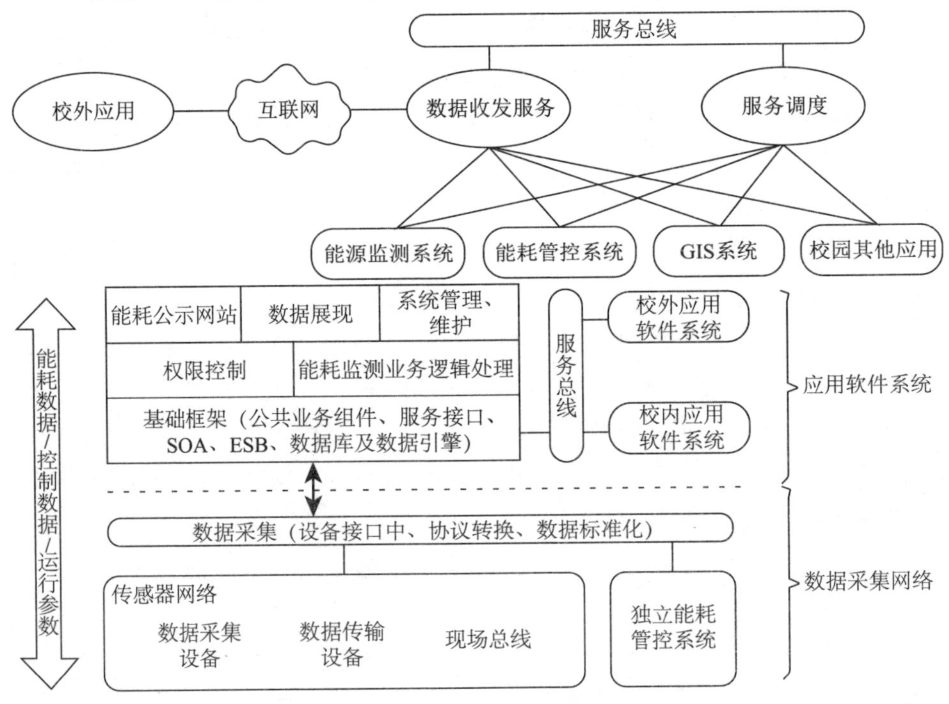

图 3-18　总体技术路线图

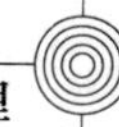

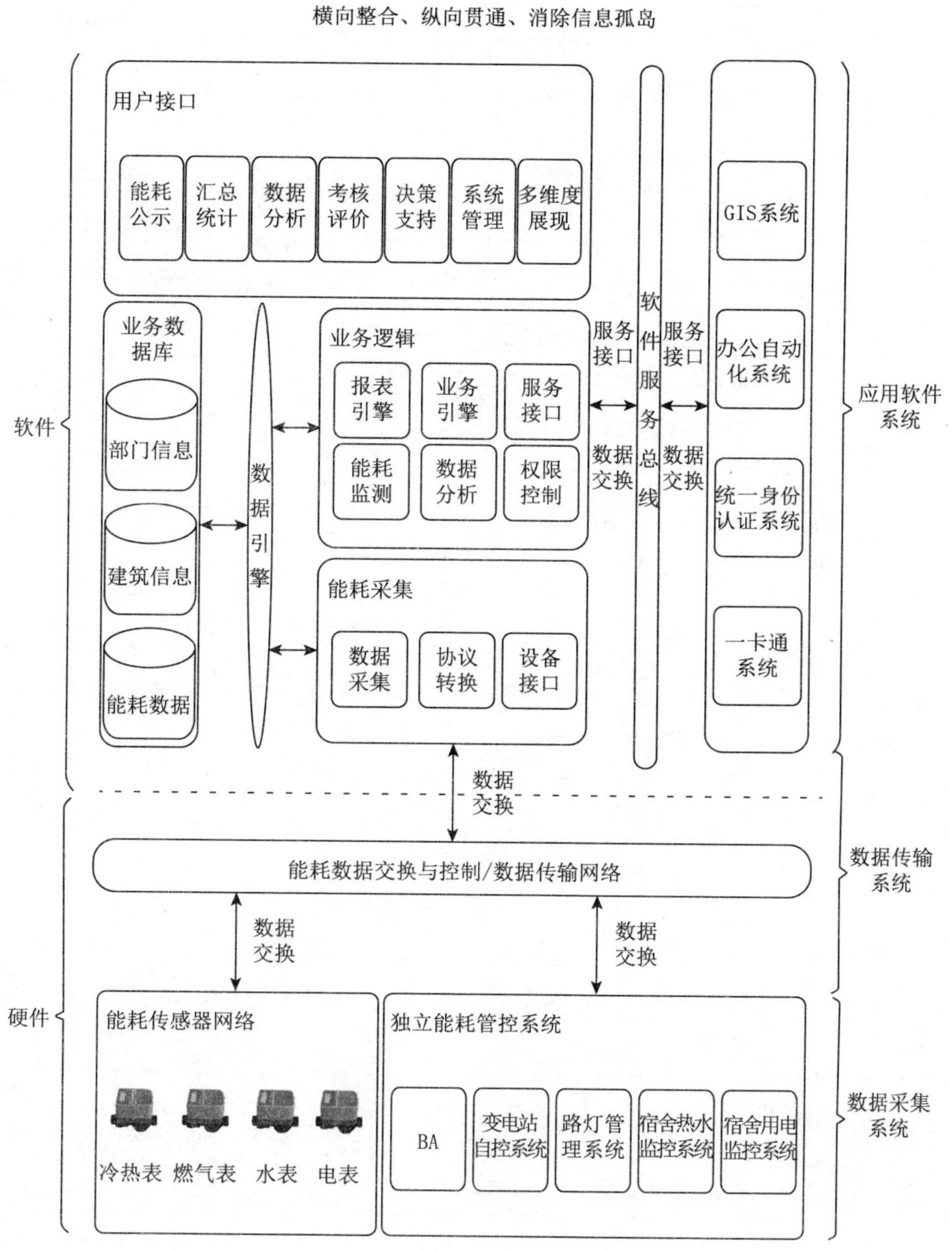

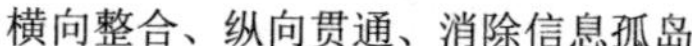

图 3-19　总体技术框架图

（三）数据整合

系统根据学校实际情况采取数据库接口模式（图 3-20）和 Web Service 模式（图 3-21）与现有数据进行整合。

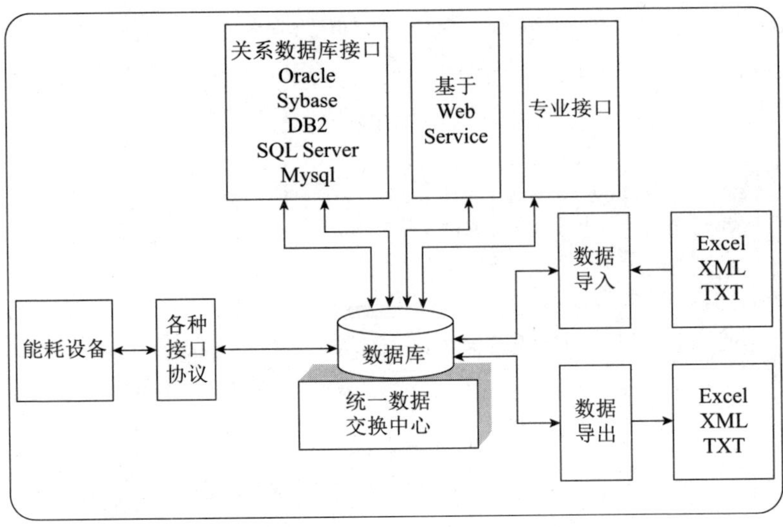

图 3-20 数据库接口模式图

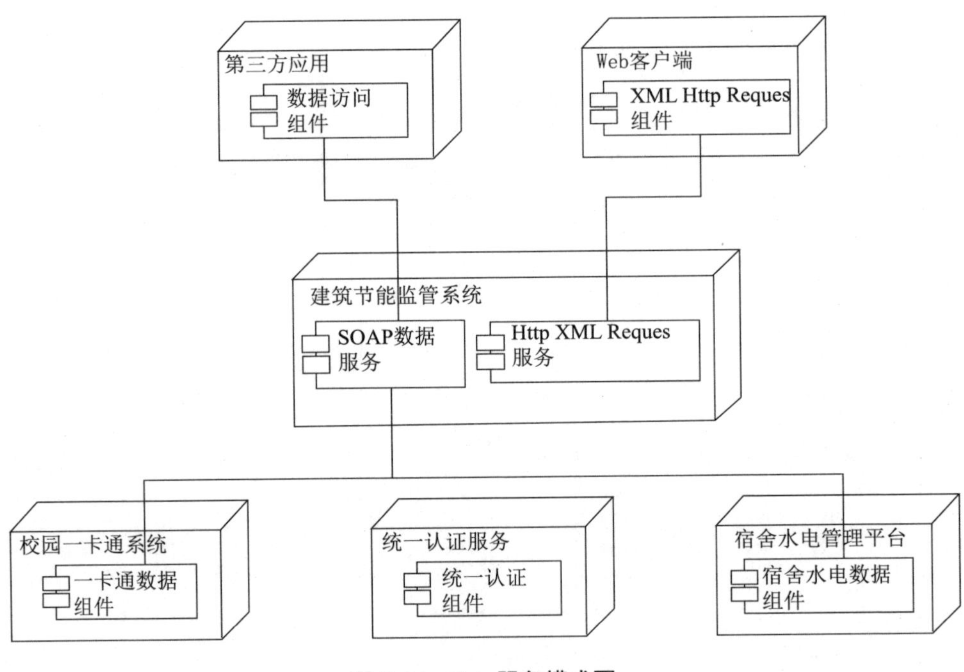

图 3-21 Web 服务模式图

1. 数据库接口模式

学校内部在应用系统数据时采用数据库接口模式。数据库接口模式主要是指两个独立应用系统的数据交换，基于标准的 SQL 实现数据库的互操作。

前提是两方的数据库要互相开放，而数据库的安全性则由各自系统的安全权限来控制。数据库接口模式由管理员定义需要同步的表，由数据交换接口根据管理员设置的时间完成表数据的交换或同步更新。数据库接口模式需校方信息管理中心同意才能执行。

2.Web Service 模式

能利用 Web Service 接口将本系统数据上传到，上级监管平台、校园一卡通或向外部提供有关系统数据和系统管理的操作，获取平台有关信息。

（四）功能介绍

节能监控平台采用“1 十 X”模块化设计，平台软件和各子系统或功能模块应具备标准第三方接口，以下各项子系统均可根据具体情况进行组合互联互通使用。

1. 基于 Web 的现场监控组态

平台客户端采用 Web 方式，在浏览器上可以实时配置平台内各种硬件信息，并能实时监控设备的运行状况，具有数据网关管理、在线网关配置、表计管理、在线设备管理等功能。

2. 短信报警与查询服务平台

节能平台内有短信平台，当平台监测到异常状况时可以通过短信给相关人员报警，用户也能通过短信关键字查询平台内的相关信息。

3. 实现专业的在线报表服务

安装报表控件后，用户可以在浏览器上实现报表的浏览、打印、导出等工作；平台自带专业的报表设计器，用户可以根据自己的需求修改平台内的统计报表。

4. 与第三方系统无缝衔接

平台采用 ESB 服务总线模式兼容第三方系统，平台只需为第三方系统开发一套适配器接口，系统之间的数据和互操作指令通过 XML 文件传递。

5. 支持多样的设备通信接口

平台使用的数据网关能兼容 RS485、MBUS 的通信接口，并支持 GPRS 通信。

6. 支持通用的数据库存储管理

本平台支持 Oracle、MySQL、SQL Server、PostgreSQL 等多种国际主流关系型数据库。

7. 丰富多样界面表现形式

界面的表现形式不仅有图表显示、报表显示，还有地图数据显示，配电管理中将配电房内结构用一次接线图、二次接线图的方式显示，给水管网中将单位的用水管道以管网方式表现，并将管网以图层的方式表现在单位三维地图上。

（1）系统概述。为了实现节能管理和控制，必须在电能计量管理系统、给水管网检测系统等基础上，通过数据融合、数据挖掘及远程动态图表生成等技术，实时从能源监管平台提取数据；通过地域导航、定位监测的方式，形成直观的数据展示和数据综合分析；通过对海量能耗数据的综合处理与运算，形成各类统计学图表，实时反映历史能耗对比与未来能耗趋势。从而实现能源指标的合理度评价、能耗走势的科学管理。

系统实现的功能与技术指标包括：①能耗数据采集；②综合能耗数据监管；③能耗信息公示管理；④能耗数据分析；⑤能耗审计；⑥能耗数据统计；⑦能源数据预算；⑧节约型单位指标考核；⑨节约型单位指标考核能耗综合报表；⑩考核能源手工录入。

（2）能耗数据采集。

第一，数据采集层。数据采集层核心设备一般由远传电表、水表、燃气表、暖气表、数据网关、多功能测控模块、无线短距离通信模块等计量控制仪表构成。数据采集层对各监测点的能耗数据进行实时采集，再通过网络将能耗数据实时传输到数据中心。平台提供详细的电表和采集器的通信规约，只要符合规约，平台就能采集相应的能耗数据。

第二，数据传输层。传输层可分为上层传输层和下层传输层。下层传输层即现场数据实时传输网络，采用 485 总线通信方式，总线有效通信距离不大于 1km。上层传输层为有线方式或无线方式。有线方式利用网络，采用

TCP/IP 协议，由数据采集网关将标准通信信号转换成 TCP/IP 协议；无线方式作为对布线难度较大的区域一种补充，可以采用 GPRS、WIFI、LORA 等通信方式。如遇到网络故障，数据网关会继续采集能耗数据，当网络恢复时将断网期间数据主动上传至数据中心实现断点续传功能。

（3）综合能耗数据监管。

第一，基本信息预览。基本信息是通过图、表等形式对各组织结构基本信息（包括行业代码、用能人数、用能面积、人均能耗、面积能耗等）的罗列及描述。

第二，能耗信息公示管理。通过 Web 方式向公众公示各建筑的能耗情况，按照不同监测对象进行分类分项汇总和排序，生成用能、人均用能，以及单位面积用能 TOP10 及对应表。社会公示：展示导则要求所有单位信息，包括建筑基本信息、能耗水耗指标、节能指标、节能改造项目等。

第三，能耗数据分析。能耗数据分析能源分析是从结构上分析各能耗情况。单位能耗：各机关单位能耗数据（电、气及其他手工录入的能耗信息）。人均能耗：各机关人均能耗数据（电、气、煤石油等）。人均水耗：各机关人均水耗数据。

第四，能耗审计。能耗指标审计，根据已经分配的能耗指标，定期对监控对象进行指标审计，随时发现能耗超标状况，提示并监督目标，调整、完善节能工作。其包括能耗指标检测、建筑能耗审计等。

综合报表用来将各能耗数据按年、月生成能耗报表及账单，并在连接打印设备的情况下支持直接打印。其包括月分类能耗、年分类能耗、月能耗账单、年能耗账单四种形式报表。也可根据用户需求提供的 Word 文件格式，自动填充动态能耗数据，生成能耗分析报告，并可导出 Word 文档。

能耗指标检测：对已分配了的指标用户进行用能审计及浏览。

建筑能耗审计、部门能耗审计：根据建筑或部门一年用能概况、能源设备、节能监管等工作进行审计，并生成可用的能耗审计报告以供提交上级部门进行审计工作。

第五，能耗数据统计。能耗数据统计是对各能耗实时监测数据进行统计并对其进行综合对比分析的过程。其包括同期对比，分类部门、同类部门对比，分项电耗对比等统计分析。

同期对比：对手动选择的三个需要对比年份及目标能源，以图、表的形式显示其能耗信息。

分类建筑：比较同期各建筑对某能源的耗能情况以及同期某建筑下各部

门对某能源的耗能情况。

能源结构：对各种能耗转换成标准热能，从而可以查看，比较不同能源的使用情况。选择需要查看的组织后，选择时间，刷新。

分项电耗：是对各种性质耗电情况的统计分析。选择需要查看的组织后，选择时间，刷新。

（4）能源数据预算。能源数据预算是系统的核心模块，它通过对各能耗进行实时监测，统计其能耗数据，分析其能耗规律，得出专家预测耗能趋势并对其加以控制。

能耗预测：通过对各能耗的实时监测，得出能源数据，并绘出历史预测分析图的过程，用户可以通过改变查询条件查询其他能源能耗预测分析。

能源指标：通过历史能耗值走向分析制定日后能耗指标，并通过实时监测数据预测能源耗能趋势。其历史值、指标值、预测值分别以不同形式体现在图、表中，可以通过设定的目标能源能耗节约指标及历史数据分析节能情况。

碳中和预算：用来计算区域内二氧化碳的排放量和植被二氧化碳吸收量的工具。

（5）系统管理与维护。

第一，权限设置。权限设置是对操作员、角色、权限、模块进行分配及管理。操作员管理：根据实际情况制定相应的角色，对不同的操作员分配相应的权限；角色管理：根据实际情况建立角色管理，便于操作员权限的合理分配；权限管理：界面个性化设计，主要用于开发及调试人员对不同项目的，不同需求的功能权限管理。

第二，在线网关。可以实时浏览网关运行情况以及针对数据网关抄读设置参数信息，通过网关可将控制指令及水电额度下达给相应表计。

第三，在线设备。能够浏览所有表计的情况。

三、高职院校节能监控平台建设总结与展望

（一）总结

1. 通过物联网技术建立计量表计之间的联络从而建设一个校园能源消耗监管系统是可行的

校园节能监控平台在理清表计之间计量关系和校园管网走向的基础上，

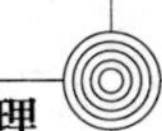

通过具备信号传输功能的表计、数据采集设备、校园网络、数据服务器，建立了一个实时的校园公共水电消耗监管平台，数据准确、运行稳定。

2. 校园节能监管平台能科学分析能耗数据，推进节约型校园建设

通过本平台，可对特定用户、特定区域、特定时间段水电消耗情况进行分析，及时发现供水管道跑冒和水电供配过程中的其他问题。在设定正常值和合理偏离值的基础上，系统能智能分析管道、线路及用户的异常情况，并向控制中心推送报警信息。

（二）展望

1. 完善的节能监管平台需要技术的进一步创新

在表计设备上，由于公共建筑及用户表计大多在户外，时常发生水淹土埋现象，导致表计故障率较高，如何提高表计性能，提升防水等级是一个紧急的课题，关系平台的持续、稳定运行；表计供电方式需进一步创新，目前有电池供电和市电供电两种形式，由于数据抄读频率较大，电池供电存在低温环境下不稳定和工作寿命不长的问题；由于公共部位表计（水表）很多位于户外，采用市电供电走线成本较高，研发一种稳定、可靠的电池或新的供电方式迫在眉睫。

2. 分布广泛的表计设施数据采集，需要一种新的组网方式

当前节能监管平台数据采集普遍采用485或TCP/IP协议通信，这两种通信方式有一个共同点，就是需要大量的数据采集器及优先或无线的数据传输网络，由于设施设备各类故障及管理部门维护力量不足等，表计上线率很难保障，上线率低就意味着平台数据不完整、不真实，对现实管理工作的贡献大大降低。探索一种新的组网方式，通过数量极少的中间设备，可以在表计之间实现无线数据传输，可让采集点分散的节能监管平台建设充分简化，因此成本大大降低。

当前LORA技术发展迅猛，LORA是LPWAN通信技术中的一种，是美国Semtech公司采用和推广的一种基于扩频技术的超远距离无线传输方案[❶]。

❶ 王毅鸿，凌朝东：《基于LoRa的无线数据传输系统的设计与研究》，《电脑知识与技术》（学术版），2018年第53期，第3页。

这一方案改变了以往关于传输距离与功耗的折中考虑方式，为用户提供一种简单的能实现远距离、长电池寿命、大容量的系统，进而扩展传感网络，通过在表计上集成 LORA 通信模块，理论上可实现 5km 以内的无线传输。

3. 基于地图技术的节能监管平台建设

将节能监管平台与高校校园地图整合，将表计及传输设备布局在校园地图上，让系统显示真实友好，设备维护方便快捷。

第六节　基于校园地图的路灯智能管理研究

一、高职校园内路灯实施智能管理的目的

当代社会，城市路灯照明建设不仅带给人们光明与视觉享受，还成为展现城市魅力的重要窗口，但是其在带来明亮、绚丽色彩的同时也带来了诸多的困扰，如管理、费用、用电、电缆被盗等问题。

目前，我国为实现可持续发展，大力支持发展绿色照明。关于绿色照明，目前市场上主要是针对 LED 节能光源产品进行开发，而城市照明系统是一个最具潜力的绿色照明系统，通过智能照明控制装置，合理调整照明时间，不仅可以节省照明系统 20% 以上的用电量，照明灯具的使用寿命也得到了极大的延长，而且大大降低了管理的费用。

但是，当前国内外对于路灯照明系统科学、高效的控制和资源整合的产品较少，功能不全面，而基于短距离无线通信技术的 LED 路灯远程控制方案正是应我国现状而生的产物。

基于无线传输技术、智能监控技术和 LED 光源的路灯系统，是一种自动化程度高、高效节能的城市照明系统。LED 光源是一种高效能、环保、安全、耐用的新型照明光源，而无线控制技术可以对路灯照明系统进行科学、高效的控制和资源整合，合理调整照明时间，不仅可以节省照明系统的用电量，而且可以延长照明灯具的使用寿命，并减少日常维护的开支。

二、智能路灯控制系统的设计

（一）智能路灯控制系统的设计要求

1. 经济性要求

本系统的设计目的是提高职院校园路灯的节能性，提高管理的便捷性，减少人力资源和设备资源的消耗，所以本系统在设计时需要考虑经济可行。不能盲目地追求先进技术和高级的性能，一切以简单实用为准，使系统具有较高的性价比。

2. 可靠性要求

路灯系统需要长时间地暴露在外部环境中经受风吹日晒，为了保证其在炎热的夏日和寒冷的冬天都能正常工作，系统需要保证其良好的稳定性，能在长时间内正常工作。为了实现这个目标，就需要对使用的硬件器材和相关技术以及软件设计提高要求，使系统能够抗高低温、抗干扰、抗静电、抗振动。

3. 操作和维护要求

为便于路灯系统管理，要与校园地图充分整合，在提供各种功能的同时使管理者操作简单、便捷，且整个系统易于维护，除此之外，还要求系统能够进行自检。

4. 实时性要求

系统对路灯运行状态进行实时监测，数据要有实时性，以便能够在故障出现时尽快地做出响应。

5. 实用性要求

系统给路灯管理提供便利，充分地利用现有管线、灯具、供配设施及通信设施资源，减少浪费和重复性建设。

6. 移动应用

系统须适应移动终端，能通过平板电脑、智能手机稳定运行系统，实现路灯数据的管理和控制。

（二）智能路灯监控系统的设计架构

根据系统的功能需求，整个路灯智能监控系统有三个主要部分，分别是信息管理中心、通信模块、路灯终端控制器。系统选择两级网络结构，如图3-22 所示，第一级是基于校园网的星形网络，将远程的网络协调器和信息管理中心连接起来，建立通信，管理中心可以和多个网络协调器建立连接，从而获得网络协调器的数据和发送指令给这些协调器，整个网络中，信息管理中心作为核心。第二级网络是单个网络协调器和多个路灯终端控制器共同组建的 ZigBee 无线传感网络，该网络是网状结构，其中主要有三种节点，网络协调器节点作为核心节点和路由控制节点一起负责整个网络的寻址和路由转发，以及路灯终端控制节点负责路灯的控制和状态数据收集。

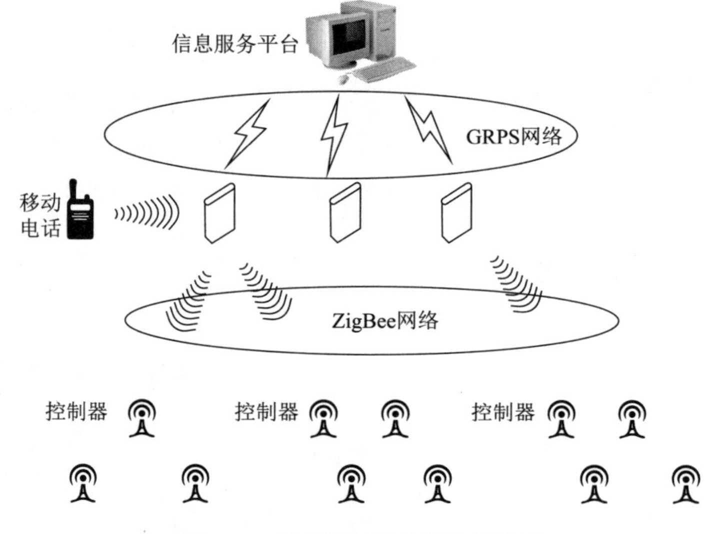

图 3-22　路灯控制系统整体结构图

网络体系中三个组成部分的主要功能有：

（1）ZigBee 路灯控制器主要负责对路灯的运行状态进行检测，如电压、电流、亮度数据，并将这些数据发送给上级网络协调器。同时能够接收上级的控制指令对路灯进行设置。

（2）ZigBee 路灯路由器不仅具有 ZigBee 路灯控制器的所有功能，还具有中继路灯控制器收 / 发信号的功能。

（3）网络协调器作为两级网络信息交换的核心部分，具有 ZigBee 协调器和校园网数据传输终端。一般一个区域内只有一个网络协调器，它负责这个区域内的所有路灯控制器的管理控制，并通过校园网和信息管理中心通信，将所有路灯的状态数据集中传送给管理中心显示，并接收管理中心对整个区域内路灯的控制指令。多个网络协调器联合在一起就可以对更大区域的路灯进行管理。

（4）系统监控中心作为用户交互中心，主要由信息管理平台和网络数据传输模块构成。信息管理平台主要是将网络协调器传送来的路灯信息规范地显示出来，并为用户提供控制的端口，包括系统设置端口、开关控制端口、策略选择端口。同时还具有记录存储的功能，可以保存路灯的信息数据以及用户的设置和控制操作。

（三）智能路灯监控系统的主要功能与实现

针对整个系统功能的研究分析，系统主要需要以下几个功能部分。

1. 用户管理模块

校园网络是开放的，每个人都可以访问管理平台的地址，但不能都有权限进入和控制，所以必须限制登录，并对不同的人、不同的账户提供不同的访问权限，管理员账号拥有最高的权限，普通账号只有一般权限，没有账号就不能登录系统，一般管理平台只会设置一个管理员加多个普通账号，普通账号受管理员管理。该模块的流程图如图 3-23 所示。

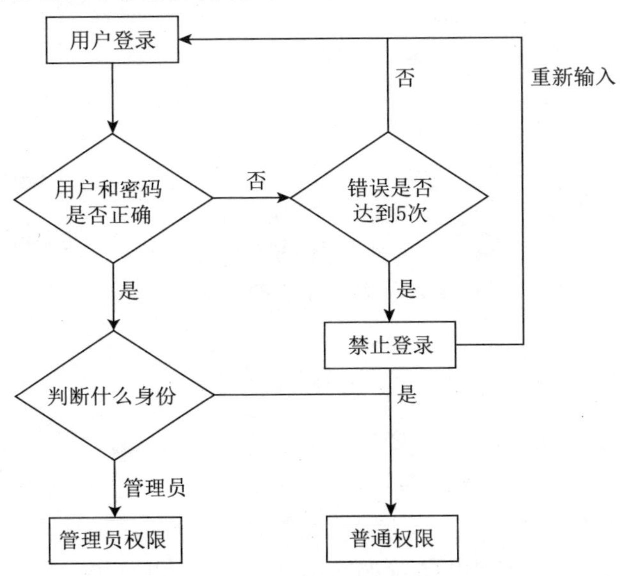

图 3-23　用户管理模块的流程图

2. 智能监控模块

这个界面主要是显示路灯节点的状态信息，有电流、电压、功率、警告等信息。另外，嵌入校园地图信息，就可以利用地图显示路灯的地址数据，在地图上设置控制路灯的按键，点击弹出关于这个路灯的控制界面。

智能监控模块还需要提供路灯的警告信息，并在地图或表格中突出这个路灯，当用户做出反应时，会对该路灯的硬件状态进行实时显示，以便用户能够有针对性地进行控制。智能监控模块的整体流程图如图 3-24 所示。

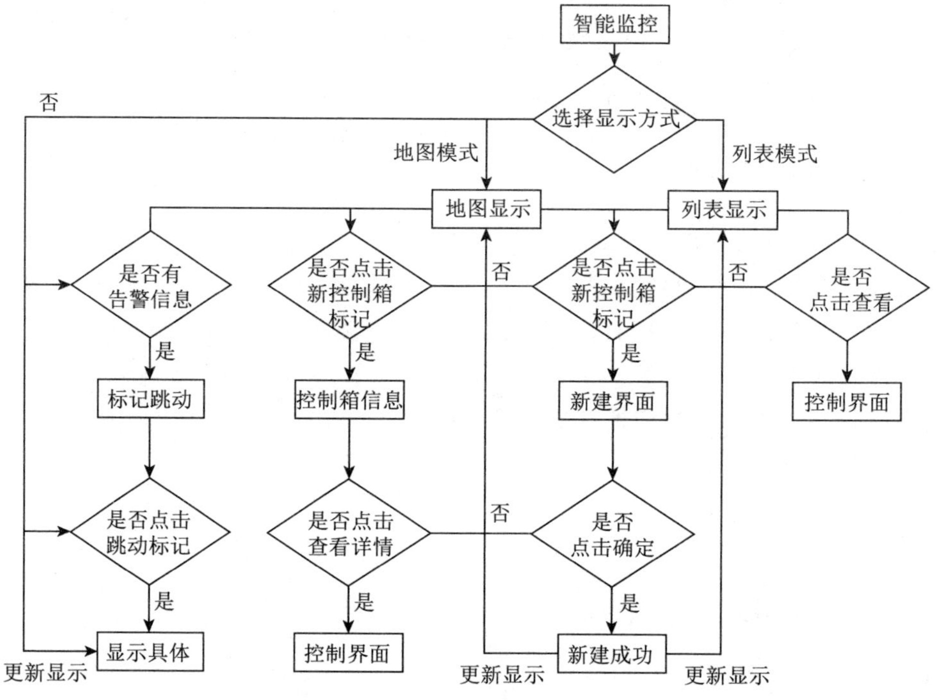

图 3-24　智能监控模块流程图

3. 智能策略模块

该模块是为了在实时监控之外实现路灯的自动化控制，使路灯的开关动作、亮度调节能够按照预先设定的策略来运作，当然，这里必须解决策略和路灯的对应关系，所以每一个路灯都需要一个策略标志信息来表示它们处于什么工作策略，用户可以通过改变这个标志信息来改变与之捆绑的策略选择，所以路灯的日常控制并不是人工手动的，而是按照选择的策略进行工作的。一般的策略有特殊时段策略、日常策略、节假日策略等。它们都是以天来计量的。其中，日常策略是根据日出日落的时间来开关路灯的，除此以外，其他策略都是需要人手动地设置保存。

依照上面的分析，策略模块的工作量较大，其中的难点就是需要设计策略的新建、保存与删除，还有不断更新数据库保存页面和保持其与后台数据的一致性。该模块的流程图如图 3-25 所示。

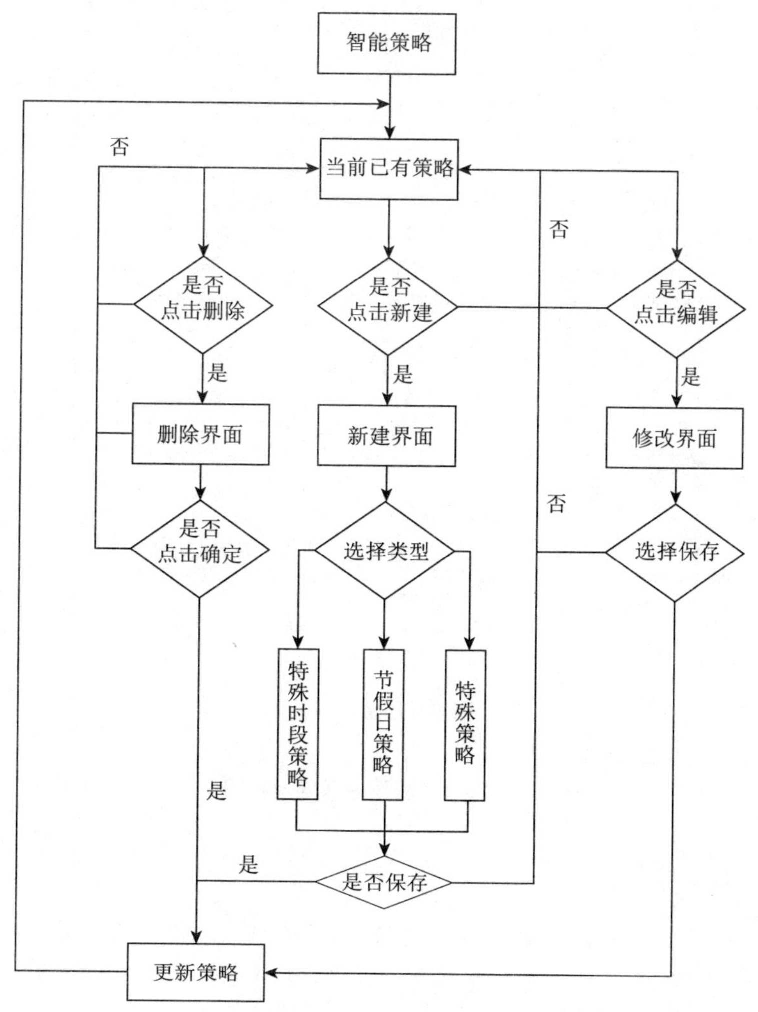

图 3-25 智能决策模块流程图

4. 区域管理模块

这个模块主要是能将多个网络协调器控制的区域，统一、直观地显示在界面上，使用名称对它们进行区分。在这个界面可以将每一个路灯以位置名称显示出来，也就是为每一个控制器加上文字描述，不过这个只是辅助功能，它对网络中硬件管理的作用主要是可以对网络中的控制端进行添加、删除等操作，使硬件设备的信息和数据库内保存的信息一致。简而言之，区域管理模块是为了新建、修改和删除区域信息，包括区域、城市、道路的信息。根据这些要求，该模块的流程图如图 3-26 所示。

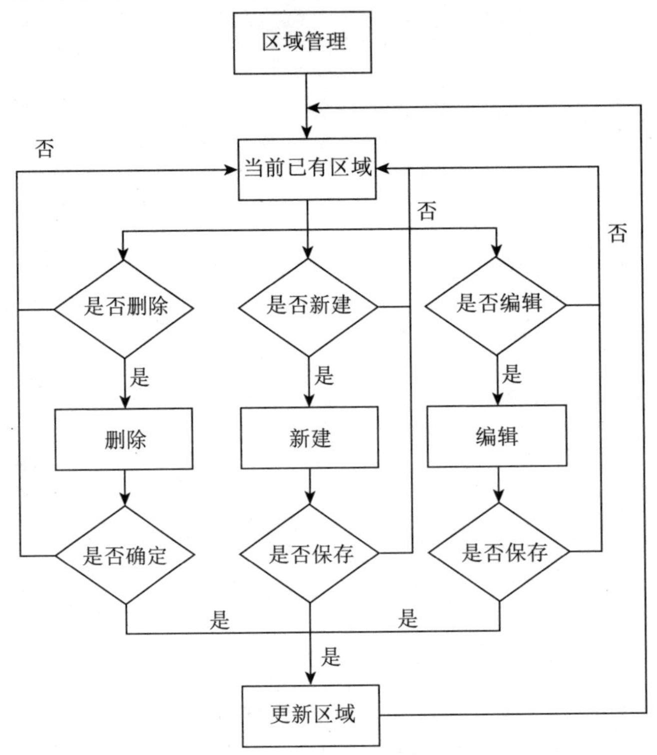

图 3-26　区域管理模块流程图

5. 调度维修模块

调度维修模块是为了实现路灯故障快速处理，主要负责跟踪路灯的警报信息处理，维修过程的处理完成情况。

调度维修模块具体功能可以针对故障路灯提供负责人员信息，并建立维修记录，持续跟踪这些信息，直到完成维修，删除待修情况。该模块能提高维修效率，减少沟通上的麻烦，实现半自动化维修，还能记录维修信息，监督维修任务的执行情况。该模块的流程图如图 3-27 所示。

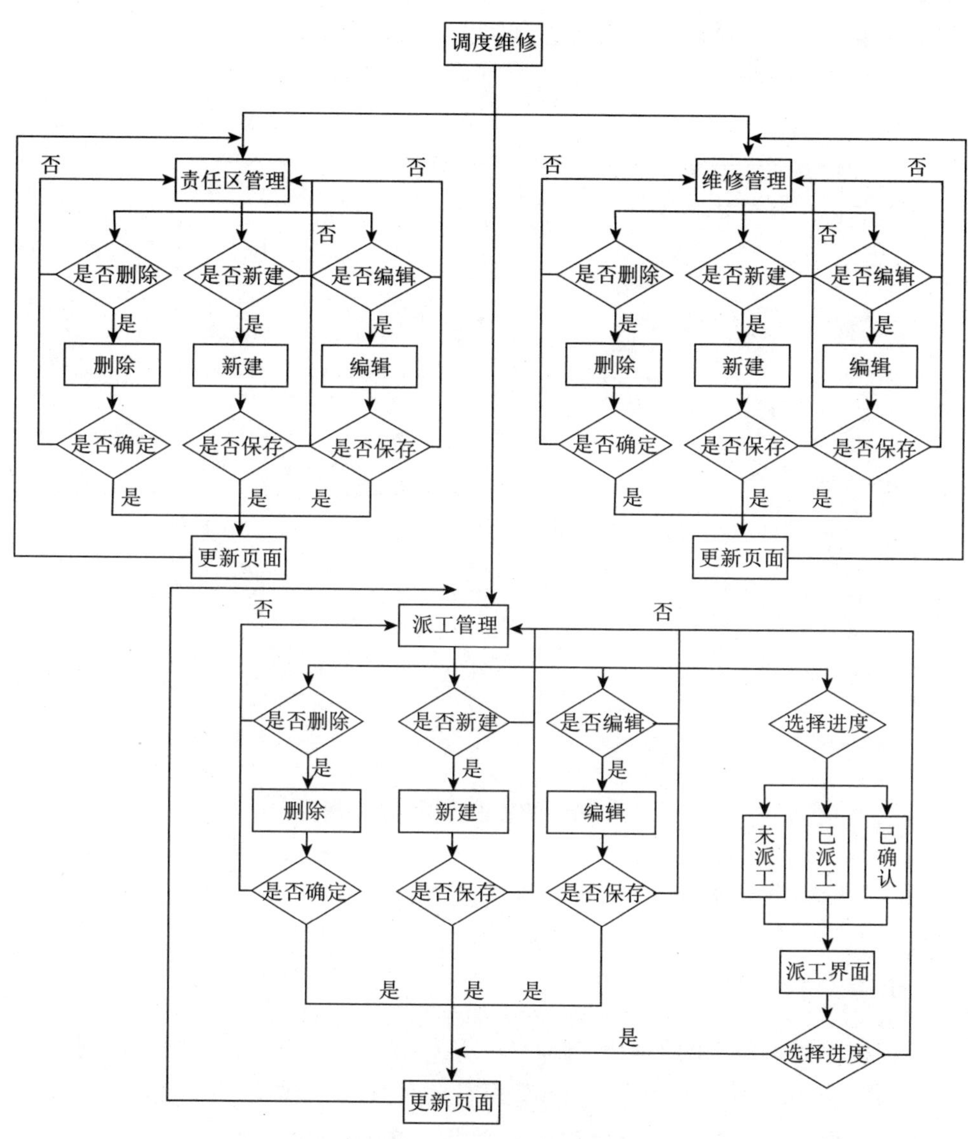

图 3-27　调度维修模块流程图

6. 报警设置模块

报警设置模块主要是为了对路灯的一些不正常的状态给予提醒，如故障的发生、维修超时等。报警时要明确地显示路灯的位置信息和故障类别，并能够提供维修的接口供用户选择。为了实现这样的功能，就需要通过每个路灯的状态信息进行定期检查；并提供接口让用户可以了解特定的路灯信息，实现智能化巡检。该模块的流程设计如图 3-28 所示。

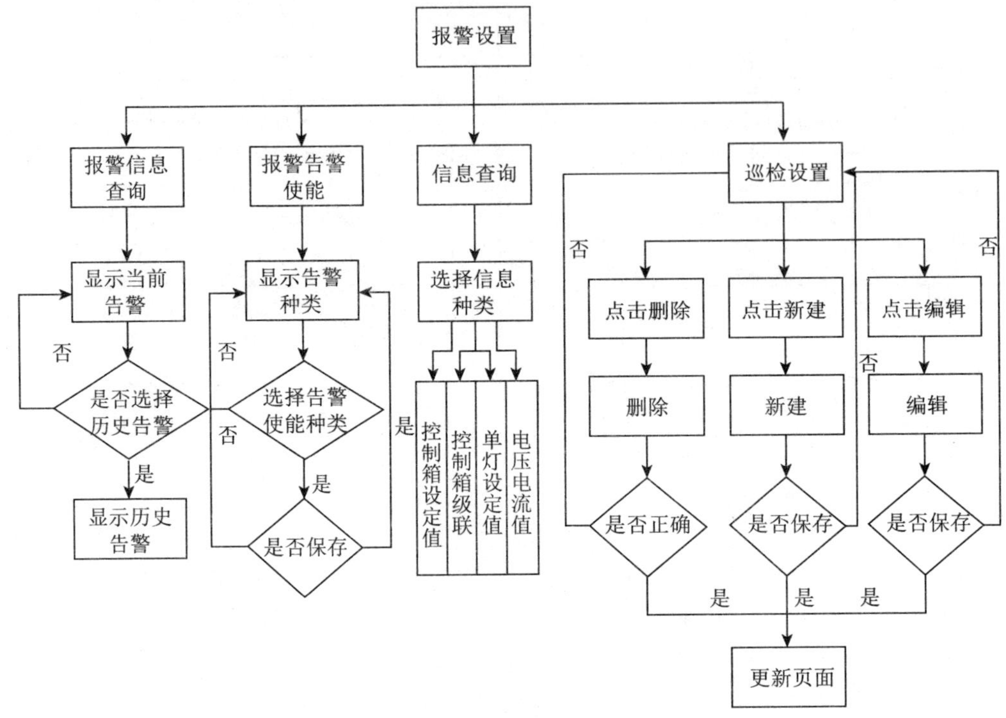

图 3-28　报警设置模块流程图

（四）路灯控制模式与节能策略

1. 路灯控制模式

根据不同上位机的不同控制命令，路灯节点有如下几种不同的控制模式。

（1）单双灯开启模式。这个模式有两种情况，编号是奇数的灯开启或者编号是偶数的灯开启。当路灯节点接收到单双灯开启命令以后，路灯会根据自身的 ID 编号，选择开启还是关闭。这种模式应用于傍晚能见度较高或者阴雨天或沙尘暴等恶劣天气城市能见度不佳时。一般是单双灯轮流开启关闭，保证 LED 路灯工作时间大致相同以延长其寿命。

（2）全功率开启模式。当路灯节点接收到全功率开启模式以后，路灯开始工作，并会以全功率打开，亮度最大。这种模式一般在晚上人车流量大和节假日时开启。

（3）半功率开启模式。当路灯节点接收到全功率开启模式以后，路灯开始工作，但不会以全功率模式工作，而是通过 LED 驱动模块的 PWM 调光机制将 LED 的功率控制在额定值的 1/2，这样起到了节约电力的作用。

（4）随机选择关闭模式。这种模式的设置也是为了节约电力和延长路灯寿命。在人流量不大的道路上发给路灯随机关闭模式命令，路灯节点接收命令后，以一定概率（如 20%）自行熄灭 30min，由于路灯是随机熄灭的，故不会影响整体的照明情况。

（5）功率异常报警模式。这种模式不是上位机发给的命令。当路灯节点检测到功率故障（如 LED 二极管短路、功率过小或过大）时，路灯将自行切断照明电源，并向上位机报警。

2. 节能策略

整个无线 LED 远程照明系统使用一系列节能照明算法来保证城市照明的正常工作和起到节约电力的作用。

（1）常规策略。在傍晚时分，道路上尚有余光，这时上位机发送单双灯开启模式，道路路灯交替开启一半。到晚上 8 点，人、车流量较大，上位机发送全功率开启模式，晚上 12 点后，道路车辆减少，开启半功率模式，节约用电。当早上道路亮度达到关闭阈值时，路灯将全部关闭。

在人流较小的道路，开启路灯随机选择关闭模式，路灯随机关闭一部分（预设值为 20%），用以节约电力。

（2）特殊策略。通过光敏传感器功能，在阴雨天或沙尘暴等恶劣天气下及能见度极低时，路灯节点可自行控制单双灯开启模式，保证道路能见度。在节假日人流量大时全夜开启全功率模式。

（3）监测策略。当路灯节点发生功率故障时，进入功率异常报警模式，并向上位机发送报警命令。上位机接收到报警命令后查看整个道路的工作状态，分析是单个路灯故障还是供电问题，并通知检修人员故障路灯的位置和故障原因。

（4）节能评估。路灯节点将采集电流、电压、功率因素等参数，通过无线 ZigBee 模块传输到控制中心。控制中心分析路灯的工作情况、道路照明情况，再综合调整节能策略。

（五）智能路灯监控系统的软件设计

管理平台采用 Visual Studio 2008 开发，采用 MySQL 轻型数据库实现路灯及运行数据的管理。设计要求支持嵌入式的移动应用和多平台使用，占用较少的资源，提升数据处理速度。

信息管理平台的功能主要是负责人机交互，将网络协调器发送过来的数据以清晰明了的方式显示在屏幕上，并接受用户的操作，对网络协调器发送用户指令。

（六）智能路灯发光体的选取

如今 LED 照明技术依然在不断地创新、发展，它的快速推广得益于它与生俱来的优势，和传统的光源相比，LED 的优势主要有以下几点：

（1）寿命长。传统白炽灯的使用寿命约为 1 000h，荧光灯的使用寿命大约为 1 万小时，而 LED 的使用寿命可以达到 10 万小时。这可以大大减少路灯的更换频率，节约成本。

（2）安全环保。LED 体积较小，发光体是其中的固体物质，抗压抗冲击，也不含钠、汞等有害成分。光能的转换率很高，可以节约电能。

（3）光效高。传统的白炽灯在发光的同时会产生大量的热能，浪费 30% 的电能，卤钨灯、白炽灯也存在不同程度的电能浪费，而 LED 的发光效率很高，可达 50 ～ 200Lm/W，同时发出的光更接近于自然光。所以 LED 可以以较低瓦数的电能实现其他高瓦数传统灯所发出的光。而且 LED 的光效还在不断地提高中。

（4）发光体接近点光源。传统白炽灯的发光体呈线状，而荧光灯的发光面更大，当需要对它们的照明效果进行建模时不能简单地把它们当作点光源，这不利于分析，而 LED 就是点光源，不存在这样的问题。

（5）响应时间短。传统的白炽灯点亮后，会在零点几秒之内达到稳定发光状态，一般荧光灯就需要几十秒甚至几分钟来达到稳定的状态，而 LED 只需要短短的几十纳秒便可以达到稳定。

（6）亮度调节方便。LED 是电流驱动的发光体，它的亮度可以通过调节电流的大小来改变。因为 LED 响应速度极快，所以甚至可以使用 PWM 波形的电流信号来实现 LED 灯亮度的变化。

（7）灯具厚度较小。LED 本身发光体就比较小，发光效率高，发出的光方向性也比较好，这样一来，整个灯就可以做得比较小，节省生产材料，安装也很方便。

第四章

互联网视域下高职院校后勤管理机制与保障体系的构建

第一节　高职院校后勤管理服务体制的构建

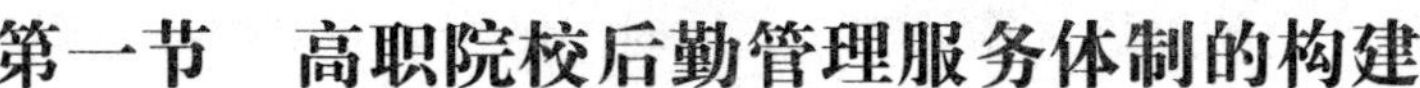

一、高职院校后勤管理体制与模式

高职院校后勤管理体制和模式是高职院校对其后勤的管理、服务和经营活动集权和分权所采用的基本组织形式。具体而言是指高等学校后勤管理的内部组织系统及其构建的原则与功能性规定，涉及机构设置、职责分工、权力分配及其隶属关系等一系列重要且具体的方面。例如，胡征宇和姜群瑛从分析影响高职院校后勤管理体制的主要因素入手，认为有三种基本形式，第一种是事业型的管理体制，主要是我国传统的高职院校后勤管理体制。第二种是企业化的高职院校后勤管理体制，其典型就是我国目前的高职院校后勤管理体制。第三种是社会化的高职院校后勤管理体制，其典型就是西方大多数高职院校的后勤管理体制。他们认为影响高职院校后勤管理体制的主要因素有：社会经济制度、经济发展水平、教育和办学体制以及具体校情等。高职院校后勤管理体制的基本特征：一是后勤服务资源配置市场化；二是后勤管理和服务分离；三是后勤服务组织企业化。

吴寅生（上海市职业技术教育课程改革与教材建设委）认为，随着教育结构的调整，高职院校人事、分配制度的改革，传统的后勤管理体制已经不能适应高职院校改革和发展的需要。要改革高职院校后勤管理体制，就必须走服务社会化之路。后勤服务社会化是生产关系适应生产力的必然结果，是商品经济不断发展的产物。教育结构的调整、消费者观念的更新、第三产业的发展为高职院校后勤服务社会化提供了可能性。

王平（教育学博士，副教授）近年来在基础教育课程与教学改革、教师教育改革等诸多方面进行了深入研究，他考察了中国高职院校后勤管理模式30多年来的变化，并运用制度理论对这一复杂系统的演变进行了分析，论证了高职院校后勤管理模式由高度集权的行政化的后勤服务产品供给机制转型为更有效率的市场化供给机制的必然趋势。

目前，中国的经济体制已有计划经济向市场经济转型。制度的变革使高职院校行政式、福利型、无偿性的后勤管理模式弊端凸显，当前制度观念的更新冲击和突破了高职院校后勤原有的管理模式。杨德胜、朱甜甜认为，目前各高职院校随着后勤改革的不断推行，都在积极探索、寻求一种与社会发

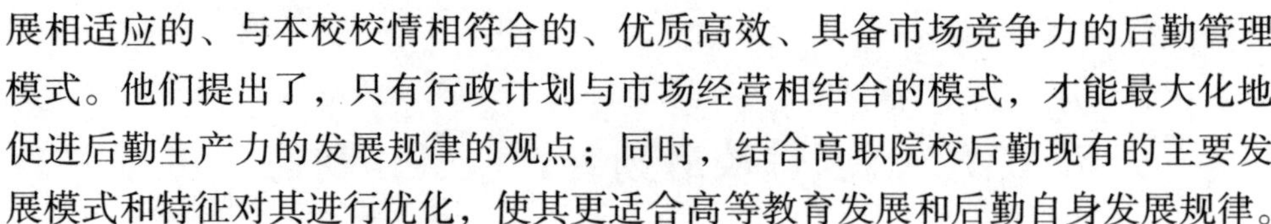

展相适应的、与本校校情相符合的、优质高效、具备市场竞争力的后勤管理模式。他们提出了，只有行政计划与市场经营相结合的模式，才能最大化地促进后勤生产力的发展规律的观点；同时，结合高职院校后勤现有的主要发展模式和特征对其进行优化，使其更适合高等教育发展和后勤自身发展规律。

二、高职院校后勤体系运作的特点

1. 高职院校后勤服务都是对外开放的

学校不承担师生的一切后勤事务，国外的高职院校本身就具有开放性，与社会融为一体，所以在餐饮、住宿、校园绿化、环境卫生等方面学校都不包办，而是引进社会力量参与高职院校后勤服务保障事务。

2. 高职院校的后勤服务并没有完全社会化

英、美的高职院校后勤大部分由高职院校自己承办，日本高职院校的“大学生协会”是自我服务的合作组织，也具有一定的封闭性，并非完全开放。德国和法国的专门机构是国家举办，只服务于高职院校，而不对社会的其他领域服务。综合以上国外模式特征，其社会化程度是有限的，而非完全意义上的社会化。不管何种后勤管理模式，与各国的政治经济制度、社会福利制度、经济发展水平和现代企业发展水平等相适应。

3. 后勤管理和服务方式的多样化

除学校直接提供管理服务外，社会团体、企业参与学校的后勤服务与管理的途径和形式十分丰富，形成了学校与社会共同参与后勤的格局。高职院校的后勤服务设施完备、品种繁多、质量一流，不仅满足了广大师生员工的不同需求，也减轻了高职院校负担，为高职院校能集中精力搞好教学科研提供了坚实的保障。这与各国政府在立法、免税或低税、财政补贴方面的政策扶持是分不开的。

4. 高职院校后勤公益性明显

高职院校的后勤服务体系都以公益性为基础，在保证服务质量和师生满意的前提下由政府或学校补贴，而不以盈利为目的。学校的食堂和专门以机构提供的宿舍一般都具有福利性质，学生以比较低廉的价格获取了优质的服务。高职院校后勤服务系统的非盈利性一定要在税务制度上予以保证，需要政府在

免税和降税等政策上予以扶持和保证，降低后勤服务成本，提高服务水平。

5. 后勤管理的民主参与程度高

作为后勤的服务对象，高职院校学生和教师有权参与到后勤管理服务的体系中，并且参与程度很高，后勤管理服务的民主性很强。例如，德国大学生服务中心的董事会由学生、校长代表、大学代表、中心代表及社会人上组成，法国的大学生事务中心也以理事会模式出现。日本和美国高职院校的学生、教职工和校方代表也参与食堂或饮食管理部门的餐厅管理工作，定期评估餐厅工作。

6. 政府重视程度高

所有国家的政府都十分重视高职院校的后勤建设，在经费，上给予了适度的倾斜。法国和德国在这方面尤为显著。法国的大学生事务中心所需经费完全由政府提供，列入政府预算，是政府举办后勤、学校专心搞教学科研的典型。

三、高职院校后勤服务保障体制与运行机制的影响因素

（一）社会的影响与作用

1. 政府的影响与作用

高职院校后勤服务保障体制构建和运行机制建立，就是在政府的主导下，将我国高职院校后勤服务体系与社会第三产业相结合、与高职院校外部的市场化经济秩序与经济成分相结合，形成一种新型的、由市场机制发挥作用的、通过契约关系获得服务的社会化后勤服务体系，其最终目标是要将高职院校后勤纳入社会主义市场经济体系[❶]。而我国的市场经济是政府宏观调控下的市场经济，高职院校后勤在纳入市场经济的过程中，必须在政府的规范指导和宏观调控下进行。加之高职院校构建新型后勤服务保障体制和运行机制是一项复杂的系统工程，涉及政府的许多部门和社会的方方面面，单靠教育行政部门和高职院校是不可能完成的，必须由政府主导，统筹规划，各

❶　唐志成:《再论政府行为与高校后勤社会化改革》,《中国高校后勤研究》，2001 年第 3 期，第 10 ～ 13 页。

有关部门的协调配合才能顺利进行。可见，政府行为是成败的根本，政府行为的主导作用是重要保障和关键所在。

“政府行为”，归纳起来就是政府及有关职能部门在高职院校新型后勤服务保障体制的构建和运行机制的建立过程中的“管理、指导、组织、协调、支持、服务”，具体应该体现在努力营造有利于构建后勤服务保障体制和运行机制的环境。政府的主导作用虽然在一定程度上创造了一些有利的外部条件，但其命令式的改革方式程序，以及政府对改革结果理想化的追求所带来的某种程度上的短期行为，常常导致出现僵化的、仅仅停留在形式上的社会化改革。随着我国高职院校后勤社会化改革的不断深入，政府的作用也在逐步地发生，政府的主导性作用逐步地弱化甚至在一定程度上开始淡出。在今后的新型后勤服务保障体制的构建和运行机制的建立中，政府将不应再占据主导地位，不应继续大量参与或干涉高职院校的决策与选择，而应逐步转向于为高职院校新型后勤服务保障体制的构建和运行机制的建立提供服务性支持。

2. 市场经济发展的影响与作用

市场经济是在社会分工的基础上发展起来的，市场经济的发展必然促成社会分工的进一步深化。高职院校后勤作为一个独立的、综合性的行业，属于国家事业的性质。随着多种办学模式的出现，市场经济的发展使后勤产业受到强烈的冲击，从而对高职院校后勤社会化改革产生影响并发生作用，主要体现在投资结构、技术结构、贸易结构等方面的冲击。

新型后勤服务保障体制的构建和运行机制的建立，是计划经济向社会主义市场经济转变在高职院校后勤领域的具体体现。改革开放以及市场经济发展，旧的高职院校后勤运行出现了许多的不适应，使高职院校必须遵循和建立社会主义市场经济体制，就是要使市场在社会主义国家宏观调控下对资源配置起基础性作用，使经济活动遵循价值规律的要求，适应供求关系的变化；通过价格杠杆和竞争机制的功能，把资源配置到效益较好的环节中去，并给企业以压力和动力，实现优胜劣汰；运用市场对各种经济信息反应比较灵敏的优点，促进生产和需求的及时协调。社会主义市场经济的本质要求是：生产要素商品化；产权关系明晰化；利益主体多元化；资源配置市场化；企业经营自主化；宏观调控间接化；社会保障制度化；经济生活法制化。这就需要一个合理的经济调节系统，新型后勤服务保障体制的构建和运行机制的建立就是要建立这样的系统。可见，市场经济的发展极大地推动了新型后勤服务保障体制的构建和运行机制的建立。

3. 社会服务体系不断完善的影响与作用

随着市场经济的发展，传统的高职院校后勤体系所依存的制度环境发生了显著的变化。高职院校后勤体系生存在一个市场化程度越来越高的社会环境中，后勤所提供的产品和服务出现越来越多质量稳定、价格低廉的替代品，高职的机构和师生拥有更多的选择机会，社会服务体系提供服务的规模优势越来越明显，封闭、分割的高职院校后勤服务体系难以进行有效的经营和竞争，这有力地推动了高职院校新型后勤服务保障体制的构建和运行机制的建立。

（二）高职院校的影响与作用

高职院校新型后勤服务保障体制的构建和运行机制的建立的关键是高职院校，高职院校行为是政府行为的持续和延伸。高职院校是最终承担者和受益者，也是战略制定者和执行者，是真正的主体，其决策的目的与取向起着决定性的作用。虽然在一定程度上，政府的强制性政策也可能在短期内迅速地、强制性地要求各个高职院校，对自身的后勤服务保障体制进行改革，但只有在高职院校真正认识到其意义与必要性以后，才会具有实施的动力与要求，并制定出与需要相吻合的实施方案，从而快速推进，稳步建立起社会化的新型后勤服务保障体制和运行机制，实现办学模式的转变。当前，改革中仍维持或主观上仍坚持“一校一后勤”的现象，就是高职院校对改革的目的，以及对自身的改革主体地位认识不到位所造成的。

发挥高职院校在新型后勤服务保障体制的构建和运行机制的建立中的主体作用，一要正确认识新型后勤服务保障体制的构建，和运行机制的建立对高职院校自身发展的重要意义，既不搞形式主义，也不将后勤简单地推向社会；二要加强组织领导，做好改革和剥离的远景规划及详细计划，避免走弯路；三要营造良好宽松的政策环境，既不放弃对后勤的管理，也不放松对后勤的政策支持，培育后勤实体参与市场竞争的实力；四要加大宣传力度，让广大师生感受到，新型后勤服务保障体制的构建和运行机制的建立给学校带来的变化，增强对认同感，同时将改革的宣传纳入高职院校公共关系系统中，做好与政府部门的联系、协调工作，及时、客观地向政府部门反映困难和问题，让社会各界正确认识新型后勤服务保障体制的构建和运行机制的建立的政治意义和社会意义；五要围绕学校工作中心，理解、支持、配合后勤经济实体开展经营服务工作，创造一个有利于深化改革的环境；六要建立一个开放、公平竞争的高职院校后勤市场环境，有选择地引进社会企业参与校

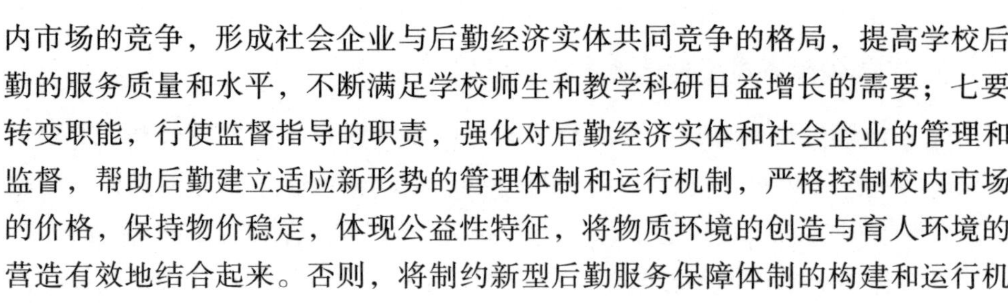

内市场的竞争，形成社会企业与后勤经济实体共同竞争的格局，提高学校后勤的服务质量和水平，不断满足学校师生和教学科研日益增长的需要；七要转变职能，行使监督指导的职责，强化对后勤经济实体和社会企业的管理和监督，帮助后勤建立适应新形势的管理体制和运行机制，严格控制校内市场的价格，保持物价稳定，体现公益性特征，将物质环境的创造与育人环境的营造有效地结合起来。否则，将制约新型后勤服务保障体制的构建和运行机制的建立。

（三）服务对象的变化及潜在的观念因素的影响与作用

高职院校消费群体规模日益扩大，消费层次多元化，已经形成一个稳定的、颇具规模的后勤服务市场，然而传统后勤提供的服务只能满足基本需要，难以满足不同层次的多元化需要。这迫使后勤体系进行调整，设计符合国情的新型后勤服务保障体制和运行机制，实施高职院校后勤社会化改革。

社会仍然期望高职院校以“大包”形式培养人才，而高职院校则习惯于借助庞大的后勤体系，来承担许多本应由社会及家长和学生来承担的责任；高职院校教职工和学生长期以补贴形式接受福利型的后勤服务，如果通过市场交易购买后勤服务，还需要经过政策调整和观念转变的过程；高职院校后勤管理部门通常认为，购买后勤服务不如自办后勤方便，习惯于使用行政手段直接干预后勤工作，而不习惯于使用市场手段。许多潜在的观念因素，制约着高职院校新型后勤服务保障体制的构建和运行机制的建立。

四、高职院校后勤管理服务体制的目标

当前，高校负担尤其是后勤管理负担太重、后勤市场开放不足、资源没有得到有效配置，以及后勤服务水平相对低下等问题还很突出。新型后勤管理服务体制的构建就是要实现减轻高校负担，转变高校职能，提高后勤服务质量，促进高校的发展和建设。具体做法如下：一是将后勤服务从高校中剥离，回归社会承担，与社会保障制度接轨，加入社会服务保障体系；二是依托学校后勤资源，组建独立的经济实体，并且自主经营，自负盈亏，从而减轻学校负担，保证高校能够专注于教学科研，提高教育质量和办学水平；三是将高校后勤纳入市场经济体系格局中，通过后勤市场的开放和后勤资源的合理配置，建立健全竞争机制，引入社会资金和力量，建立由高校自主选择服务行业、承包企业和经营模式的新型高校后勤服务体系，从而促进高校后勤管理水平和服务质量的不断提高。

五、高职院校后勤管理服务体制构建的原则与规律

新型后勤管理服务体制构建的基本原则是，要在高职院校后勤社会化管理模式下，以为高校教学、科研和师生员工生活提供优质服务为宗旨。明晰后勤资产范围和经营权限，建立社会主义市场经济体制下的现代企业制度，提供后勤服务质量。建构新型管理服务体制过程中要充分调动后勤干部职工的热情，鼓励其参与的积极性，推动改革与创新，在实践中继续深化后勤社会化改革。还要建立相应保障制度，使学校能够有效地规避市场风险，在独立经营、自负盈亏的同时保障国有资产的保值和增值。

构建新型后勤管理服务体制过程中要遵循价值规律、竞争规律、教育规律和市场规律。一是遵循价值规律。后勤服务是一种商品，通过买卖实现其商品价值，要在服务中体现其价值规律，降低后勤服务成本，提高服务效率，建立能适应社会主义市场经济的经营管理制度和运行机制，如人事、财务和分配机制等；二是遵循竞争规律，要占领高职院校这个特殊市场、壮大后勤企业实力，就要建立竞争机制，在经营实体之间以及校内与校外之间展开充分市场竞争，高职院校通过竞争获得优质的服务，企业通过竞争占领高职院校市场，并在充分竞争中获得应有的收益回报；三是遵循教育规律和市场规律。我国高职院校后勤无论在计划经济还是市场经济条件下，都具有教育和经济双重属性。在构建新型后勤管理服务体制过程中，教育规律和市场经济规律同时发挥着重要作用，两个规律都无法违背，既要考虑经济效益的实现，又要坚持“三服务两育人”的服务宗旨，保证高职院校后勤实体运行的平稳、有序。

六、高职院校后勤管理服务体制的建立

（一）确立高校后勤市场的资源属性与后勤市场策略

市场是商品的效用得以实现的载体，是具备一定购买能力的且具有现实的购买需要或潜在的购买倾向的顾客群。对市场有了正确认识，就会从分析顾客的需求切入，千方百计去满足顾客的需求，发掘顾客潜在的需求，从而不断占有市场，拓宽市场。市场又是资本周转得以顺利运作不可或缺的条件，因此，市场是一种能为生产经营者带来经济效益的资源。

高职院校的后勤市场策略主要体现在以下几个方面：

（1）适度地保护市场正是为了逐步地开放市场。为保证高职院校规范分离的后勤实体顺利、健康地走向市场，在建立新型运行机制的初期，高职院

校与政府都有责任给予必要的扶持，包括对校内市场一定程度的保护，这正是分阶段开放市场的需要，以期有序地使大学校园市场与全社会的市场体系融为一体。

（2）调控市场，避免过度竞争。高职院校对市场调控的目的是保证校内市场供求的基本平衡，通过市场供求关系的变化引导后勤实体的行为。①准确把握校园市场的容量，避免人为导致过度的或不正当的竞争，造成高职院校乃至社会财产的浪费；②加强制度建设，在服务项目的引进上建立市场准入机制，坚持以内循环为主，以外循环为辅。

（3）实行市场细分与错位经营。根据师生需求的多元化、多层次，在制定市场策略时进行市场细分与错位经营，提高管理效益，既避免人为的过度竞争，又办出经营特色。

规范分离的后勤企业通过提高市场竞争能力，开发校外市场，培植新的增长点，以外养内。

（二）建立高职院校后勤服务保障的校内管理体制

高职院校后勤服务保障管理要因地因校制宜，实现管理与经营服务的分离，形成甲乙方之间的契约关系，后勤企业实现企业化管理、专业化服务。

1. 从直接管理向契约管理转变

在高职院校建立新型后勤服务保障运行机制之前，我国高职院校按照行政组织原则对高职院校后勤服务实施行政管理，属于直接管理，导致了高职院校行政机构的臃肿与高职院校后勤服务提供效率的低下。新型后勤服务保障运行机制的建立过程中，高职院校将后勤从行政管理体系中分离出来，成为独立的后勤服务提供方。高职院校不再对后勤服务部门进行直接管理，而是对后勤服务进行必要的指导与监督，高职院校后勤服务的管理也相应从直接管理向契约管理转变，按照服务协议对后勤服务的提供方实施间接的管理。此时，各高职院校已不再是管理方，而是成为服务接受方的代表，必须成立一个专门负责后勤服务合同的签订与合同执行监督的行政机构，以对后勤服务工作进行监督管理。

2. 从行政管理向股权管理转变

高职院校除了按照经济原则对高职院校后勤企业实施契约管理之外，同时还存在有股权管理，原有的行政管理已不可行，取而代之的是股权管理，更多地表现为重大事项决策的投票权与经营管理的监督权。

3. 竞争与管理

无论是对独立的高职院校后勤服务提供方而言，还是对高职院校自己参与的股份制高职院校后勤服务提供方而言，为了有效促进服务水平提高，改善高职院校后勤服务质量，以提高高职院校的社会办学竞争力，高职院校的委托管理方或高职院校的管理者，必须在对后勤服务提供方进行日常管理的同时，适当地引入竞争机制，按照年度或季度对后勤服务提供质量进行跟踪评价，并根据评价结果对服务提供者进行奖惩。在最初选择确定后勤服务提供方时，一般应该尽可能采取招投标的方式来进行，在各参与应投标的竞争方中选择成本低、价格优惠、服务质量可靠、社会信誉度高的投标方作为高职院校后勤服务提供者；同时，建立有关参与投标方的数据库，将其中某些参与投标的后勤服务企业作为竞争的备选方，以降低高职院校在终止与不合格的后勤服务提供方的服务合同时可能遇到的风险。为了有效地促进竞争和加强对后勤服务提供方的日常管理，高职院校必须建立相应的服务水平评价指标体系，建立健全竞争的进入与退出机制。

（三）转变高职院校后勤服务保障的投入机制

1. 从政府单一投资向社会多方投资转变

经济的发展所导致的高等教育自身的变化，为社会闲散资本进入高职院校后勤服务体系创造了必要的条件，提供了可能的投资方向与投资途径。高职院校后勤服务的逐步外在化推动了我国高职院校后勤服务投资从政府单一投资向社会多方投资的转变。在传统经济环境中，政府作为高校后勤唯一的投资方；随着我国高等教育逐步普及化、规模迅速扩大化，有限的教育资金显然难以独自承担高等教育迅速扩大对投资的需求，社会资本必须适时地承担起，弥补高等教育扩大化所产生的教育投资缺口的重任。鼓励社会资本承办高等教育是一个方面，同时，高职院校建立新型后勤服务保障运行机制过程中，也必须主动吸引社会闲散资本进入高职院校后勤服务体系。

2. 从福利投资向有偿投资转变

高职院校后勤服务的福利状态既加重了政府高等教育发展负担，也不符合经济发展的基本规律。从经济规律看，有偿投资是吸引社会闲散资本主

动进入高职院校后勤服务领域的最为有效的方式。所以，我国高校后勤的投资，必须主动地从福利型投资向有偿投资转变。只有这样，社会闲散资本才会逐步进入高职院校后勤服务的有关投资领域，赚取虽然资本回报率不高但却稳定的投资收益，保障我国高等教育扩大化后的健康发展。

3. 从国有独资向股份制转变

高职院校后勤社会化改革以来，部分高职院校开始尝试着让社会资本参与到高职院校后勤的建设之中，形成高职院校与社会合作投资高职院校后勤服务的新局面。但由于高职院校后勤的特殊性，导致高职院校后勤的社会化投资存在各种各样的障碍，尤其是在餐饮领域，绝大多数高职院校并不愿意将餐饮业交给社会合作资本来管理，更不可能完全交给社会资本进行运营。随着社会经济的进一步发展，专业化服务的优势日益明显，高职院校必须主动地退出自己并不擅长的后勤服务领域，将学校后勤交给社会专业服务机构来完成，但考虑到高职院校后勤的教育属性，以及社会主义高职院校的特殊性，高职院校后勤的完全私有化运作并不合适。所以，高职院校后勤有必要以学校参股的方式进行经营，通过派出董事代表、监事代表等方式，对股份制的高职院校后勤服务企业进行有效的监督。在今后一段时间内，高职院校参与的股份制经营将成为高职院校后勤服务的主流形式。

（四）加强合同化管理

1. 合同化管理的必要性

合同化管理是市场经济的客观要求。后勤企业必须按市场经济规律办事，并遵循作为市场经济重要特征的“契约性”。因此，在建立新型后勤服务保障运行机制过程中，高职院校与后勤企业双方成为权利义务对等的甲、乙方关系，通过合同进行管理势在必行。

合同化管理是后勤管理的最佳模式。通过合同化管理，高职院校可以通过招标的形式选择最适合的合作伙伴，将后勤保障的任务、工作要求统统写进合同，无须事事过问，双方的权利义务、责任承担由合同规定，遇有争议通过法律途径解决，避免扯皮，提高效率。

2. 处理好合同化管理问题

坚持自愿原则，保证合同的合法性。在契约关系上，由于校方在市场上的优势地位，在合同中可能很难保证自愿协商原则的真正贯彻，从而导致合同上权利、义务关系的不对等；而后勤企业为了争市场可能会被迫接受不对等的权利、义务关系。这从长远看对学校是不利的，一方面，后勤企业出于利益的需要，会想尽办法改变这种不平等的关系，其服务质量会受到影响；另一方面，一旦发生纠纷，这种合同的合法性会受到挑战，其对契约双方权利、义务的规定性会大大减弱。因此，在订立合同时，高职院校一定要摆正位置，实事求是，自觉遵循市场规律。

坚持平等原则，保证市场的竞争性。甲方和乙方之间保持平等，原校内后勤组建的实体和校外引进的企业一个标准，才能保证双方契约的正确履行，保证高职院校后勤市场的稳定和秩序。

建立后勤服务监督机制。高职院校应当建立健全检查、评估和监督体系。一是对履行合同的监督检查；二是对收费和服务质量的监督检查；三是对规范经营的监督检查，做到社会效益和经济效益统一。否则，合同订得再好，不去履行，也就等于一文废纸，有效的监督检查是履行合同的重要手段。

作为合同化管理的核心，契约成为约束甲、乙方关系的主要手段[1]。但合同不能穷尽一切细节，所以必须将契约管理辅之以激励措施和制度建设，如将末位淘汰机制作为一项内容写入合同，及时完善后勤服务的价格体系、收费标准、各种具体项目的管理规定等一系列制度文件，保证校外、校内市场的有效衔接，保证引进的校外企业更好地提供后勤服务，有效推进合同化管理的进程。

（五）建立后勤企业的现代企业制度

建立现代企业制度是高职院校后勤企业发展的方向和目标，也是考量高职院校后勤社会化的重要指标。建立现代企业制度，就是要建立后勤企业的公司制，建立独立法人结构，将后勤纳入市场，后勤企业自主经营和自负盈亏，实现校企分开。这是合理分离高职院校与后勤企业职能，发挥市场作为资源配置的基础性手段的重要途径，能够将学校从后勤事务中解脱出来，更好地进行办学和科研。

明晰产权是建立后勤现代企业制度的前提。在后勤资产转为经营性资产后，学校只是拥有其产权，后勤企业具有对资产的经营权。后勤企业在此

---

[1] 欧阳连勤：《高校后勤甲乙方合同契约关系之构建》，《安徽理工大学学报》（社会科学版），2012 年第 14 卷第 4 期，第 73 ～ 75 页。

基础上，参与后勤服务市场的竞争，利用高职院校提供的优惠政策和便利条件，自主经营，以企业化、公司化和规范化的运作，通过降低运营成本，谋求适当的经济效益，促进自身壮大发展。学校在此过程中更多的是决策后勤的重大问题，行使监督职能，确保后勤企业的基本发展方向和涉教属性，保证国有资产不流失，而非过去的直接干预甚至是参与经营。这就改变了过去学校与后勤企业的行政隶属关系，扩大了企业的经营自主权，解除了企业的约束，增加其经营的灵活性，从而搞活了后勤内部机制，实现后勤企业的不断发展。

后勤企业建立现代企业制度要求建立和完善科学的管理制度，要按照现代企业经营与管理的模式及要求，制定科学合理的企业生产经营目标和财务目标，组建合理的组织机构框架，完善人事制度和财务制度，构建合理的薪酬体系和绩效考核机制，在后勤企业中进行组织文化建设，大力发展专业化、规范化和行业化的后勤服务项目，促使后勤企业跨越式的发展。同时，后勤企业树立服务意识和市场竞争观念，为学校和师生提供良好服务保障，不断追求师生满意，在学校后勤市场中真正站稳脚跟。要树立以质量和规模求效益的观念，增加服务产品的附加值，在竞争中求生存、谋发展。

当前阶段，高职院校后勤企业的现代企业制度主要有有限责任公司和股份公司两种，两种公司制度各有其特点和优势。但是，就目前高职院校后勤发展现状来讲，有限责任公司的特点更加鲜明，其在界定学校与后勤企业产权、运营的灵活性，以及规避高职院校风险等方面具有相对明显的优势。因此，有限责任公司更适合当前的高职院校。

（六）引入竞争机制

1. 竞争机制的地位和作用

竞争机制是社会资源得以有效配置的必要前提，也是价值规律得以发挥作用的基本条件。如果没有竞争机制的存在和作用，不但价格机制、利率机制和工资机制不能产生和发挥作用，而且供求机制和风险机制也失去了存在和发生作用的条件，经济运行势必出现紊乱。

竞争机制刺激企业采用先进技术和现代化管理以降低商品的个别劳动消耗，用物美价廉的商品去占领市场。同时，企业必须考虑社会需求和消费者利益，从而约束着企业行为短期化倾向。可见，完善的市场机制，必须有充分展开的竞争机制。

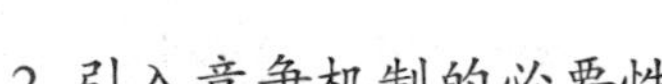

2. 引入竞争机制的必要性

高职院校后勤服务保障是一种市场行为，客观上要求必须与市场经济接轨。高职院校后勤只有引入竞争机制，才能依据经济规律和教育规律，运用新的机制克服旧体制的矛盾与弊端，最大限度利用社会资金和力量，提高后勤服务水平。

建立新型后勤服务保障运行机制就要开放校内市场，打破垄断经营服务，促进高职院校后勤资源在全社会范围内实现优化配置。通过引进社会企业到校园内参与竞争，一方面，能把学校长期补贴数额较大的后勤部分实体和经常令师生不满意的服务项目推向市场；另一方面，能给高职院校后勤实体带来新的经营理念和科学的管理模式，促进后勤实体在价值规律作用下，按市场运作规则行事。

建立完善的竞争机制是提高服务保障效益的必由之路。社会第三产业逐步介入高职院校市场中来，高职院校就可以从众多的后勤企业中挑选服务质量好而价格又低的对象与其签订服务合同。为了能在高职院校市场中占有一席之地，这些后勤企业之间必然存在激烈的竞争，而竞争的最大受益者就是高职院校及师生员工。

建立完善的竞争机制是维护后勤安全的必要手段。在市场经济条件下，如果没有竞争机制的存在，高职院校后勤服务保障市场一家垄断，一旦出现合同突然终止现象，就有可能导致正常的服务保障工作被迫停止，甚至造成无法估量的损失。

3. 引入竞争机制的构想

高职院校后勤服务保障既要按市场规律办事，适度展开竞争，又必须根据实际情况把握好市场定位，进行合理的调控和管理。

在建立后勤服务保障运行机制的进程中，要正确运用好引进机制。过度开放校内市场，引进社会企业，可能造成无序竞争，给管理带来混乱，引起一系列社会问题，影响学校的稳定；封闭校园不引进，会保护落后的市场，服务质量和服务水平难以跟上学校发展的需要。因此必须要把握好“度”，有计划、有目的地做好引进工作，从而激活校内市场，形成竞争氛围，达到相互促进，共同提高的目的。虽然进入校园的企业在经营上存在着短期行为，追求的目标是利润最大化，但只要加以规范管理和监督，这些弊端是可以克服的。

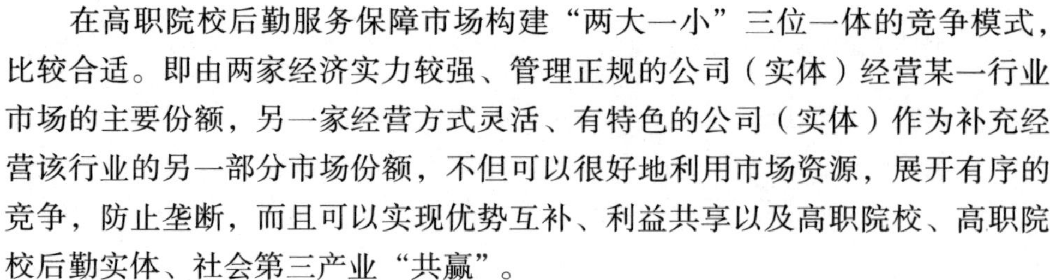
在高职院校后勤服务保障市场构建“两大一小”三位一体的竞争模式，比较合适。即由两家经济实力较强、管理正规的公司（实体）经营某一行业市场的主要份额，另一家经营方式灵活、有特色的公司（实体）作为补充经营该行业的另一部分市场份额，不但可以很好地利用市场资源，展开有序的竞争，防止垄断，而且可以实现优势互补、利益共享以及高职院校、高职院校后勤实体、社会第三产业“共赢”。

第二节　高职院校后勤服务监督体系的构建

一、高职院校后勤服务监督体系的现状

随着高职院校后勤社会化改革的不断深入，高职院校后勤市场在稳步有序地对外开放。高职院校管理者在这一过程中，扮演着“服务监管者”的角色，而为在市场竞争中处于优势地位，高职院校后勤实体对服务质量也越来越重视。根据监督主体的不同，高校后勤服务的监督模式可以分为内部监督和外部监督两类。内部监督由高职院校后勤服务实体自主进行，以标准化管理为目标的 ISO 9001 国际质量管理体系和 HACCP 食品安全管理体系认证，以及对后勤职工开展全员绩效考核等都属于内部监督范畴。本文所探讨的外部监督，是将其主体主要限定为校内后勤实体的管理者与服务对象，目前外部监督的路径主要有后勤管理部门的检查、校长信箱、投诉电话、咨询台等形式。从外部监督的实际效果来看，目前几种方式主要存在以下问题。

1. 监督信息碎片化

内部监督的主体为后勤服务实体，外部监督的主体为高职院校管理部门和师生，目前内外监督过程中还存在“各自为政”的现象，没有有效地衔接起来，主要表现在三个方面：①缺乏体系建立与维护的主导者。从高校层面没有明确监督的责任主体，没有意识到建立后勤服务监督体系的内涵与重要性，认为对后勤实体的工作有检查就是履行了监督职责；②没有统一的监管平台。监督的形式分散，结果难以集中处理；③对后勤服务质量的影响有限。受监督渠道的限制（多在实施具体服务的地点），监督内容多为针对具体事件的投诉，后勤实体“头痛医头，脚痛医脚”，难以从中发现规律性的问题。

2. 监督效率低下

（1）受理过程不透明。师生将问题直接反映给工作人员之后，只能坐等相关人员采取措施，导致师生无法得知问题的具体处理状况。

（2）问题处理不及时。问题的处理过程，中间的种种环节亦浪费太多的时间加之工作人员的懈怠或是拖延时间，致使师生提出的问题得不到及时解决，工作人员的懈怠亦是得不到有效的惩戒。

（3）处理结果无反馈。师生反映的问题有时会得不到后勤有关工作人员的回应，甚至是石沉大海，需要再次进行投诉或是留言。这给广大师生的生活造成了不便，也损害了后勤服务部门的信誉。

3. 容易因监督结果运用不当而导致内外监督“两张皮”

后勤实体虽然主动通过双体系认证、绩效考核等途径对服务质量进行了监督，但是其对师生意见、对高职院校管理者的监管还是有抵触心理，难以做到主动出击。后勤实体对外部监督充满焦虑和疑惑，他们一方面不愿意自己的弱点被暴露，从而影响后勤经费的支付，或是影响其在师生心目中的形象；另一方面对外部监督的效果没有信心，认为师生和管理者对其工作不够了解，因此外部监督只是做官面文章。

二、互联网时代高职院校后勤服务监督体系的内涵

为真正地发挥后勤服务监督的作用，针对传统后勤服务监督中存在的问题，笔者认为，可以高职院校管理者为责任主体，以热线电话、网络、移动类 app、第三方应用软件等技术为支撑，建立起信息采集多元化、监督内容立体化、信息流转高效化、问题跟踪可视化、结果反馈及时化的“互联网 + 后勤服务监督体系”，助力于高职院校后勤事业的健康快速发展。“互联网 + 后勤服务监督体系”具有如下特点。

1. 信息采集多元化

随着互联网技术的发展，传统互联网与电子通信的联系日趋紧密，手机终端、PC 与电子消费终端融为一体，手机已成为现代人生活中必不可少的部分，一系列社交软件在迎合人们的需求中应运而生，如微信、微博、QQ 等各类 app。现代人也习惯于借助这类互联网应用进行生产和生活，可以毫不夸张地说，现代人生活已经离不开互联网。信息的传播方式和速度已经发

生了翻天覆地的变化，后勤监督的渠道和信息采集方式也必须要随之变革，可以利用热线电话、网络、移动 app、第三方应用软件等，充分采集高职院校管理者、师生以及后勤实体对后勤服务质量的意见和建议，真正全面地收集到对提升服务水平有益的各类信息。

2. 监督内容立体化

目前，很多高职院校把后勤部门从学校事业管理体系中规范分离出来，组建了后勤服务企业，没有成立具有独资法人资质的后勤服务企业的高职院校，也多以后勤服务协议的形式明确了后勤实体与学校的关系。在市场经济条件下，想要后勤实体既追求经济效益，又圆满履行社会效益，就必须借助互联网技术，将后勤实体必须承担的社会效益作为监督要素纳入考评过程，在饮食服务、住宿管理、维修服务、水电气暖保障、校园绿化、教学楼管理、班车运行、幼教服务等服务保障项目中，也可邀请师生对后勤服务进行在线打分，准确衡量师生对后勤工作的满意度，从而对后勤服务流程进行全面、立体监督。

3. 信息流转高效化

信息采集的渠道是多元化的，但是最终都要汇集到同一处理平台进行分析处理。以互联网技术为支撑，可以构建包含热线电话、网络、app、第三方应用及现场五位一体的全方位数字化服务平台，通过平台根据紧急和重要程度对信息进行分类，不同的信息可以同时快速传递给不同群体，要求在不同的时限内处理完毕，不仅实现了 24 小时在线监控，而且有效缩短了问题的处理时间，减少了中间沟通环节。

4. 问题跟踪可视化

对后勤服务监督的重点在于结果的运用，如果没有将监督结果与工作改进相结合，监督就只能沦为“花架子”。要确保监督实效，首要条件是要将监督结果与责任落实相结合，不管是高职院校管理者、师生或是后勤实体在监督过程中发现不足，最终都要追踪到具体的责任人，限定整改时限，明确惩罚措施。另外，管理者要有更高的管理诉求，要善于将监督结果与工作流程的改进相结合。

5. 结果反馈及时化

对后勤服务进行监督的目的是提升服务质量，有些意见或建议可以马上实现，有些由于客观条件限制并不能够当即做出改变或实现，但无论是何种结果，都要在第一时间通过多种途径及时告知公众，对反馈的时间和途径、效果必须有硬性规定。反馈的目的一方面体现后勤实体勇于改进、不断提升的作风；另一方面通过信息的公布让管理者和师生对后勤工作更加了解，从而获取更多的支持和认可。

三、互联网时代高职院校后勤服务监督体系的构建原则

高职院校后勤服务质量监督评价体系是对高职院校后勤运作水平的科学评价，对高职院校后勤的建设与发展有着重要的导向作用。体系制定的合理有助于促进高职院校后勤的健康发展，否则将会产生不利作用，引发诸多矛盾。

1. 兼顾内部监督与外部监督

高职院校管理者、师生对后勤服务的监督往往注重结果导向，通过后勤服务协议等形式，对后勤服务的质与量进行整体描述，这是一个高职院校后勤发展的目标与规划。如果仅仅有外部监督，对后勤服务的监管可能就会流于宽泛，或是过于严苛，难以捕捉高职院校后勤服务的实际状态，因此在后勤服务的具体实施过程中，还需要充分发挥后勤服务实体的主动性，对服务的每一个流程和环节进行监督。在当前环境下，后勤服务实体是有能力也是有动力参与到服务监督体系的建设中的。但是仅仅依靠后勤服务实体自身的监督，后勤实体将会既做“裁判员”又做“运动员”，监督也就失去了意义。因此，要明确高职院校管理者和后勤实体各自的责任，从而构建起涵盖内部监督和外部监督的后勤服务监督体系。

2. 定性评价与定量评价相结合

“互联网 +”背景下，可以利用运维物资管理系统、餐饮服务系统、物业管理系统、节能监管平台、维修服务平台等强化对后勤成本的分析与控制。由于高职院校后勤兼具社会效益与经济效益，其实现社会效益的成本势必要在追求经济效益的过程中统筹支出，也就是后勤服务实体常说的“增强造血功能以弥补公益性投入的不足”。而在具体的后勤工作中又涵盖众多复

杂因素，不少工作环节只能用描述的方法进行评价，如饭菜的口感、环境的舒适程度等，综合以上因素，要对后勤服务进行评价，只能是在定性的基础上进行定量分析。如果孤立地、过分地强调量化，把量化作为后勤工作科学评价的唯一标准，则易陷入简单化、盲目化。当然，对于后勤经营活动取得的成果能量化的要尽量用数据来说话，用量化指标进行评价，做到定性评价与定量评价相结合。

3. 贯穿后勤服务全过程

在服务监督体系设计的过程中，其主体应为高职院校管理者，而后勤工作往往是点多、线长、面广，将哪些要素作为监督考核的依据，需要较高的管理智慧。在设计监督体系的过程中，不仅要有所侧重地选择考核指标，更要将这些考核指标置于后勤服务的全过程中，从而形成完整的、封闭的管理链条，不能太过随意，而要综合考量、全面评价，使服务监督体系真正能够发挥导向和促进作用。

4. 全天候、全方位开展服务监督

提起后勤工作，人们常常想到的是“兵马未动，粮草先行”，高职院校和师生对后勤工作的要求是“后勤工作无假期”。水电需要持续稳定运行；只要还有一名学生在校，食堂的饭菜就不能停止供应；宿舍和教学楼的值班、保洁一刻也离不开人……后勤工作要求 24 小时全天候“在线”，对后勤服务的监督也应如此，如果在后勤服务监督体系中也是按照“朝九晚五”的时间开展工作，已经不能适应高职院校快速发展的需要，而“互联网 +”时代的到来，为服务监督体系的全面覆盖提供了可能。

5. 以师生评价为重要考评要素

作为高职院校后勤市场的客户，师生对后勤工作的评价理应是检验后勤工作好坏的重要标杆。以往师生对后勤的意见与建议多通过留言本、意见箱、投诉电话等形式反馈给后勤服务实体，不仅渠道受限，而且往往具有滞后性，对后勤工作的指导意义非常受限。如今，高职院校后勤信息化的不断推进为师生监督后勤服务质量提供了有力保障。现在多数高职院校都建立起以互联网为依托的后勤数字化平台，师生可以通过热线电话、网络、移动 app、第三方应用软件等，随时随地向后勤实体提出意见与建议。有了互联网技术的支撑，只要将师生评价与后勤服务经费的支付相挂钩，后勤实体自

然会高度重视师生诉求，努力构建与师生诉求相匹配的后勤服务保障体系。

6. 持续改进，积极探索适应高职院校发展需求的服务监督体系

“互联网 +”时代的一个显著特征就是，创新与改变的速度较以往任何一个时代都要快。没有一成不变、始终适应的体系，因为内外部的环境都在不断发生变化，对体系的需求也在不断发生改变。例如，人们社交方式在不断发生改变，微博由原来的社交明星已经逐渐退居幕后。人们对 PC 端的依赖程度已经向移动端转移等，所有的变化都将对后勤服务监督体系造成影响，今天构建的认为最优、最便捷的渠道，可能在明天就会发生变化，后勤服务的内容也会不断进行调整。所有这些，都需要在对体系进行评估的基础上，始终保持清醒的头脑，始终有做出改变的勇气，以开放的心态建造体系，及时根据需要进行调整。

四、互联网时代高职院校后勤服务监督体系的实施对策

1. 要以高职院校后勤管理部门为主体，统筹规划、综合协调

构建后勤服务监督体系的主体应为高职院校后勤管理部门，这一点毋庸置疑。只有以后勤管理部门为主导，才能使建立起来的后勤服务监督体系具备权威性，才能在开放校内后勤市场后，在多家服务提供者中具备公信力。在“互联网 +”的背景下，信息传播渠道、速度与以往相比，已经发生了翻天覆地的变化。高职院校作为教书育人的圣地，如果后勤保障与高校和师生的需求有差距，其影响将不仅仅局限于一个学校，可能会在更大范围内传播。后勤服务质量监督评价体系建立后：①可以更加明确管理者的权限与责任，督促管理者强化对后勤服务质量的监控；②可以对后勤服务进行全方位的监控，从而帮助管理者不断划小核算单元，提升后勤成本核算能力；③有助于发现管理和服务中的不足，为全面、客观地评价后勤工作提供可靠的依据，促进后勤精细化管理水平不断提升。因此，高职院校后勤管理者必须高度重视、加大投入，对本校后勤服务监督体系进行全盘规划，充分听取师生和后勤实体对体系建设的诉求，结合本校实际制订建设目标、实施方案、监督指标，明确方法步骤，建立起一套完善的后勤服务监督体系。

2. 要合理运用考评结果

要充分激发后勤实体自我监督的积极性，通过完备的绩效考核将监督考

评结果直接与薪酬体系挂钩。由于管理部门人员和精力有限，不可能在监管过程中面面俱到，因此应选择重要的指标进行重点监控，可以将监控结果与后勤经费的支付挂钩。这样，可以充分激发后勤实体自我监督的自觉性和积极性，从而实现对后勤服务的全程监管。"互联网 +"时代下的后勤服务监督，问题处理结果、处理效率等信息全部对外公开，以至于后勤各职能部门必须安排专人核实处理，并规定处理时限。后勤实体可以通过绩效考核将服务监督结果直接与职工的薪酬挂钩，最终管理者和师生评价的好坏将反映到考核结果中，直接影响到提供服务的后勤职工的报酬。

3. 要以"互联网 +"的理念与手段实现监督流程变革，充分发挥师生监督的重要作用

师生对后勤服务的质量有着最直观的体验，因此其评价具有重要意义。但是与管理者的常规检查不同，师生监督往往具有分散性、随意性，监督信息过于碎片化，如果没有专门的渠道进行搜集，就难以运用到后勤管理中。在这一过程中，可以有效地借助信息化手段，既可以为师生提供便利，又可以进行科学的数据分析和运用。以郑州大学为例，该校建设了 24 小时"一站式"后勤数字化服务平台，师生通过拨打 24 小时热线电话、实名登录网上服务平台、关注微信订阅号等途径，即可随时随地轻松获取相关后勤服务情况并提出意见建议，为师生监督后勤服务创造便利条件。借助数字化服务平台对数据的整理和分析，该校进一步优化人员和物资配置，管理效率和服务水平显著提升。

4. 要加强人员培训，建立一支与新形势、新要求相匹配的人才队伍

现代企业竞争的关键是人才竞争，一切完美的规划都需要人去落实。在高职院校后勤服务监督体系的建设中，需要一支这样的人才队伍。

（1）具有开放心态的管理者队伍。管理者要深刻领会"互联网 +"对高职院校后勤事业的重要意义，更要对高职院校后勤事业发展中面临的战略机遇有清醒的认识。教育部《关于深化高职院校后勤社会化改革的若干意见（讨论稿）》中明确指出，后勤社会化改革还未完成，要"稳步扩大高职院校后勤服务市场开放""加强对高职院校后勤服务的监管"。学校开放后勤市场、购买后勤服务的前提，是建立完备的后勤服务监督体系，只有借助互联网技术建立高职院校后勤服务监督体系，才能为选择服务提供主体、评价服务质量水平提供依据，才能建立公平、公正、规范的高职院校后勤服务市场

秩序。

（2）专业能力突出的技术骨干。技术骨干应熟练掌握计算机技术与网络技术，根据学校对后勤服务监督体系的整体规划，定制出符合本校需要的以互联网技术为支撑的服务监督体系，并对体系运转情况进行分析。

（3）通力合作的职工队伍。服务监督体系建立后，将是对高职院校后勤运行模式的巨大变革，任何变革都会有利益的再分配，在此过程中，必然要获得广大职工的大力支持，否则改革只能是一场泡影。

5. 要注重校企合作，以社会化手段提供技术支撑

“互联网 +”浪潮下，互联互通、开放共享不仅仅是一种理念，更是一种技术要求。高职院校有技术与能力开发出满足自我需要的数字化平台，但是考虑到开发成本与维护成本，考虑到高职院校社会化改革的目的与意义，可以将技术层面的需求交由专业的社会企业来完成。高职院校管理者可以在总体规划的基础上，与学校整体的信息化建设同步统筹规划，将所有技术方面的需求进行整合，交由社会企业开发完成所需的数字化平台，将信息采集、数据存储、网络安全等由本校技术人员负责，确保数据安全。

6. 要不断提升系统的兼容性与开放性，丰富监督主体，提升监督效力

本书是在高职院校这个相对封闭的环境中，探讨后勤服务监督体系建设，其主体主要为高职院校管理者、师生和后勤实体，而在实际工作中，能够影响高职院校后勤服务水平、对高职院校后勤实体工作进行监督的远远不止这三方，还应该包括政府机构、行业协会、媒体、社会公众等。受当前条件制约，高职院校之外的监督主体发挥作用的途径都非常有限，也没有形成常态化的监督。随着“互联网 +”时代的发展，未来的后勤服务监督体系将会把所有监督主体都囊括其中，既各自分工又通力合作，每个主体都有其监督责任，也有一整套的监督考评体系，监督、改进结果也将面向社会进行公开，为整个社会治理能力的提升做出积极贡献。

移动互联网通信技术、云计算、大数据、物联网技术等现代科技的发展，给人们的生产和生活带来了前所未有的挑战，同时也给高职院校后勤服务工作带来了前所未有的机遇。高职院校后勤管理者应进一步转变观念，树立移动互联网思维、创新性思维、人本化思维、精细化思维、简约化思维、透明化思维、物联网思维、大数据思维，不断完善新形势下的后勤服务监督体系，促使后勤服务与管理水平实现质的飞跃。

第三节　高职院校后勤服务绩效评价指标体系的构建

一、绩效与绩效评价

绩效，是为达到组织目标而表现在各个方面的有效输出[1]。绩效具有可计量性的特点，是主动行为产生的结果，反应既定目标的完成效果。绩效是客观存在的。工作产生绩效，绩效是主体作用于相应的客体所展现出的现实效果，无效率则不是绩效。

绩效评价是采用相应的评价方法和标准，对达到其功能所明确的目标的完成情况，以及为达到目标所安排工作的实践效果的整体考核[2]。可以说，生产经营活动的产生催生了绩效评价的行为，在资本主义社会后，随着公司的出现，公司的所有者和经营者分离，为了更好地评价组织的运营，绩效评价的需求日益迫切。从泰勒创立科学管理理论开始，西方国家开始深入探讨绩效并不断完善相关理论。

二、绩效评价理论与方法

社会的各个方面，包括国家、企业、个人，都存在绩效评价。根据评价客体的性质及特点，绩效评价可以分为非企业以及企业绩效评价，非企业绩效评价主要针对非营利组织及公共部门，如事业单位、政府部门以及其他社会公共机构等。在这里，我们讲述三种使用较广泛的评价方法[3]。

（一）关键绩效指标法

关键绩效指标法，就是 KPI 绩效评价。该方法是用于衡量工作人员绩效表现的以目标为标准的量化指标，它能够通过逐层分解整体战略目标，使战略目标转化为能够实际操作的具体目标。

---

❶ 姚柳英，刘佳：《高校后勤企业绩效沟通及绩效管理分析明》，《知识经济》，2016 年第 14 期，第 112 ～ 113 页。

❷ 伶春明：《绩效管理与高校后勤可持续发展》，《教育界》，2016 年第 1 期，第 9 ～ 10 页。

❸ 张章兴：《常用绩效评价理论特点与适用性分析》，《人才资源开发》，2015 年第 2 期，第 139 ～ 140 页。

（二）基于平衡计分卡的绩效评价方法

平衡计分卡（Balanced Score Card），将组织的整体战略分解成财务、客户、内部运营、学习与成长四个角度，是将复杂战略转变成具体可行的目标的新型绩效评价模式。

（三）基于360度反馈的绩效评价方法

领导评价下级作为传统的绩效评价方式，具有评价来源和方向不全面的缺陷。而360度反馈评价不同，评价信息来自各个方面，能够达到360度全覆盖，同事与同事，领导与下属，员工与客户之间都能进行互相评价，其评价结果是多源和多方向的，即360度反馈评价是一种全面评价方法，能够提供多方面的反馈。

同时，新的绩效评价理论也在不断地出现和发展，类似OKR（Objective&Key Results）、数据包络法的很多方法逐渐被应用，每种方式均有其特点及适用情况，在应用过程中要合理选择适当的理论[❶]。

三、高职院校后勤服务绩效评价理论体系

（一）高职院校后勤服务绩效评价的内涵

所谓评价，是针对特定客体的主观对客观的评价行为。伴随社会的发展，人类的评价方式与能力也在持续提高与完备。评价使人们更深入地认识和把握事物的客观运动规律，促使人们采用有效的手段提升管理方式及方法，从而提高管理能力，以此达到更好的效果。绩效是衡量人类活动的客观标准，有绩效的活动能够推进人类社会进步和经济发展。

高职院校后勤服务绩效评价的内在核心是管理效率和效果分析，选取合理、规范的评价方式，对后勤的工作进行分析，科学、客观、完整地评价后勤企业的工作成果，创建恰当、有效的激励约束体制，从而促进高职院校后勤企业进一步发展。

（二）高职院校后勤服务绩效评价的主客体

高职院校后勤服务绩效评价的主体是高职院校管理部门，每年高职院

❶　于海曼:《关于企业绩效评价系统创新研究》,《知识经济》,2017年第3期，第92～94页。

校在拨付后勤企业的资金中扣除一定比例作为保证金，只有当年底后勤企业达到高职院校的评价水平时，才在第二年拨付，以此保证后勤部门的服务质量，考核后勤企业职责的履行情况及管理服务水平，并且根据评价情况对后勤组织的管理人员进行相应的奖惩。

高职院校后勤服务绩效评价的客体是整个后勤部门。高职院校后勤的主要职能是保证后勤服务，校内服务这一情况使得后勤在工作中应遵循微利保本的原则。随着经济的快速发展，高职院校的持续前进，师生要求的不断提高，高职院校后勤企业要紧跟时代，建立现代化的管理制度，也要考虑高职院校的特殊情况，维持后勤经营福利性、公益性的特征。

总体来说，在高职院校后勤服务绩效评价中，高职院校管理部门是主体，对后勤部门进行评价。

（三）高职院校后勤服务绩效评价的目标

高职院校后勤服务绩效评价要明确其目标。为使高职院校的需求与后勤企业的能力相一致，激发和调动后勤管理者的积极性，我们要选择恰当的绩效评价指标，尽可能使得绩效评价科学、全面、客观。从高职院校及后勤两个角度，我们将高职院校后勤服务绩效评价的主要目标分为如下两点：

1. 在高职院校方面，满足高职院校需求，提高师生满意度

高职院校后勤部门的主要服务对象是在校师生，能否令其满意是判断后勤绩效的重要标志。高职院校后勤为学校的日常运行提供有力支持，为学校更快速地发展提供保障。我们构建绩效评价体系也要坚持这一目标，即提高自身的服务能力，提高师生的服务体验，保证后勤服务充分满足学校需求。

2. 在后勤企业方面，提高工作效率和自身价值

为高职院校提供后勤保障是后勤的主要职能，选择适当的评价方法可以将资源利用率达到最大，提升后勤的服务效率和反应能力，扭转经营中的偏差，提升后勤的创新能力和员工技能，推动高职院校后勤的发展，从而提高后勤部门的自身价值和服务能力。

四、平衡积分卡在高职院校后勤服务绩效评价中的应用

（一）必要性分析

目前高职院校后勤在绩效评价中存在一系列问题，评价模式已经出现与发展战略的不协调性。另外，高职院校师生也希望能够参与到高职院校的管理中去，他们越来越关注后勤部门的效益，校务公开也要求对后勤的绩效有明确的评价。要客观准确地评价高职院校后勤的情况，就要通过专家与师生的评价，而平衡计分卡理论更便于高校师生加入对后勤部门的评价中去，有利于高职院校师生参与管理。绩效评价势在必行，要对高职院校后勤进行评价，就需要选择一个先进、成熟、适合的评价方法。而平衡计分卡能够弥补绩效评价现有的缺陷，主要表现在以下方面：

1. 平衡计分卡贵在平衡

平衡计分卡的价值体现在它的平衡理念。其平衡理念主要表现在：外部和内部；成果和执行动因；定量和定性；短期目标和长期目标之间的平衡[1]。而目前大多数高职院校后勤服务绩效评价体系存在缺乏科学性、系统性等缺点，引入平衡计分卡作为绩效评价工具可以克服这些问题，因此，建立以平衡计分卡为理论基础的评价体系势在必行。

2. 平衡计分卡能够建立组织战略的基础架构，紧密结合组织的远景战略与绩效

传统的绩效评价方法往往是薄弱而短期的，而平衡计分卡就对此做出了突破性提升，与组织战略结合在一起，并且平衡计分卡能够清晰地分解高职院校的战略目标，弥补了后勤绩效考核体系无法体现高职院校战略目标的缺点。同时，平衡计分卡不仅将企业战略和绩效评价结合起来，而且把战略分解成可控制且可测算的四个维度加以实现。高职院校后勤社会化改革要求后勤企业融入社会这个大环境中，参与社会竞争，因而，高职院校后勤部门必须注重规划自身远景[2]。目前，越来越多的后勤企业开始重视这个问题并确

---

[1] 张虓烽：《BSC 与 EVA 结合在企业绩效评价体系构建中的应用》，《中国管理信息化》，2016 年第 19 卷第 3 期，第 30 ～ 31 页。

[2] 乔海燕：《平衡积分卡在高校行政管理部门绩效管理中的应用》，《企业改革与管理》，2015 年第 24 期，第 72 页。

定自己的远景计划，因此，高职院校后勤引入平衡计分卡思想是必要的。

3. 平衡计分卡能够明晰企业创造价值的动因

企业财务成果以及客户满意度的提升均来自企业内部。高职院校后勤部门也是如此，高职院校后勤企业的客户是师生，运营的场地主要在校内，只有立足校内、关注师生才能创造价值。因此，高职院校后勤企业要研究师生的需求，发现自身的弱点并改进，从而实现自己的目标。平衡计分卡能够很好地分析组织的外在体现和内部动因，能够对后勤的经营提供良好的指导作用，因此，平衡计分卡理论应该被引入高职院校后勤服务绩效评价中。

4. 平衡计分卡能够推动后勤企业坚持学习，提高职工素质

平衡计分卡是一种动态评价，它会督促后勤企业持续学习，此外，还能够促使后勤企业关注员工的学习进步和素质的提升，进而形成学习型组织。这种状态能够提高员工的积极性，从而使组织运转更加顺畅，最终达到为师生提供优质的服务的目的[1]。而目前高职院校后勤的绩效评价基本上是静态的，忽略了企业的学习与成长，因此，引入平衡记分卡理论，关注企业的动态成长是必要的。

（二）可行性分析

（1）高职院校后勤企业的外部环境保证以平衡计分卡理论为基础的绩效评价体系得以施行。高职院校汇集了大量高等人才，这为实行先进理念提供了前提和保障，另外大部分高职院校都有确切的短期、中期以及长期目标，并且可以逐层分解，作为高校的附属部门，高职院校后勤可以结合自身实际情况，确定战略目标，此外，高职院校后勤依托高职院校存在，能够便捷地获得学习和培训机会，从而促进平衡计分卡为基础的绩效评价体系的制定和实施。

（2）国家政治与经济体制的变革，为实施平衡计分卡绩效评价体系提供了基本的政治与法制环境。我国市场经济体制和民主法制建设已经日趋成熟，作为国家事业部门的高职院校同样也在深化改革，高职院校后勤服务绩

[1] 姚柳英，刘佳：《高校后勤企业绩效沟通及绩效管理分析明》，《知识经济》，2016 年第 14 期，第 112 ～ 113 页。

效评价也是高职院校高效运转的必然要求❶。国家大环境以及高职院校的小环境都为平衡计分卡绩效评价模式的实施准备了可行条件。

（3）平衡计分卡在各个行业，尤其是公共领域的广泛使用为高职院校后勤提供了有效借鉴。平衡计分卡理论自产生以来，就在绩效评价中发挥了巨大作用。在营利性企业大规模使用平衡计分卡理论之后，非营利组织和公共部门也开始关注和使用这一理论，并取得成功。研究表明，平衡计分卡理论同样适用于这些组织❷。鉴于高职院校后勤企业与非营利组织和公共部门有其共同点，因此平衡计分卡在这两种类型组织中的成功使用，为其在后勤企业的绩效评价提供了良好的参考作用。

（三）应用原则

实施平衡记分卡的主要步骤分为制定发展战略，列出推行平衡记分卡方案的理由，将战略分解为一系列的评价指标，并且将组织战略与企业的、部门的、个人的目标相关联，运行分解后的战略，获得反馈之后进行调整，建立健全的考核体系，最后根据平衡计分卡的评估结果进行奖惩，实施平衡计分卡的最终目的是带动组织迈往新的战略方向。科学的平衡计分卡涵盖一连串连贯的目标，这些目标能够起到相互促进的作用。

在实际应用时，应注意理论结合实际，不能照搬理论知识。后勤组织的福利性、公益性等特点决定了它与一般盈利性企业的本质性不同，平衡计分卡作为评价企业绩效的工具，在应用到高职院校后勤时，应根据后勤组织的需要，适当调节平衡计分卡的四个维度，提高客户角度的层次，弱化财务指标，同时，对平衡记分卡四个维度的指标进行适当的选择和扩展，使之更符合本组织的需求。

五、高职院校后勤服务绩效评价指标体系

（一）高职院校后勤服务绩效评价指标体系的构成

根据平衡计分卡理论，构建绩效评价指标体系应该从财务、客户、内部流程、学习与成长四个方面来构思。鉴于高职院校后勤企业公益性、福利性

❶ 武银茂：《平衡计分卡在学校内部控制评价中的运用》，《中国经贸》，2016 年第 8 期，第 269 ～ 270 页。

❷ 单正丰，王翌秋：《平衡计分卡在高校财务绩效管理中的应用》，《江苏高教》，2014 年第 6 期，第 74 ～ 76 页。

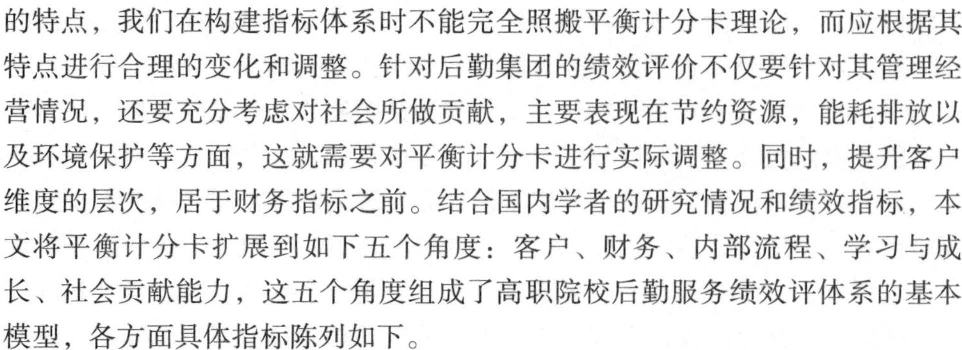

的特点，我们在构建指标体系时不能完全照搬平衡计分卡理论，而应根据其特点进行合理的变化和调整。针对后勤集团的绩效评价不仅要针对其管理经营情况，还要充分考虑对社会所做贡献，主要表现在节约资源，能耗排放以及环境保护等方面，这就需要对平衡计分卡进行实际调整。同时，提升客户维度的层次，居于财务指标之前。结合国内学者的研究情况和绩效指标，本文将平衡计分卡扩展到如下五个角度：客户、财务、内部流程、学习与成长、社会贡献能力，这五个角度组成了高职院校后勤服务绩效评体系的基本模型，各方面具体指标陈列如下。

1. 客户角度

高职院校后勤企业的客户就是在校师生，其主要职能是满足在校师生的需要，而客户作为平衡计分卡的第一条，最终目标是满足广大在校师生员工的需求，这体现出后勤企业的公益性、福利性特征。这就要求高职院校后勤要不断提高自身价值和服务能力，为师生提供优质、高效、便捷的服务，切实消除师生的后顾之忧。

因此，结合研究文献及访谈资料的分析，我们为客户角度选择以下几个指标，即：客户保持率、客户数量规模、师生满意度、服务热情度、处置突发事件能力、投诉整改效率。

2. 财务角度

高职院校后勤企业的工作成果可以由合理的财务指标反映出来，利润保障后勤企业发展并且能够激励员工提升服务能力，也是推动内部流程、学习与成长的重要动力。伴随高职院校后勤改革的进展，后勤部门正逐步确立现代企业制度，实行“独立核算、自主经营、自负盈亏”的模式，这决定了后勤企业对经济效益的追求，经济效益也是其赖以发展的动力。然而，高职院校后勤集团有异于一般盈利性企业，不能单纯地追求利润最大化，由于高职院校后勤福利性、公益性的特点，各项服务并不能完全随市场价格而定价，收入的增长受到较大限制，因而，从财务角度应更多地从成本节约、预算控制方面来考核，提高效率，争取用最低的成本保障最优质的服务。在收入稳定、保证服务质量的前提下，节约成本，从而达到增加利润的目的。

结合相关资料，财务角度关键指标应包括：主营业务收入、存货周转率、净资产收益率和成本费用利润率。

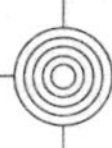

3. 内部流程角度

内部流程是指用来满足客户需求的方式方法，需要组织内部制定一套完整、合理的管理决策和行动程序。高职院校后勤部门的市场主要是在校师生，整体来说较为稳定，但随着经济的发展和师生监督意识的提高，师生要求后勤在产品的质量、安全、价格等方面有更好的表现。高职院校后勤集团微利经营的特点也要求企业必须加强内部流程的管理，从而减少成本，获得利润。我们也要依据师生消费情况的变化，不断地改进和研发不同层次的产品和服务，满足师生的需求，确保后勤组织在高职院校内部绝对的市场地位。内部流程是提升客户体验的良性动力，其指标有：管理制度健全度、劳动生产率、创新能力和信息化建设程度。

4. 学习与成长角度

为满足在校师生的需求，提升服务效率，后勤企业的学习和创新能力逐渐受到管理者的重视，强大的学习能力可以促使企业积极面对持续变动的外部条件，持续促进企业发展。提升后勤职工的整体素质，从而促使后勤企业价值的持续提升。

学习与成长角度的关键性指标有：职工培训次数、职工工作满意度、职工离职率和专业技术职工比例。

5. 社会贡献能力角度

一般盈利性组织的社会贡献能力主要通过对员工、社会以及环境的责任反映出来。而高职院校后勤作为一种特别的经济组织，具有盈利性和公益性的双重性质，现实情况要求其更重要的是要实现公益性、福利性。相比一般盈利性企业，高职院校后勤组织更加强调其对社会的效益。

社会贡献能力的指标有：勤工助学岗位数、投入节能环保资金、就业贡献率、能源消耗利用率。

（二）绩效评价指标体系的权重

1. 绩效评价指标体系的权重确定方法

确定绩效评价指标权重的方法有：专家直观判定法、权重因子判断表法、德尔菲法、层次分析法等。

层次分析法能够数量化专家的主观评价，使其更加直观、便于比较，此外经过筛选和分析结果的逻辑，能够大幅提高权重的准确性。

1971 年，美国运筹学教授萨迪提出了层次分析法（AHP）。层次分析法是一种计算权重的系统性方法，它把多目标决策问题看作一个整体，逐层分解目标得到多个指标，通过模糊量化定性指标，计算指标权数，进而提供决策依据。层次分析法的主旨是量化决策者的主观经验，进而为决策提供数量化的指标，适用于目标结构复杂且缺乏准确数据的条件。

高职院校后勤服务绩效评价指标体系符合层次分析法的应用范围，因此我们选用层次分析法来计算指标的权数。

2. 绩效评价指标体系的权重

（1）划分重要程度，构造判断矩阵。判断矩阵是指针对上层某个因素而言，其对应的下一层元素与之相关的相对重要性。判断矩阵应满足：

$B_{ij}=1$，$b_{ij}=1/b_{ji}$，i，j=1，2，3，…，n

其中，b_{ij} 表示相对于上层元素 Ak，b_i 对 b_j 的重要程度，b_{ij} 可由管理者的经验估计得到。标度含义见表 4-1。

表 4-1　判断矩阵标度及其含义

标度	说明
1	两指标（X_i，X_j）相比，X_i 与 X_j 同样重要
3	两指标（X_i，X_j）相比，X_i 比 X_j 略微重要
5	两指标（X_i，X_j）相比，X_i 比 X_j 明显重要
7	两指标（X_i，X_j）相比，X_i 比 X_j 强烈重要
9	两指标（X_i，X_j）相比，X_i 比 X_j 极端重要
2，4，6，8	需要折中时使用
倒数	两指标（X_i，X_j）相比，X_i 比 X_j 不重要的程度

相关指标的权重由专家打分取平均值的方法取得。经过各指标的介绍，评价小组人员开始独立构建各层次中的判断矩阵，整理得到最后的判断矩阵。

（2）计算各元素相对权重的单排序并进行一致性检验。利用 yaahp 层次分析法软件，计算层次总排序合成权数并进行一致性检验。

判断矩阵进行归一化处理。即：

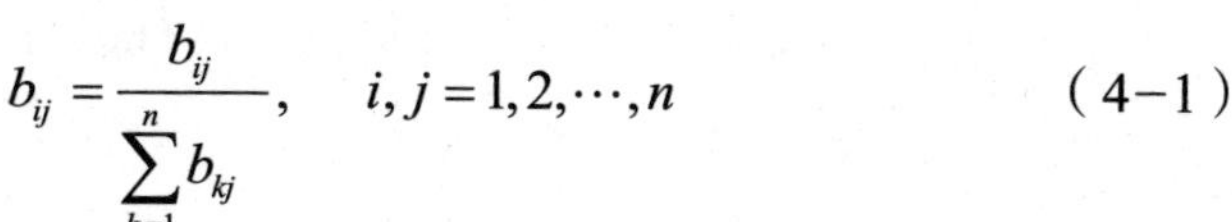

$$b_{ij}=\frac{b_{ij}}{\sum_{k=1}^{n}b_{kj}},\quad i,j=1,2,\cdots,n \qquad (4-1)$$

按行加总。

$$W_i=\sum_{j=1}^{n}b_{ij},\quad i,j=1,2,\cdots,n \qquad (4-2)$$

再归一化，即得权重系数。

$$W_i=\frac{W_i}{\sum_{j=1}^{n}W_j},\quad i,j=1,2,\cdots,n \qquad (4-3)$$

得到的特征向量 W=（W_1，W_2，…，W_n）T。

计算最大特征根如下。

$$\lambda_{max}=\sum_{i=1}^{n}\frac{(AW)_i}{nW_i} \qquad (4-4)$$

其中，（AW）$_i$ 为 AW 的第 i 个分量。

为保证数据的可信度与有效性，判别其是否具有一致性，要对判断矩阵做一致性检验。具体方法如下：

第一，计算一致性指标$CI=\frac{\lambda_{max}-n}{n-1}$；

第二，对比一致性指标 CI 和 RI，检验判断矩阵的一致性。

第三，计算一致性比率$CR=\frac{CI}{RI}<0.10$时，说明判断矩阵 A 具有满意的一致性，若不满足该条件，就应做出相应变化。

3. 综合评价和总排序

合成评价指标，求得综合评价值。

六、高职院校后勤服务绩效评价体系的配套改革建议

（一）建立后勤的战略分解体系

注重战略目标的实现是平衡计分卡相对于其他绩效评价的一大特点，每个高校都会制定战略目标来明确自己的发展前景和努力方向。同样的，后勤在运用本论文构建的绩效评价体系时也要强调战略的导向作用，确定绩效评

价的目标要围绕战略展开[1]。后勤企业的战略要参考学校战略进行规划，分解高职院校战略，确定后勤企业自己的远景战略并进行分解，使其成为推动后勤成长的长期因素。

（二）建立良好的文化氛围

树立和谐的文化氛围是有效运用绩效评价体系的要求，只有后勤员工对绩效评价体系存在强烈的信任和责任感，才能使绩效评价体系顺利进行，促进后勤企业实现其战略目标。优秀的文化氛围可以促使后勤企业和员工尽早发现工作中存在的问题，减少不必要的失误，提升服务质量和工作效率，从而推动高职院校后勤的发展。

（三）建立良好的反馈体系

鉴于高职院校后勤企业的内外部经营环境处于变动前进的过程，所以高职院校后勤服务绩效评价体系要随时接受事实考验，要评估组织战略的执行情况，并进行及时的调整。随着高职院校后勤内外部环境的改变，当绩效评价体系的结果与实际不适用时，需要检查和整改整个指标体系，通过不断改进，适应外界环境的改变，从而提高高职院校后勤服务绩效评价体系的生命力。

---

[1] 叶伯森，朱春生:《高校后勤社会化改革的模式、理念与路径探析》，《国家教育行政学院学报》，2016 年第 7 期，第 67 ~ 71 页。

第五章

高职院校后勤队伍建设与工作发展研究

第一节　高职院校后勤队伍建设研究

一、高职院校后勤队伍建设的相关理论

（一）人力资源基本原理

人力资源基本理论主要包括以下八个方面：

（1）以人为本原理即人本管理，它与传统的管理模式“见物不见人”或只是把人作为某种器具、手段的管理模式不同，它是在全面了解人在社会上有关经济领域的活动中的基础之上，在管理的过程中，强调人的地位及作用，从而实现以人为核心的管理行为。人本管理的基本要求是依靠人、满足人、依靠人和发展人。

（2）全面协调原理也称系统优化原理，旨在要服从并且服务于组织的战略目标，要对影响管理的内外部因素加以重视，要求组织的各层次部门进行配合，同时要积极协调有关人力资源管理的各方面工作，要客观全面地看待每一个人。

（3）公平竞争原理是指拥有竞争力的各方遵从一致的规定，公正地进行考核、录用、晋升和奖励的竞争方式。在竞争的同时，要把握公平竞争、公开竞争、适度竞争和良性竞争的原则。

（4）能岗匹配原理是指应当把具有不同能力的人设置在组织内部不同的职位上，给予不同的权力和责任，实现能力与相应职位的对应和匹配。

（5）互补增值原理是指通过对比个体间的差异，发扬长处、避开短处，即取长补短从而形成整体优势，达到互补目标，包括知识互补、能力互补、性格互补、年龄互补、关系互补等。

（6）激励强化原理，激励是通过正确运用各种鼓励方法，连续地激发员工的工作动机和内在动力，使员工心里保持激越的状态，从而产生实现组织目标的特定行为的过程。

（7）文化凝聚原理，凝聚力强才能吸引人才和留住人才。凝聚人不仅需要物质因素，还需要精神和文化因素。文化凝聚的作用主要包括导向作用、约束作用、激励作用和凝聚作用。组织文化建设的核心是提炼精神、拥有共同的价值观。在制定规章制度的工作中需要规范行为准则，规范奖惩力度等。

（8）信息催化原理，可以应用于培训高等教育中的干部和普通职工，在信息的传播速度迅猛发展的21世纪，需要用先进的管理学理论来武装各高职院校干部和广大职工，保持组织内人力资源的质量优势，信息是促进人才成长的有益营养液，是能够发展人类智力和培养非智力素质的先决要素，没有信息就无法形成系统的人力资源开发与管理，因此在人力资源开发和管理的过程中要重视教育、重视培训新科学、新方法、新理论等[1]。

（二）期望激励理论

期望激励理论是美国的心理学家、行为学家、人力资源管理专家爱德华·劳勒和莱曼·波特在《管理态度和成绩》这本书中提出来的。期望激励理论的特点主要包括以下四个方面：①“激励”影响了组织中的个人是否愿意努力及努力的程度大小；②个人或组织在从事某项活动所取得的实际成绩和效果，即实际“绩效”，主要取决于个人或团体付出努力的程度，综合能力的强弱，以及对所要完成任务目标的清晰度和理解程度。详细来说，“角色概念”即某个个人是否对自己所需扮演的社会角色、职业角色等具有清晰深入的了解和定位，是否在确定了正确大方向的同时付出了相应的努力，明确基本社会职责和工作任务；③无论是精神奖励还是物质奖励，都要秉承先有绩效后有奖励的基本原则，即在完成既定任务和实现组织目标后才能进行相应的精神奖励或物质奖励。如果组织内部成员得知他们的精神奖励或物质奖励不能与他们取得的成绩相对应时，此时的激励将不能视为能够提高绩效的有效刺激手段；④奖励和惩罚措施是否能使组织内部职工感到满意，主要取决于被激励者认为自己获得的奖励和报偿是否公正和公平。如果被激励者认为他所获得的报偿符合公平公正原则，就会感到满意，相反则会感到不满意，人所共知的是，满意是促进个人或集体进一步努力的必要条件[2]。

现如今，期望激励理论仍然具有相当重要的现实意义，它提示我们，在一个组织中，不仅要为员工制定相应的激励目标，还要为实现这些目标采取相对应的激励手段，即使这些任务都能够得以实施，也不代表达到组织内部成员整体满意的效果。只有建立稳定的良性循环体系，即制定激励目标 → 员工自身努力 → 员工绩效 → 进行员工奖励 → 员工得到满足 → 员工继续努

[1] 张斌：《如何做一名优秀的高校后勤服务人员》，《科技视界》，2014 年第 15 期，第 146 页。

[2] 宋启忠：《对高素质高校后勤管理人才队伍建设的探析》，《新经济》，2014 年第 17 期，第 115 页。

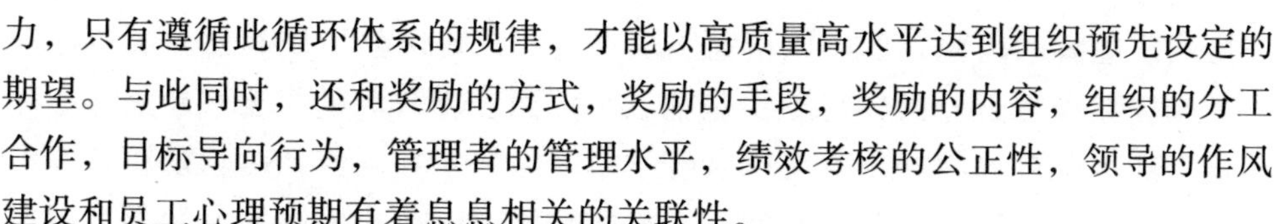

力，只有遵循此循环体系的规律，才能以高质量高水平达到组织预先设定的期望。与此同时，还和奖励的方式，奖励的手段，奖励的内容，组织的分工合作，目标导向行为，管理者的管理水平，绩效考核的公正性，领导的作风建设和员工心理预期有着息息相关的关联性。

（三）新公共管理理论

新公共管理理论奉行了新型政府和公众关系，二者关系不再是以往的模式。政府的角色逐渐转变成为人民根本利益提供服务的供给者，政府公共行政也逐渐从边管边治的行政转型为服务型行政。政府要以广大公民的各类需求为指导，充分尊重广大公民的主权权益，坚持政府的公共服务取向，即以广大公民为导向，同时，公民作为公共服务的“顾客”，应该享受到以政府为首的因推行顾客至上的崭新价值理念所产生的各类权益和优厚待遇。

新公共管理倡导把适当的竞争机制引进到管理的过程中去，把竞争作为一种谋生存、追求高质量和追求高效能的手段。与此同时，不能降低对高效率的追求，因为公共行政的基本出发点和最终落脚点都是效率的最大化。新公共管理加强对绩效目标的控制程度，不仅要明确个人确切的任务目标，还要明确组织整体的需要实现的任务目标，从而才能依据既定的绩效目标对实际进展和实际情况进行相应的衡量和评价。最后要对产生的结果加以重视，尽量在第一时间对某些必要的公共部门提供相应的服务，以提升公共服务的效能和质量。一旦外界发生变化，就需要对不同的利益需求作出及时的灵活机动的积极反馈❶。

（四）新公共服务理论

早在20世纪80年代，在西方技术革命和全球化的时代背景下，政府所处的行政环境较之以往更加严峻，需处理的公共问题也日益增加，迫于重重压力政府最终接受了重塑计划，“新公共管理运动”由此拉开帷幕，此后新公共管理运动引领了整个西方公共管理的潮流。在实行新公共管理的过程中，许多专家和学者在批判和辩证的基础上对新公共管理理论进行了填补及完善，形成了“新公共服务理论”。“新公共服务理论”是从市场和经济学的视角上对行政理念和行政价值的重新塑造，它着重强调政府或公务员不应

❶ 何颖，李思然：《新公共管理理论方法论评析》，《中国行政管理》，2014年第11期，第66～72页。

该扮演掌舵者的角色，而应该帮助民众表达并且实现公民权益和公众利益。

新公共服务理论的内容主要包括五个方面：①政府的主要职能是服务而不是掌舵，此理论的提出者美国管理学家罗伯特·登哈特认为目前很多官员更加关注“掌舵”（即成为逐渐私有化的新时期政府的企业家）而不是其本质服务；②寻求以实现公共利益为目的的对话环境。公共利益不是个体公民利益的总和，它是所有管理者和所有民众共同的责任和利益，它是目标而不是衍生物，政府应该为广大公民打造一个能够畅所欲言的对话环境，使公民在产生共同价值取向的同时，一齐为公共利益采取统一行动；③政府应竭力为公民服务，具体体现在，政府不仅要为实现公民的需求而努力，也要公平公正地实现公民的共同利益，取得公民的信任和依靠；④在追求生产率的同时，更要重视人。新公共服务理论要求在尊重所有人的基础上，通过人进行一系列管理行为。若希望公务员爱岗敬业、无私奉献，作为公共管理机构的管理者们应该首先善待这些公务员；⑤公民权利和公共服务比企业家精神更重要。公共行政官员与企业家重视生产效率和企业利润的思维不同，公共行政官员不是公共机构的所有者，他们更多时间担任公共组织的监督者、公民权利和公共服务的促进者、基层领导等工作为广大公民进行服务❶。

新公共服务理论有许多革新之处，对加快构建服务型政府具有重要的指导意义，同时，新公共服务理论给高职院校后勤人员队伍建设方面提供了可参考的新维度。但是，在实践过程中如何合理运用较为理想化的新公共服务理论，需要继续深入研究，从而起到对高职院校后勤人员队伍建设的启示和影响作用。

（五）制度变迁理论

制度变迁指在产生某种新制度时，对已有旧制度进行改革和摒弃的过程，是一个现实存在的动态行为。根据制度变迁理论的基本概念，制度变迁主要分为两类，一类是改革主体主要是各个基层的诱导性制度变迁，它的特点是由下往上型的变迁，即自下而上式的制度变迁；另一类的改革主体主要是各级政府的强制性制度变迁，它的特点是由上往下型的变迁，即自上而下式的制度变迁。高职院校后勤人员队伍的建设涉及高职院校后勤社会化改革中关于人力资源建设的一部分，而高职院校后勤社会化改革就是将计划经济

❶ 蒋兴海:《论新公共服务理论对我国政府管理的启示》,《经营管理者》，2016 年第 20 期，第 15 页。

体制改变为市场经济体制的过程，因此这种转型就是制度变迁的另一种表现形式。

中华人民共和国成立以后，我国高职院校后勤的基本运行几乎全部来源于政府的财政支持，属于一种事业性、无偿性的运行机制。随着我国综合实力的不断提升，政治体制的不断完善和改进，曾经几乎完全依靠政府财政支持的高职院校后勤体制，受到了前所未有的强烈冲击，减缓了我国高等教育事业发展的步伐，因此彼时急需一种全新的制度来改变这种现状。在高职院校后勤社会化改革的初级阶段，强制性制度变迁发挥了决定性作用，在政府主导下的高职院校后勤社会化改革，存在的最大问题就是拥有短期的强劲动力，但是长期的动力较为缺乏，因此出现了以下现象：虽然有了初步变化但没有持续跟进。产生的结果就是后勤社会化改革的故步自封，在实行强制性制度变迁的同时，应该积极思考，实现以高职院校后勤为主体的诱导性制度变迁，在政府的相关政策的大力支持下，充分调动了高职院校后勤人员的工作积极性，从而更快地推进高职院校后勤社会化改革的速度[1]。

制度变迁是我国高职院校后勤社会化改革的必经之路，只有建立科学化、系统化、规范化的后勤管理制度，才能更好地为高职院校师生提供优质的服务，才能在市场经济体制下有立足之地。在改革的过程中，我国的各个高职院校都探索出了不同的发展模式。

二、高职院校后勤队伍建设的意义

（一）有利于提高后勤员工综合素质和服务水平

近几年，随着高职院校后勤社会化改革工作的不断推进，高职院校后勤部门的服务水平和业务能力已经有了显著的提升，教师和学生对学校后勤部门的服务质量评价颇高，相对应的，高职院校后勤职工的工作失误频率有所降低，教师和学生对学校后勤部门的评价日益增高。不可忽视的事实是，为了建设一支素质高、能力强的后勤队伍，从事后勤工作的人员需要具备一定的政治修养、理论修养、科学文化修养、能力水平修养、思想道德修养、作风修养和组织纪律修养等多方面的素质修养。对于负责后勤部门的领导者而言，则更需要进一步加强各方面的能力素质。

[1] 刘根梅：《制度变迁理论比较研究》，《合作经济与科技》，2016 年第 7 期，第 39 ～ 40 页。

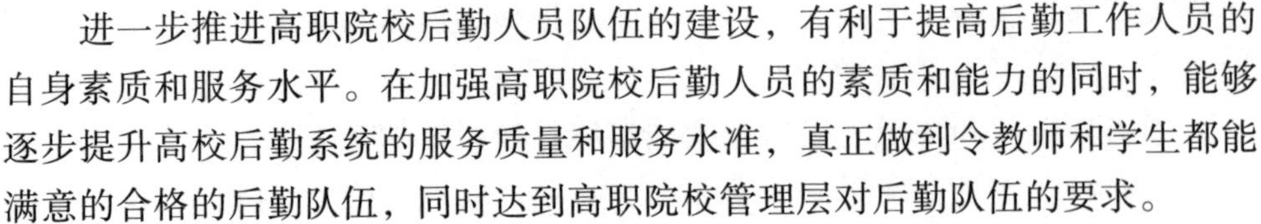

进一步推进高职院校后勤人员队伍的建设，有利于提高后勤工作人员的自身素质和服务水平。在加强高职院校后勤人员的素质和能力的同时，能够逐步提升高校后勤系统的服务质量和服务水准，真正做到令教师和学生都能满意的合格的后勤队伍，同时达到高职院校管理层对后勤队伍的要求。

（二）有利于促进及完善高职院校可持续发展的战略

经过多年的高职院校后勤社会化改革，如何保持高职院校的可持续发展，并且在可持续发展的过程中做好高职院校后勤的工作，成为目前较为棘手的问题。做好高职院校后勤人员队伍建设的工作，有利于各高职院校创建文明校园，继而推进可持续发展的需求。如果高职院校后勤人员队伍和高职院校后勤社会化改革不一致，将会产生负面效应，主要体现在高职院校的科研建设方面、科研能力方面和高职院校的教学条件等方面，无论是对外拓展或者是内在的精神文明建设，都很难正常有序的开展，因此，推进后勤人员队伍的建设不仅有利于高职院校后勤相关工作的有序开展，而且有利于高职院校的可持续发展战略。其中，具有地方特色的高职院校可持续发展主要包含两个方面：一个方面是，此类高职院校如何凭借地方特点有效地推进在区域社会中的可持续发展；另一方面是，地方高职院校如何在有限的范围内高效地获得自身的可持续发展。因此，需要出台相应的政策措施用于促进地方高职院校的可持续发展战略，还要进一步完善高职院校的激励机制，因为高职院校的教职员工是高职院校开展社会服务的中坚力量，所以高职院校应该提高教职员工对本职工作的积极性和主动性，对推进高职院校的可持续发展战略方针做贡献。

高职院校要牢固树立思想上和战略上的科学发展观，要建立先进的办学理念、合理的办学定位、长久的发展规划，如此才有可能实现高职院校的可持续发展战略目标。先进的办学理念能够外塑高职院校形象，内塑高职院校素质，为高职院校的可持续发展提供源源不断的动力。同时，先进的办学理念不仅要和高职院校的办学传统和历史底蕴相适应，还要体现与时偕行的特点，只有这样才能不断推动高职院校的可持续发展。我国高职院校发展的目标是在充分了解经济社会现状的基础上，结合自身优势特点，确定恰当的办学理念和办学定位。因此，只有在高职院校准确地找到位置并且能够积极开展多样化的发展，这才是我国高职院校目前的发展方向。高职院校的发展规划实际上是一种对自身发展的期望，也是高职院校在某一具体时期段的目标。制定出一份合理发展规划，需要考虑到高职院校自身的实际情况，积极

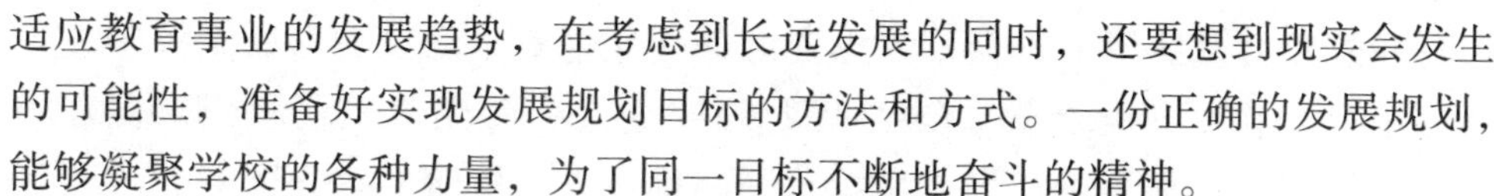

适应教育事业的发展趋势，在考虑到长远发展的同时，还要想到现实会发生的可能性，准备好实现发展规划目标的方法和方式。一份正确的发展规划，能够凝聚学校的各种力量，为了同一目标不断地奋斗的精神。

（三）有利于顺应高职院校后勤社会化改革发展趋势

近几年，各地区许多高职院校在提高教育科研水平的同时，逐渐重视起后勤队伍的建设，并取得了良好的成效，但同时也遇到了一些难题，并且出现了不和谐的质疑或怀疑的声音，甚至偶尔会产生对高职院校后勤社会化改革否定的消极想法。就目前看来，为了使在高职院校后勤社会化改革中取得的成果更为显著和突出，唯有通过不断地深化高职院校后勤社会化改革，在持续的改革中积极发现和解决遇到的各种问题和面临的困难，才能在实践中投入更多的精力和力量，才能实现高职院校的办学目标和未来发展的可能。因此，完善后勤人员队伍的建设有利于顺应后勤社会化改革的发展趋势，在高职院校社会化改革的发展的大趋势下，高职院校人员队伍的建设才能够顺利地进行和发展。

（四）有利于提升师生对后勤队伍工作的满意度

随着经济社会的快速发展，人们的生活质量和消费水平较以往也有了质的提升，与此同时，各高职院校广大教职员工和学生对精神生活和物质生活的要求也逐日提高，进一步推进高职院校后勤人员队伍的建设，有利于提升师生对后勤人员队伍的满意度。后勤人员与高职院校教师教书育人、传道授业解惑的职责不同，他们既是服务者又是教育者，承担着高职院校内广大教师员工和学生的生活和学习的保障任务。在推进后勤队伍建设的过程中，后勤员工是否能够坐言起行秉承“优质的服务、热情的态度、文明的风尚、规范的行为、模范的行动”的优良作风，直接影响到日后学生的思想作风和道德情操。

（五）有利于高职院校后勤队伍人力资源的优化配置

人力资源的优化配置是在组织经济运行的过程中，将人力，物力，财力等资源进行科学合理的整合配置，以期达到人力资源的最优化效果。如何合理运用人这一问题必然会出现在后勤队伍的建设过程中。管理者在进行人力资源配置时，必须要充分考虑员工各方面的能力，包括智力、体力、创造力和工作技能等，发挥人的最大化潜能用以实现经济效益和社会财富，需要把最合适的员工放在最适合他的工作岗位，并且不可忽视动态调控这一细节。

在高职院校后勤队伍上进行了人力资源的优化配置，意味着高职院校很大一部分上已经做了优化配置，这对高职院校进行全面优化配置起到了良好的示范性作用。有利于进一步在全校范围内推行人力资源的优化配置，改善各部门人员结构，增加能级对应的匹配度和对现有人力资源的利用率。因地制宜、就地取材，秉承人力资源是第一资源的理念，意味着后勤工作能够有序平稳的开展，后勤员工各司其职，人尽其才，最大化发挥自身的才能技能，不仅为全校教职员工和学生提供优质服务，而且为后勤队伍创造各方利益。

三、高职院校后勤人才队伍培养的重要性

（一）社会与学生的需求

后勤队伍主要在高职院校发展中起到的作用就是，保障学生的基本需求和学校的基本发展建设。换句话说，一个学校的后勤队伍对保证学校的全面综合发展有非常重要的作用，不仅能满足学校的长期发展需求，同时还能够适应高职院校目前的发展形式，对学校的发展起积极的作用。

（二）后勤人才自身求发展

高职院校在发展后勤队伍的建设过程中，后勤人员重视自身发展，自身掌握的专业技能和知识对提升高职院校后勤队伍建设具有非常重要的意义。随着改革浪潮的不断推进和完善，后勤人才应不断跟随时代的发展潮流，与时俱进，跟上当下社会的发展的脚步，不断学习新知识，不断掌握新技能，重视后勤对学校发展的作用，从态度和思想上转变，从而促进高职院校的可持续发展。

四、高职院校后勤人才培养目标

高职院校后勤人才在发展过程中需要树立相应的目标，只有按照具体的目标来努力和发展，才能真正提高高职院校后勤人员素质，使学校的后勤队伍更加符合时代要求，促进学校的综合发展。

（一）更具专业性

随着时代的不断发展和完善，后勤人员在学校中的作用不言而喻。而与此同时，后勤人员已不再是简单地停留在手动、传统、最底层的工作，而需要能熟练操作现代化设备。通过熟练操作现代化设备，达到管理学校相关事务的

效果。因此，对后勤人员来说，应首先具备较强的专业技能和专业知识，能够根据学校发展的需求，熟练操作现代化设备，通过操作现代化设备，改善学校的管理形式，帮助学校统筹管理事务。同时，随着当前市场经济的完善和进步，后勤人员在完善专业知识和专业素养过程中还应培养一定的市场经济发展态度和思想，能够在后勤发展建设过程中重视社会利益和经济效益，为学校的改革建设、学生的全面发展与学校的科研事业作出积极、有效的贡献。

（二）建立服务意识

后勤人员的主要作用就是服务于学校师生，为师生提供全面的后勤保障服务，使高职院校师生能在一个舒适的环境中学习和生活。因此，对高职院校后勤工作人员来说，应当树立服务意识，建立不怕苦、不怕累的工作观念，通过重视自己的工作内容和工作形式，提升服务质量和服务态度，最终使高职院校的后勤队伍更加完善，更加适合社会发展的需求。对后勤队伍建设来说，服务意识作为工作人员的基础态度，需要每一个后勤人员都能够掌握并在工作过程中深化这一态度。

（三）文化素质大幅提高

掌握全面的文化知识对后勤人员来说非常有必要，往往文化素质高的员工在学习知识和学习新型设备的操作上速度更快，而且懂得如何合理、系统地规划工作事务。反之，高职院校后勤队伍中文化素质较低的员工，往往在处理相关事务上存在偏差。总之，文化素质的高低也在一定程度上决定了学校后勤发展的好坏。

五、高职院校后勤队伍现状

目前，主要有两个方面的因素制约着高职院校后勤队伍的发展。①传统的办学体制导致的问题。在高职院校后勤队伍中，人员主要存在事业编制和非事业编制两类，子弟接班和复转军人以及农转工，还有合同制集体工人等是组成事业编制人员的主要成分，而农民工是非事业编制人员。因此说，高职院校后勤队伍的整体层次处于不高的水平之中；②由于社会化改革，导致一些新的问题出现，后勤部门被高职院校划分出来，推行自我管理和自主经营，在后勤队伍中，事业编制人员不再增加，致使后勤队伍的新生力量被断绝。目前，在高校后勤队伍建设中，这两个因素日益突出，同时也是对高职院校后勤可持续发展产生约束的致命点。

（一）后勤职工文化程度偏低，创新能力弱

高职院校后勤的管理员和中心主任，往往具有丰富的后勤工作经验，但大多缺乏正规的高等教育，多半凭经验进行管理，大多维持在定势思维上，缺乏创新，工作规范性不足。在知识分子云集的高职院校，如果后勤人的思维和对待事物的方式，与教师和大学生出现偏差，就会体会不出他们的心境和要求，这是造成后勤工作达不到师生满意的根本原因所在。

（二）年龄普遍偏大，管理干部后继乏人

由于在高职院校后勤队伍中，多年不进新人的原因，致使一些部门面临着“青黄不接”的状态。现在，后勤各中心的管理干部的平均年龄在 50 岁以上，在未来 5 到 10 年，会有一大批后勤管理干部退下来，而培养新的后勤基层管理干部则需要一段时间。

（三）专业技术人才缺乏

在科学技术不断进步的今天，投入使用的新技术、新材料以及新方法越来越多，懂专业技术，对学校情况熟悉的专门人才成为高职院校后勤工作所急需的人员。这种状况应该引起我们的高度重视，及时的培养和引进后勤的新生力量，为现有的技术岗位培养专门人才，使高职院校后勤工作实现可持续的健康发展。

六、完善高职院校后勤队伍建设的对策

（一）提高后勤人员整体素质和学习能力

1. 提高人力资源管理者的综合素质

提高高职院校后勤人员的整体素质，最大难点在于如何转变其思想观念。由世界发达国家引入的先进的人力资源管理理论，在我国发展和实践的时间较为短暂，能够借鉴的经验和历史也不多，高职院校后勤系统的人力资源管理者的综合素质和管理水平有待提高，在思想上没有紧迫感，只有改变传统思想，接受新的教育和不断地学习，增强管理技能和水平，打破对固有知识的认知，才能大胆创新符合本校的后勤人员管理办法。如何从被动管理转变为主动管理，从传统管理转变为能够挖掘更大潜力的发展性管理，提高

管理人员素质和专业化水平，需要领导层细究分析。

2. 提升后勤员工的服务能力和技能水平

我国服务业是劳动力密集型产业，而高职院校后勤正是具备这种特点，一线员工需要每日面对学生群体和教师群体，一线员工的服务能力和技能水平直接反映了后勤队伍的完善程度。加强一线员工的技能培训，在广大职工中掀起刻苦学习、钻研技术、苦练技能的热潮，通过不断地学习转变成为知识型和技能型的职工。在高职院校后勤一线员工的技能提高的方式中，最有效、最直接的方法就是举办技能大赛，借助技能大赛的平台，使一线员工能够展示技能、切磋技艺，在不断学习中提高服务能力和技能水平，加快完善后勤队伍建设的步伐。

3. 培养后勤人员自主学习的能力

如果把高职院校后勤队伍比喻成一棵树，那么后勤员工的学习能力就是根茎，是后勤队伍的生命之根。评价后勤队伍是否具有卓越的竞争力，不能仅看现阶段已取得的成绩，而应该注重其内部成员是否具有出色的自主学习能力。

学习型组织管理理论属于管理学领域中的前沿理论之一，包括欧盟和新加坡在内的许多国家，都在致力于建设学习型国家和社会。新加坡的 200 多家企业都会定时、定点、自发组织员工进行学习阅读和讨论，以期把企业打造成学习型企业，进而推进整个社会和国家的进步和发展。欧盟成员国则统一要求各国公民至少掌握三种语言。由此看来，高职院校后勤队伍应把学习型组织管理理论作为核心发展理念，后勤人员应形成终身学习和自主学习的意识，高职院校管理层应大力支持员工进行知识更新，应鼓励每位员工分享知识和对事务的新见解和新视角，员工对所学知识进行共享，有利于体现员工的自我价值。培养后勤人员自主学习的能力，是把层层知识资源逐渐累加为知识资本的过程，是后勤队伍能够创造价值的保证。

4. 加强后勤人员创新开发的能力

随着信息时代的到来，知识创新必将成为高职院校后勤人员培养中的重要组成部分，“有什么样的思路就有什么样的出路”这一句话表明，在发展高职院校后勤社会化改革的过程中，创新思维是最直接的影响力，如何获得创新思维，对于后勤人员队伍的建设和培养也有重要意义。后勤人员在日常

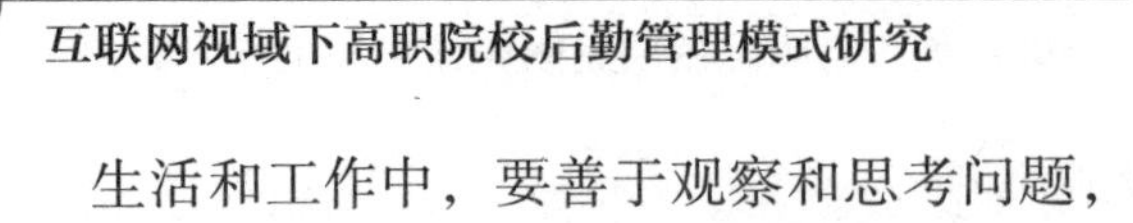

生活和工作中，要善于观察和思考问题，学习创新理论和技能方法，尝试用创造性的方法解决实践中的问题，重视实践是对创新的基本要求。只有在学习中才有可能抓住创新的机会，不断总结、不断研究，在后勤工作中加入新鲜的理念和创新的思想，把学习到的新知识融入高职院校的后勤工作中，培养自我创新能力，提升后勤人才队伍的思想水平。

（二）制定系统有效的后勤人员培训机制

培训是组织进行人力资源管理的有效方式和手段，是完善队伍建设的核心要点之一。它是对某个组织中同行业所有成员进行知识扩展和补充，常常以固定的形式出现。培训有利于员工更加熟悉本职工作，并加深对岗位的了解和热爱。系统有效的后勤人员培训机制，在对后勤总体发展产生影响的同时，也对学校整体的健康发展有所影响，为高职院校后勤人力资源的发展起到积极的促进作用。

培训模式的确定是根据学校后勤的发展和要求，以及目前后勤队伍的基本情况和人员性质而制定一系列科学的培训课程，根据不同性质的岗位开展不同的培训内容，新进员工也应接受岗前培训。同时，为确保后勤队伍的稳定性和竞争性，增强内部成员的向心力和凝聚力，无论在培训方式还是在培训内容等方面，对在编员工、合同制员工、高职院校基础建设服务的技术工人和管理干部人员，都应该一视同仁、保持同步和无差异性对待。培训在逐步受到高职院校和研究领域重视的同时，为确保培训机制的有效性，应做好包括培训人员签到，培训成果，培训反馈等各种工作，在培训前期中期和后期必然会出现许多难点，应着眼于后勤队伍的全局性和长远性，及时克服并对结果进行分析和探究，最终形成一套系统的、有效的后勤人员培训模式。

（三）建立健全科学的后勤人员激励机制

激励机制是提高后勤队伍整体工作效率的必要机制之一。只有建立和健全科学有效的激励机制，才能激发在职人员对本职工作更深层次的不断追求，才能不断吸引各方优秀人才加入后勤队伍中来，集合个体的才智和技能以打造高效有序和良性竞争的后勤队伍。

高职院校后勤队伍的激励机制主要有以下几种表现形式：

（1）情感激励。情感激励是指人具有丰富的心理情感世界，在工作中感情因素会产生极其强大的作用和帮助，管理者及时与职工进行思想沟通，为职工排忧解难，遇事能够公平协商。领导者真正地关心、爱护、帮助员工，耐心、平等的交流能够让员工从内心深处感到温暖，感情的交流会让员工愿意更加努力的回报在工作中。

（2）奖惩激励。奖惩激励是组织中比较常见的激励方式，奖励是正面的肯定的激励手段，而惩罚是负面的否定的激励手段。根据产生的不同结果，对那些付出努力且从整体看有一定成效的员工进行奖励，以鼓励他们再接再厉；而对没有付出努力和工作态度不端正的员工进行惩罚，以促进和鞭策他们前进，从而为后勤队伍贡献能力。

（3）荣誉激励。马斯洛需求层次理论中提到的尊重的需要，荣誉激励能够满足获得者对尊重的需求。例如，在后勤工作中为表现优异的员工公开颁发荣誉证书，能够增加获得者的信心，继续满腔热情地为组织和社会服务，也对其他人起着鞭策作用。

（4）目标激励。在完善后勤队伍建设的过程中，必然存在计划的目标。可能是实体的对象，也可能是精神上的对象。需要注意的是，员工的个人目标需要尽量和集体目标保持一致。在制定近期阶段性目标时应同时考虑长远目标，同时，既定目标应具备一定难度和社会性趋向，进而激发后勤员工的工作积极性和创造性思维。

（5）物质激励。物质激励的主要表现形式是发放奖金或物品，它的前提是保证公平，但公平不等于平均主义。后勤队伍应制定一套符合自身特点的物质激励制度，形成良性竞争环境，鼓励组织内成员为实现组织的既定目标而努力拼搏，恰当地运用此激励手段，能够使后勤人员最大限度地发挥自身的能力和优势。

（四）引进复合型管理人才和专业化技术人才

马斯洛的需求层次论是指生理的需求，安全的需求，社交的需求，尊重的需求和自我实现的需求。以上五种需求是由低级至高级逐渐形成和发展的，人才就是在基本实现了前三个需求后，积极要求实现被尊重和自我实现的价值。随着社会化改革的不断深入，逐渐缓解了“千里马常有，而伯乐不常有”的尴尬局面，越来越多的人意识到后勤部门并不是高职院校养尊处优的后花园，后勤队伍的建构也需要人才的支持和引领，尤其是那些拥有较高职业素质和修养的，具备高技能的，有能力为组织连续创造价值的复合型管理人才和专业化技术人才。

为了进一步提高后勤服务的质量和水平，促进人员队伍的建设与发展，后勤队伍应该依附于高职院校这一主体，通过高职院校人事部门进行后勤人才的引入和选聘工作。在引进管理人才的过程中，后勤应重视管理人才的职业素养和管理经验，高校协助提供相应的政策倾斜，包括提高薪资待遇，筹建人才发展基金会等，尽可能保障引进的管理人才各方面权益。同时，后勤服务涉及的领域如水电暖、食宿、交通等种类众多，各类基础设施的使用和维护均需要不同工种或具备专业化知识的技术人员进行实操，因此在引进技术人才时，应着重考察应聘者的实际操作能力、执行力和创新服务力等专业能力。

高职院校后勤不仅要筑巢引凤，还要固巢养凤，如何尊重人、信任人、培养人，如何最大限度地发掘人才的潜能，成为吸引各方面人才后需要面对的问题。高职院校后勤在吸引优秀人才后，应该制定一个长期的战略规划，打造一个适合人才继续成长和持续发挥作用的平台，营造良好、有序的人力资源生态环境和稳定的人力资源经营、发展模式。需要注意的是，引进人才对高职院校后勤的发展具有重要意义，但不能够一挥而就，急功近利。时刻从大局出发，循序渐进，用长期战略的眼光按步骤，按计划推行实施，保持后勤人员队伍的能动性和创造力。但就目前各高职院校后勤人才引进状况看，后勤队伍的骨干力量仍旧是队伍内有丰富经验的老员工，因此后勤部门应平衡发展新进人才和已有员工的关系，用以打造集团结、高效、高素质、高技能、高服务水平于一体的后勤人员队伍。

（五）吸纳学生参与后勤服务的监督管理工作

在校师生员工是高职院校后勤服务的直接对象和主要对象，也是后勤服务的最终载体，高职院校师生会对后勤队伍服务质量高低进行客观评价。为了对后勤服务工作进行有效监督，得出客观真实的服务水平结果，应广泛吸纳在校学生直接参与后勤服务的监督管理工作，通过严格的监督和管理，不仅可以及时向相关部门反馈结果，而且能够敦促后勤队伍不断进行调整改善，最终完善后勤队伍的建设。在吸纳学生参与高职院校服务工作时可以通过以下几种方式进行监督与管理：

（1）后勤可以利用自身独特优势，设置勤工助学岗位，让学生亲身体验后勤服务工作，学生参与勤工助学不仅可以在学有余力的情况下通过自己的努力全面提高德、智、体、美的优良品德，而且对于家庭经济条件困难的学生来说，是获得额外补贴的有效途径。同时，在勤工俭学时，还能借此宝贵经历对后勤服务中的工作进行监督，能够从学生的视角帮助后勤发现存在的问题，并且提供建设性的意见和建议。

（2）根据后勤工作性质，可以依托校园环境、餐饮、公寓这三大板块成立相关的学生组织，成立学生环保志愿者服务队，学生伙食监督委员会，学生公寓管理委员会等各类学生组织。成立此类学生组织能够丰富学生的课余活动，共同参与后勤服务工作，它是学生和高职院校之间的桥梁和纽带。在组织运作期间，学生可以直接向他们反映包括饮食住宿等后勤服务方面出现的问题，学生组织向后勤反映并将结果反馈给广大学生。这些学生组织不仅起到承上启下的作用，而且能够代表广大学生严格监督后勤队伍的服务质量，以促进高职院校后勤队伍又快又好地发展。

（3）高职院校后勤要定期召开学生座谈会，集思广益，鼓励参加座谈会的学生大胆发言，广开言路，听取主要服务群体的心声，对现行的后勤服务质量的满意程度，以及对后勤队伍的未来期望。

第二节　高职院校后勤用工制度的创新策略

一、实施服务外包，引入社会优质企业提升后勤服务

服务外包是指“企业与其他单位（个人）签订合同将其非核心的业务外包出去，借助外部优秀的企业化团队来承接其业务，利用专业服务商的专门知识、经济劳动力等资源，来完成原来由企业内部完成的工作，从而使其专注核心业务，达到降低成本、提高效率、提升企业对市场环境迅速应变能力并优化企业核心竞争力的一种管理模式”[1]。高职院校可采取“花钱买服务”的方式，将部分服务项目通过服务外包的形式，委托给社会优质企业承担。采取这种模式，一是有效减少学校直接使用的非在编职工数量，从根本上消除用工风险问题；二是通过开放后勤市场，引入社会优质企业参与后勤市场竞争，提高后勤服务的标准化程度，从而提高后勤服务质量。高职院校推行后勤服务外包，须重点关注四个方面的问题[2]。

（一）项目选择与界定

要慎重选择外包项目。高职院校后勤服务领域，有些项目并不适合采

[1] 刘国红:《企业后勤服务外包研究》，中国石油大学硕士学位论文，2010年。

[2] 李照峰:《高校后勤用工制度改革策略初探》，《高校后勤研究》，2015年第1期。

取服务外包模式。一类是涉及对学生进行管理教育的业务都不适宜外包。例如，学生公寓管理服务业务就不适合全部实施服务外包。因为学生公寓不仅是大学生休息的场所，更是高职院校对其进行思想政治教育、生活习惯养成教育的重要阵地，承担着重要的育人职能。公寓保洁和安保可以外包给社会企业承担，但公寓内学生管理教育和宿舍文化建设业务不适宜外包，应由学校承担。为此，在进行服务外包时，必须慎重选择可以进行外包的业务。另一类是涉及不易于测算的业务也不适宜外包。这类业务如外包的话，费用不易核算。例如，设施的保养维护与维修。另外，高职院校后勤社会化往往都是从学生食堂外包或承包经营起步的。具体来说，校园及楼宇保洁、校园绿化、安全保卫等业务可以外包。同时，要将项目界定清楚。否则，一旦发生纠纷容易造成责任不清。例如，某高职院校将学生公寓楼内保洁外包给社会物业公司承担，合同学生公寓楼保洁面积、楼内门窗个数及面积、楼梯面积、公共洗漱间个数及面积、公共卫生间面积及蹲位、楼宇周边区域及范围等都做了详细约定，合同约定范围内的保洁服务由社会物业公司承担，除此之外的其他方面，如学生宿舍室内卫生等，由学校来负责。

（二）服务标准

将后勤服务项目外包给社会企业承担，对于高职院校来说，是花钱买服务。为此，在外包之前，高职院校需要明确各个项目的服务标准。社会企业对照服务标准审视自身能否承担，决定是否承揽业务。例如，某高职院校校园环境保洁项目外包服务标准详细列出了保洁人员作业期间着工装标准、校园环境保洁时间要求、重点区域保洁标准等 16 个方面。

（三）服务费用

在界定清楚了项目、明确了服务标准之后，高职院校可以通过竞争性谈判或者公开招标等方式，与有意承揽服务业务的社会企业进行谈判。谈判的核心问题是确定服务费具体数额。

（四）质量监管

高职院校将后勤服务项目外包社会企业后，监管工作是确保服务质量的关键。学校应通过监管措施，控制和掌握外包后的主动权。高职院校在后勤服务项目外包谈判前，就应当发布监管办法，让拟参与谈判的社会企业事先了解监管措施。学校职能部门应加强对校园物业监管的领导，把校园物业监

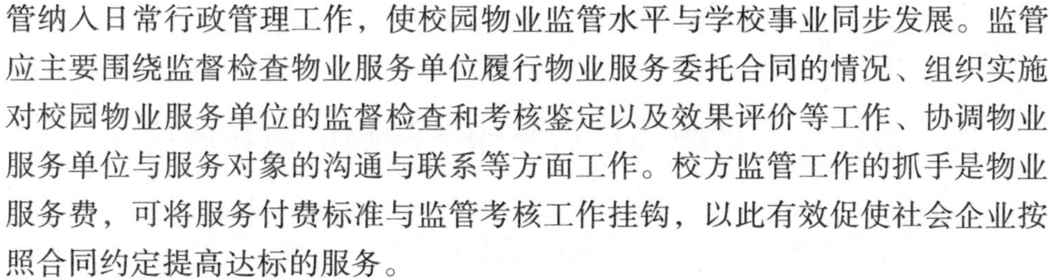

管纳入日常行政管理工作，使校园物业监管水平与学校事业同步发展。监管应主要围绕监督检查物业服务单位履行物业服务委托合同的情况、组织实施对校园物业服务单位的监督检查和考核鉴定以及效果评价等工作、协调物业服务单位与服务对象的沟通与联系等方面工作。校方监管工作的抓手是物业服务费，可将服务付费标准与监管考核工作挂钩，以此有效促使社会企业按照合同约定提高达标的服务。

二、财务劳务派遣、非全日制等用工方式

对于高职院校来说，当前可有选择地采取劳务派遣用工方式。所谓“有选择的”是指选择适合实行劳务派遣用工方式的后勤岗位。前文说到，有些项目不适合采取项目外包方式，这些项目内大部分就可以实行劳务派遣用工。还有些岗位不宜采取项目外包方式。在各高职院校，食堂工作人员都是后勤用工的主要部分。食堂由学校经营的，实行劳务派遣用工方式是解决膳食服务职工队伍建设的有效途径。

实行劳务派遣用工方式，关键要解决好三个问题。一是要确保劳动者报酬的资金安全问题。根据劳务派遣协议，高校每月将劳动者工资、单位应承担的劳动者社会保险费付给劳务派遣公司，劳务派遣公司再将工资发给劳动者，将社会保险费缴纳到社保机构。在此过程中，如何确保高职院校付给劳动者的工资足额、及时发到劳动者手中，如何确保高职院校承担的劳动者社会保险费全部缴纳到社保机构，不能不是高职院校考虑的问题；二是妥善处理已在学校后勤岗位工作多年，又转为劳务派遣方式用工的人员工作。这部分非在编职工，长期在学校后勤岗位工作，由一直从学校领工资转为从劳务派遣公司领工资，感觉被学校“舍弃”了，一时接受不了；三是提高派遣员工在学校工作的归属感，这是实行劳务派遣用工方式后面临的新课题。部分劳务派遣员工甚至产生已经是不属于学校的人了，在学校干好干坏都不影响从劳务派遣公司领报酬的想法。

采取非全日制用工形式，用工单位不用为劳动者缴纳社会保险费；终止用工时，用人单位不须向劳动者支付经济补偿。高职院校可因事制宜地在部分后勤岗位采取非全日制用工方式，既可以节省用工成本，规避用工风险，又能有效完成后勤服务工作任务。

第三节　高职院校后勤组织战略的创新研究

一、高职院校后勤战略谋划的基本特征

（一）全局性特征

高职院校后勤组织的战略管理，必须以高职院校后勤组织的全局为对象，根据其总体发展的需要而规定总体行动，从全局出发去实现对局部的指导，使局部得到最优的结果，保证全局目标的实现。形象地说，高职院校后勤组织的战略规划就是高职院校后勤组织发展的蓝图。作为指导全局的总方针，高职院校后勤组织战略是协调高职院校后勤组织内部各中心（部门）之间，以及各管理层次之间关系的依据，是促进高职院校后勤组织各方面均衡发展的保证。在日常的后勤服务、管理工作中，高职院校后勤组织的每一项具体的计划，每一项具体的服务内容，每一项具体的行动措施，都要围绕其战略目标并服从战略目标的要求。为了实现高校后勤组织战略目标所体现的全局利益，各中心（部门）有时不得不放弃本身面临的机会和潜力，甚至做出牺牲。

（二）长远性特征

高职院校后勤战略谋划是高职院校后勤组织着眼于未来，对其在较长时期内（5 年以上）如何生存和发展进行通盘筹划，以实现其较快发展和成长。面对激烈复杂的市场竞争环境，任何组织若没有超前的战略部署，那么其生存和发展就要受到影响。高职院校后勤战略谋划的全局性特征在时间概念上的表现就是长远性，它直接关系到高职院校后勤组织的未来和发展。对未来的设想，重要的不是回答未来怎样，而是通过预测未来的变化趋向来制定现在的策略和措施。因此，没有着眼于未来的高职院校后勤战略谋划作指导，日常的后勤服务、经营、管理工作就会失去目标和方向。真正具有战略眼光的高职院校后勤组织管理者是不会片面地急功近利，而会致力于实现高职院校后勤组织的长期战略目标。

（三）关键性特征

关键性又称重点针对性，是指那些对高职院校后勤组织总体目标的实现起决定性作用的因素和环节。高职院校后勤战略谋划需要高职院校后勤组织注意其面临的机会和威胁、自身的优势和劣势，寻求敌弱我强的地方。实施高职院校后勤战略谋划，就是高职院校后勤组织要抓住机会，创造相对优势，增强其竞争实力。

（四）权变性特征

权变，即指善于随机应变而不为成见所禁锢的适时调整、灵活机动的能力。高职院校后勤组织在其发展过程中要受到许多方面因素的影响，并随内外部环境的变化而变化。这就要求高职院校后勤组织的管理者根据实际情况的变化，变换策略，调整计划，修正战略，把战略贯彻于现实行动中，以不断适应未来的多变性。高职院校后勤战略谋划权变性的客观基础包括两个方面：一方面是由于高职院校后勤组织管理者，深化了对高职院校后勤组织发展规律的认识；另一方面则是由于高职院校后勤组织内外竞争环境发生了变化，出现了新情况，因而需要其重新检验已确定的战略方针和战略措施的正确性，并加以必要的修正。另外，高职院校后勤战略谋划本身就是一个动态过程。由于战略谋划具有长远性，必须经过一定时期的努力，才能最终实现高职院校后勤组织的战略目标，不可能毕其功于一役。同时，战略谋划又可分为战略制定、战略实施战略控制等不同阶段，其中每一阶段又包含着若干步骤。因此，战略谋划过程的各个阶段和步骤是不断循环和持续的，是一个连续不断的分析、规划与行动的过程。这就对高职院校后勤组织的管理者提出了更高的要求，特别是在高职院校后勤社会化改革逐步深化的情况下，开拓进取、求变创新、制定和实施适应性应变战略，已成为高职院校后勤组织管理者的当务之急。

二、高职院校后勤战略谋划的要素

高职院校后勤战略谋划的重点是，着眼于高职院校后勤组织未来的生存和发展，谋求长远的经济效益和系统的最优化，使高职院校后勤组织的服务、经营和管理等与发展变化的外部世界相适应。高职院校后勤组织的经营战略对其兴衰成败关系极大。从某种意义上说，经营战略的成功是高职院校后勤组织最大的成功，而经营战略的失误也是其最大的失误。所以，高职

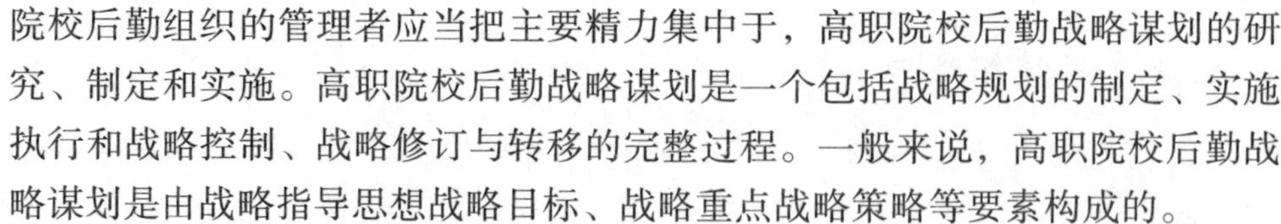

院校后勤组织的管理者应当把主要精力集中于，高职院校后勤战略谋划的研究、制定和实施。高职院校后勤战略谋划是一个包括战略规划的制定、实施执行和战略控制、战略修订与转移的完整过程。一般来说，高职院校后勤战略谋划是由战略指导思想战略目标、战略重点战略策略等要素构成的。

（一）高职院校后勤组织的战略指导思想

高职院校后勤组织的战略指导思想，是指导高职院校后勤战略规划的制定和实施的基本思路与观念，是整个高职院校后勤战略谋划的灵魂。它包括高职院校后勤战略理论、战略分析、战略判断战略推理，直至形成高职院校后勤战略思想、战略方针，是贯穿高职院校后勤战略管理始终的战略思维过程。对确定高职院校后勤组织的战略目标、寻找战略重点和采取战略措施具有十分重要的意义。高职院校后勤组织的战略指导思想的内容可概括为如下几点：

（1）满足顾客需要的思想。顾客需求是高职院校后勤组织存在和发展的前提条件，是高职院校后勤组织的生命所在。高职院校后勤组织必须以满足顾客需要和为顾客提供优质服务为宗旨，以求得其自身的发展。

（2）系统化思想。这是由高职院校后勤战略谋划的全局性特征决定的。用系统论的观点来研究高职院校后勤，就要着眼于其全局性的发展规律和方向，树立整体观点、动态平衡观点和协调观点，把高职院校后勤组织的各个方面有机地联系起来。

（3）未来思想。高职院校后勤组织的发展必须着眼于未来，这也是由高职院校后勤战略谋划的长远性特征决定的。高职院校后勤战略谋划为高职院校后勤组织的未来发展指明了方向。因而，高职院校后勤组织采取任何可能行动，都要考虑对其长期发展是否有利，不能只看到眼前的利益而导致长远利益受损。

（4）竞争对抗思想。在激烈竞争的市场经济和高职院校后勤社会化改革的情况下，实行优胜劣汰，高职院校后勤组织要想立于不败之地，就要不断寻求、解决事关其存亡和长远发展的关键性问题，创造出超于竞争对手的相对优势。

（5）全员思想。高职院校后勤战略谋划首先要明确有关高职院校后勤组织发展的总目标，确定行动的总方针，然后自上而下调动所有的人力、物力、财力，这样才能保证高职院校后勤组织战略方针的贯彻和战略行动的落实。需要指出的是，在高职院校后勤战略指导思想当中，高职院校后勤组织管理者的高瞻远瞩、创新求实、灵活应变的战略头脑尤为重要。

（二）高职院校后勤组织的战略目标

高职院校后勤的战略指导思想形成以后，就需要确定战略目标。高职院校后勤的战略目标是，高职院校后勤组织在对内、外部环境进行充分分析的基础上，根据其实际情况提出的，在一定时间内所预期获得的成果或所追求的期望值。高职院校后勤的战略目标是高职院校后勤战略谋划构成的核心内容，为高职院校后勤组织指明了未来成长和发展的方向。只有明确高职院校后勤组织的战略目标，高职院校后勤管理者才能根据后勤工作的实际需要，合理地配置各种资源，正确地安排其服务、经营和管理活动的优先顺序和时间表，恰当地指派任务。不确定高职院校后勤的战略目标，高职院校后勤组织就会迷失方向。受社会环境、学校环境、高职院校后勤组织规模和发展阶段等方面因素的制约，高职院校后勤组织的战略目标千差万别，既有经济指标，又有社会责任；既有长期目标，又有短期目标；既有总体性目标，又有功能性目标。一般来说，高职院校后勤组织的战略目标可分为定性目标和定量目标两大类。定性目标如维持稳定，获得发展，树立高职院校后勤组织良好的社会形象，为学校的发展、师生生活提供优质服务等。定量目标有利润总额及增长率、市场占有率、资金收益率、服务满意率、顾客投诉率和设备折损率等。在确定高职院校后勤组织的战略目标时，一定要从其实际出发，使战略目标明确、具体、先进、可行，定性目标与定量目标相结合，长期目标与短期目标相衔接。

（三）高职院校后勤组织的战略重点

高职院校后勤组织的战略重点是，那些对于实现高职院校后勤组织的战略目标具有关键作用又有发展优势，或自身发展薄弱需要着重加强的服务项目和中心（部门）。这就要求高职院校后勤组织的管理者，在高职院校后勤组织的战略实施过程中，集中力量解决关键性问题。高职院校后勤组织的战略规划不可能面面俱到，没有战略重点，战略目标的实现就要大打折扣。高职院校后勤组织的战略重点在“战术”上表现为集中优势，即采取重点针对性措施，实行资源重点配置，组织重点保证，行动重点推进，以实现高职院校后勤组织的突破性发展。随着高职院校后勤组织的战略行动的逐步推进，其战略重点呈现阶段性特征，必须及时调整。抓住高职院校后勤组织的战略重点，可以促进其长期稳定发展。

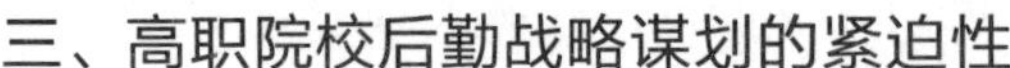

三、高职院校后勤战略谋划的紧迫性

当前，我国高职院校后勤社会化改革已经进入重要发展阶段，各大高职院校的后勤组织都在积极地探索适合本校实际情况的发展模式。在这种形势之下，加强战略管理已经成为高职院校后勤组织发展的迫切需要。随着内、外部竞争的不断加剧，高职院校后勤组织已经不能再满足于现有的服务、经营和管理水平，而应更多地注重面向未来、面向发展的战略管理。

（一）这是社会主义市场经济和高职院校后勤社会化改革发展的必然要求

社会主义市场经济和高职院校后勤社会化改革，要求后勤组织必须是相对独立的经济实体，具有自我完善、自我发展的能力。随着我国社会主义市场经济和高职院校后勤社会化改革的进一步深入，高职院校后勤组织面临的竞争日趋激烈，而竞争机制正是促进其提高活力的推动力。为了避免在竞争中失败，高校后勤组织就不得不强化服务经营和管理，以求在激烈的竞争中获取优势，从而谋求更大的生存和发展空间。

（二）这是市场形势发展的必然要求

自从我国实行经济体制改革以来，特别是我国加入 WTO 以后，市场需求和消费结构等都发生了巨大的变化，顾客对产品和服务的选择性大大增强，要求高职院校后勤组织提供更新的产品和更优质的服务来满足其不断增长的需要。市场形势的变化要求高职院校后勤组织明确自己的定位，选择合适的目标，在更好地满足顾客的需要中求得生存和发展。

（三）这是提高高职院校后勤组织素质、改善高职院校后勤组织服务、经营和管理的必然要求

高职院校后勤组织的战略管理是其服务、经营和管理中的重要组成部分。高校后勤组织的战略管理水平的高低，是衡量高职院校后勤组织素质的重要标志。强化高职院校后勤组织的战略管理，需要从基础管理做起，战略管理的成功与否不仅取决于其管理者的能力和素质，还取决于其结构的总体素质、员工队伍的素质和对各种资源的使用效率。因此，高职院校后勤组织的战略管理对其素质与服务、经营和管理水平等都提出了很高的要求。通过强化战略管理，高职院校后勤组织可以培养其管理者和员工的创造精神和应

变能力，加强其开发新的服务项目和新的经济增长点的能力，为其增强竞争力创造有利的条件和环境。

四、高职院校后勤组织战略谋划的创新策略

（一）高职院校后勤组织的战略决策要有远见

高职院校后勤组织战略决策所解决的问题大都是多因素问题，解决多因素问题必然涉及局部与整体的关系。

实践证明，这种关系处理得好与坏，对高职院校后勤组织的服务、经营和管理活动将产生直接影响。因此，高职院校后勤组织在决策过程中要安善处理局部与整体的关系，这也是高职院校后勤组织的管理者面临的一项重要任务。

制定决策首先要从整体出发，充分考虑和维护全局利益。这是因为高职院校后勤组织是母系统，它是由若干中心（部门）形成的子系统构成的。高职院校后勤组织作为一个独立系统有自己的系统目标，同时，组成高职院校后勤组织系统的各个子系统，也都有自己的系统目标。高职院校后勤组织系统目标与子系统目标的关系，是大目标和小目标、根本目标和从属目标的关系。这就决定了二者首先应该是统一的，只有这样才能保证高职院校后勤组织正常、有效地运转，进而实现其目标。

高职院校后勤组织在服务、经营和管理活动中，受许多种因素的影响，高职院校后勤组织目标与中心（部门）目标有时会不一致、不协调，甚至相互对抗。这主要表现在中心（部门）决策与高职院校后勤组织决策缺乏一致的客观基础，导致中心（部门）决策与高职院校后勤组织的决策对抗、撞车。

这种情况虽然不经常发生，但一旦发生，将对高职院校后勤组织的服务、经营和管理造成重大的影响。它必然会扰乱高职院校后勤组织系统的有效运转，使高职院校后勤组织系统出现紊乱，分散高职院校后勤组织的内聚力，最终导致高职院校后勤组织的目标难以实现。这种非经常性出现的高职院校后勤组织整体与局部的对抗，对高职院校后勤组织的生产、服务、经营和管理显然是非常不利的。解决这一问题仅靠运行过程的经常校正和强制约束，显然是不够的。从根本上讲，要在高职院校后勤组织的决策过程中，妥善处理好高职院校后勤组织整体与局部的关系，从整体出发来制定高职院校后勤组织的决策。这是因为高职院校后勤组织决策需要解决的问题很多，涉

及的因素也很多。理论与实践均表明，解决这样一个多因素问题，做到面面俱到、事事周全，不无遗漏地将各种因素都考虑进去，使各方彼此都满意，实际上是不可能的。更何况在高职院校后勤组织运行的不同时期、不同阶段上，其面临的任务、所处的环境都存在差别，所解决的问题和影响问题的因素也会不断变化。在决策过程中，始终需要把握住基本方向和基本目标，统揽全局，统一考虑，从高职院校后勤组织整体着眼，综合分析高职院校后勤组织的问题和影响因素，而不能孤立地去研究其中的某些问题，简单地分析影响因素。如果那样的话，就会出现从局部看是合理的，而从整体看又是不合理的情况，从而导致高职院校后勤组织内部运转发生不协调，其基本目标的实现受到不利影响。

强调在高职院校后勤组织的决策过程中的整体和全局观点，并不意味着可以不考虑局部。事实上，局部是整体或全局的基础。没有局部，也就没有整体，忽视了局部，整体也必然受到不利影响。

特别是有些问题，局部直接决定着整体的状况和效果。所谓的“短板效应”讲的就是这种情况：木桶盛水量的多少，取决于其最短的那块木板。同样，高职院校后勤组织的整体效益大小，往往取决于“卡脖子”的那个环节或“短线”的那个方面，如原材料的供应、服务环节等。“卡脖子”或“短线”问题解决了，整体效益状况会改观。因此，在高职院校后勤组织决策过程中，在坚持整体性前提下，还必须适当考虑局部影响，对局部问题和局部因素也应放到整体过程中去分析、去研究，使局部问题的解决力求达到整体性效果。

（二）把握好宏观经济发展的大势

政治和经济是民生的两大支柱、政治良好而经济不佳，只会搞得民不聊生，而经济良好但政治不佳，一样是危机四伏，或人民根本就不能分享到经济的利益成果。

经济是一个大势，经济良好，高职院校后勤组织就处于较佳的环境中，只要高校后勤组织的内部因素也良好，便有机会共享经济良好的成果。在经济不景气时，就连实力雄厚、根基稳固的大企业也难免受到影响，更何况实力尚不够的高职院校后勤组织。因此，把握好经济大势也是防范战略谋划失误的一个重要方面。经济大气候对高职院校后勤组织发展的影响不言而喻。

经济大势大致分为繁荣期、衰退期、萧条期、复苏期四个时期。高职院校后勤组织面对的必然是这四个时期中的一个。因此，高职院校后勤组织在进行部署计划时，在不同的时期便应该有不同的策略部署。高职院校后勤组织的管理者不能一成不变，要按照当时的经济形势，决定如何调整计划。

高职院校后勤组织的计划包括宣传新的服务项目，提供新的服务类型，打开新的服务市场，聘用新的员工或是减少现有的员工，进行服务、产品价格的调整等等。这些计划中的任何一项都要视经济情况而决定应该怎样做，高职院校后勤组织的管理者不可不顾经济状况而闭门造车。经济大势的情况影响每一项重要的计划和决策。

一些在经济繁荣期制定的计划尚未完成，经济大势却突然进入衰退期，高职院校后勤组织便可能要来一个大改变。高职院校后勤组织的管理者应该具有良好的经济分析能力，随时注意经济大势的变化，预计什么时候繁荣期会转入衰退期，或从萧条期中转入复苏期，在前一时期便要为下一时期做出准备。例如，在经济繁荣期内就不能过于进取，有攻没守，以致衰退期一旦来临，高职院校后勤组织就会身陷险地。

高职院校后勤组织的管理者需要具备丰富的经济学知识，具有分析经济的能力。高职院校后勤组织甚至可以聘用经济分析员为决策层工作，随时向其汇报经济分析的结果，使高职院校后勤组织的管理者能够从中预测到将来的经济走势，以制定对高职院校后勤组织更为合适的长期、中期及短期策略。

（三）辨明高职院校后勤组织的优势与劣势

成功的高职院校后勤策略管理，需要辨明高职院校后勤组织的优势和劣势。由于每个高职院校后勤组织的情况都不相同，有些强于此而弱于彼，有些弱于此而强于彼，高职院校后勤组织的管理者就要发挥自身的优势，了解自身的劣势，从而避劣势就优势，改善劣势而尽量发挥优势，这样才能有效地防范战略谋划的失误。

由于每个企业自身的优势和劣势都不相同，很多小的竞争者就要被淘汰。现代企业营销中有“倾销”一说，所谓“倾销”就是以本伤人，用极低廉的价格促销，甚至低于成本价出售。凡是产品相同相类似，廉价的产品的销量总是较佳，价格相差越远，销量差距越大。在国外的有些地区有反垄断反倾销法，以避免财雄势大的组织以本伤人，打击其他对手，形成对消费者不利的垄断或寡头垄断局面。这就要求在竞争过程中，一方面要尽量发挥自身的优势，遏止劣势，以取得更大的效益，另一方面要遵守法律、法规的要求，以免因过分追求利润而使自身受到法律的惩罚。有些高职院校后勤组织由于种种原因而实力较弱，规模不大，与社会上的其他类似的服务企业相比没有太大的竞争优势，这就需要高职院校后勤组织充分发挥自身的优势，特别是环境优势，加强人才的培养，利用人才的智力和能力来弥补资金、设备、规模等不足带来的不利影响。

因此，高职院校后勤组织的管理者要清楚自身的优势和劣势，如果能找出劣势，并合理处置劣势，高职院校后勤组织必将会发展得更好。

高职院校后勤组织的管理者需要清楚，自身是不是冗员过多，或是浪费资源，或是财务管理出现问题，或是过于进取冒高风险，或是过于保守因循守旧，或是管理方式独裁，或是欠缺有效的上下沟通渠道，或是欠缺信息分析。只有了解这些缺点和劣势，然后通过恰当的方法和合适的渠道加以改善，才有望不断拓展，不断进步，其战略谋划的失误才能得到更好地防范。

对高职院校后勤组织的优点，其管理者应当做到心中有数：人员是否精简，资源是否有效运用，财务是否掌握得好，策略是否进退适度而可攻可守，是否有有效的上下沟通渠道，是否进行过信息分析，等等。了解这些优点以后，高职院校后勤组织的管理者就应将其加以发挥，使高职院校后勤组织的服务水平不断提高，经营能力不断增强，管理水平不断提高，从而加强高职院校后勤组织在市场上的影响力和其整体的效益。

高职院校后勤组织如果能够了解自己的强项和弱势，明白在市场上可以找到什么机会，清楚会有什么因素对其存在和发展构成威胁，等等，就会做到进退有节，扩张有度。

参考文献

[1] 曾龙健 . 高校后勤管理模式构成要素探析 [J]. 现代商业，2008（23）：85.

[2] 陈远敦，陈全明 . 人力资源开发与管理 [M]. 北京：中国统计出版社，1995：233–230.

[3] 李彬铭 . 广西 G 职业技术学院人力资源开发与管理存在的问题及对策研究 [J]. 智库时代，2019（18）：123–124.

[4] 房武 . 高校餐饮卫生与安全问题的诱因及预防措施 [J]. 科学大众（科学教育），2017（3）：146，137.

[5] 郭志银 . 信息化条件下优化高职院校人力资源管理工作的有效策略研究 [J]. 吉林工程技术师范学院学报，2018，34（3）：19–21.

[6] 舒放 . 我国公共服务质量改进的理论框架与实施策略——《公共服务质量管理——理论、方法与应用》评介 [J]. 当代财经，2019（8）：2，141.

[7] 尚谭丽 . 高校后勤精细化管理研究 [D]. 咸阳：西北农林科技大学，2020.

[8] 蒋兴海 . 论新公共服务理论对我国政府管理的启示 [J]. 经营管理者，2016（20）：15.

[9] 刘辉 . 浅谈“互联网 +”时代高校人力资源管理模式创新 [J]. 中国市场，2020（13）：183–184.

[10] 李熙著 .“互联网 +”时代高校学生管理模式的转变及创新 [M]. 长春：东北师范大学出版社，2017.

[11] 孔德星，金晔 . 高校后勤系统多元用工模式探析 [J]. 劳动保障世界，2018（5）：72–73.

[12] 林世鑫 .PHP 程序设计基础教程 [M]. 北京：电子工业出版社，2018：2–3.

[13] 张晓凌 . 高校后勤绩效管理创新研究——基于平衡计分卡管理模式 [J]. 行政事业资产与财务，2018（17）：28–29.

[14] 刘根梅 . 制度变迁理论比较研究 [J]. 合作经济与科技，2016（7）：39–40.

[15] 熊文 . 油田企业实施后勤服务外包的思路探讨 [J]. 现代国企研究，2019（10）：59.

[16] 聂广晶 . 淮安市公共部门人力资源管理信息化建设研究 [D]. 北京：中国矿业大学，2020.

[17] 马化腾 .《互联网 +：国家战略行动路线图》[J]. 理论与当代，2015（6）：52.

[18] 蓝建淮 . 高职院校后勤服务外包问题研究 [D]. 泉州：华侨大学，2020.

[19] 申叶红 . 高职院校教师绩效管理研究 [D]. 济南：山东师范大学，2018.

[20] 钦健 . 做好后勤管理服务高校发展——高职院校后勤管理对策研究 [J]. 办公室业务，2013（15）：247.

[21] 沈丹丹 . 信息化背景下的高职院校人力资源管理 [J]. 人才资源开发，2020(9)：30–31.

[22] 沈晓春，冯艳飞主编；倪维，谭仕林，姜汉芸副主编 . 高校后勤管理学 [M]. 武汉：湖北人民出版社，2005.

[23] 史达 . 有效创新创新高职院校后勤管理和服务模式的路径 [J]. 作家天地，2020（21）：93，95.

[24] 崔新明，邢益军，周盼 . 新时代高职院校后勤管理体制与运行机制研究 [J]. 高校后勤研究，2020（S1）：20–22.

[25] 宋丹，米欣 . 高校后勤改革研究的现状、热点与前沿趋势——基于 CNKI 1983—2018 年文献的知识图谱分析 [J]. 高校后勤研究，2019（8）：21–27.

[26] 王保华，张婕 . 高等教育地方化一地级城市发展高等教育研究 [M]. 北京：高等教育出版社，2005（25）：23.

[27] 黎开臻 . 浅谈高校校园安全管理的现状与难点 [J]. 才智，2020（1）：129.

[28] 王萍利 . 基于 Web 的学生公寓管理系统的设计与实现 [J]. 电子设计工程，2013，21（7）：34–38.

[29] 王毅鸿，凌朝东 . 基于 LoRa 的无线数据传输系统的设计与研究 [J]. 电脑知识与技术：学术版，2018（52）：3.

[30] 吴红梅 . 国外人力资源管理研究回顾与展望 [J]. 外国经济与管理，2004（2）：17–21.

[31] 武银茂 . 平衡计分卡在学校内部控制评价中的运用 [J]. 中国经贸，2016（8）：

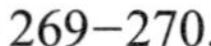
269–270.
[32] 夏涛 . 高校校园安全管理研究 [D]. 武汉：华中师范大学，2014.
[33] 胡位彪 . 某高校后勤管理系统的设计与实现 [D]. 南昌：南昌航空大学，2018.
[34] 薛泳英，张建初 . 高校校办产业所有制实现形式及其途径 [J]. 事业财会，1999（1）：13–14.
[35] 陈小波 . 杭州 XX 高职院校 KX 后勤公司餐饮服务顾客满意度提升策略研究 [D]. 桂林：广西师范大学，2020.
[36] 杨炜苗著 . 高校后勤管理学导论 [M]. 保定：河北大学出版社，2014.
[37] 姚柳英，刘佳 . 高校后勤企业绩效沟通及绩效管理分析明 . 知识经济，2016（14）：112–113.
[38] 姚柳英，刘佳 . 高校后勤企业绩效沟通及绩效管理分析明 [J]. 知识经济，2016（14）：112–113.
[39] 叶伯森，朱春生 . 高校后勤社会化改革的模式、理念与路径探析 [J]. 国家教育行政学院学报，2016（7）：67–71.
[40] 徐艳 . 基于"以人为本"理念的智能化后勤管理体系研究——以南京交通职业技术学院为例 [J]. 江苏高职教育，2020，20（4）：96–100.
[41] 殷瑛 . 高职院校人力资源管理的主要问题与对策分析 [J]. 中国市场，2007（39）：130–131.
[42] 于海曼 . 关于企业绩效评价系统创新研究 [J]. 知识经济，2017（3）：92–94.
[43] 马晓琴 . 论高校后勤管理社会化改革现状与深化路径 [J]. 亚太教育，2019（10）：57–58.
[44] 张斌 . 如何做一名优秀的高校后勤服务人员 [J]. 科技视界，2014（15）：146.
[45] 杜彩霞 . 新经济下人力资源开发与管理的战略特征 [J]. 中小企业管理与科技（中旬刊），2021（7）：3–4.
[46] 张虓烽 .BSC 与 EVA 结合在企业绩效评价体系构建中的应用 [J]. 中国管理信息化，2016，19（3）：30–31.
[47] 张章兴 . 常用绩效评价理论特点与适用性分析 [J]. 人才资源开发，2015（2）：139–140.
[48] 李舒乐 . 信息技术对人力资源管理模式的影响与建议——基于信息化视角 [J].

中国商论，2019（3）：251–252.

[49] 王士军 . 物联网技术在后勤管理的应用 [J]. 智能建筑，2020（4）：74–76.

[50] 赵振宽，邹昭晞 . 新常态下企业创新型人力资本投资研究 [J]. 湖北社会科学，2016（5）：8.

[51] 程家豪 . 物联网中无线通信技术应用分析 [J]. 物联网技术，2020，10（8）：94–97.